全国建设行业中等职业教育推荐教材

房地产基本制度与政策

(物业管理专业适用)

主编 韩现国
副主编 彭玉蓉 蔡 峰
主审 薛红霞

中国建筑工业出版社

图书在版编目(CIP)数据

房地产基本制度与政策/韩现国主编. —北京:中国建筑工业出版社,2004

全国建设行业中等职业教育推荐教材. 物业管理专业适用

ISBN 7-112-06995-5

Ⅰ. 房… Ⅱ. 韩… Ⅲ. ①房地产业—经济制度—中国—专业学校—教材②房地产业—经济政策—中国—专业学校—教材 Ⅳ. F299.233.1

中国版本图书馆 CIP 数据核字(2004)第 115193 号

本书系统而全面地讲述了我国房地产业现行的基本制度与政策,内容包括我国基本的土地制度、建设用地管理、房屋拆迁、房地产开发经营、房地产交易、房地产权属登记、房地产中介、物业管理、房地产税收和房地产金融等方面的法律法规。本书内容通俗易懂,每部分内容均有相应的例题,并附有复习题。

本书既可作为中等职业学校物业管理专业和房地产经济管理专业的教材,也可供房地产管理人员参考使用。

责任编辑:张　晶
责任设计:刘向阳
责任校对:李志瑛　张　虹

全国建设行业中等职业教育推荐教材
房地产基本制度与政策
(物业管理专业适用)

主编　韩现国
副主编　彭玉蓉　蔡　峰
主审　薛红霞

中国建筑工业出版社出版(北京西郊百万庄)
新华书店总店科技发行所发行
北京云浩印刷有限责任公司印刷

*

开本:787×1092毫米　1/16　印张:15　字数:364千字
2005年2月第一版　2005年2月第一次印刷
印数:1—3000册　定价:21.00元
ISBN 7-112-06995-5
F·589(12949)

版权所有　翻印必究
如有印装质量问题,可寄本社退换
(邮政编码　100037)

本社网址:http://www.china-abp.com.cn
网上书店:http://www.china-building.com.cn

教材编审委员会名单（按姓氏笔画为序）

王立霞　甘太仕　叶庶骏　刘　胜　刘　力　刘景辉
汤　斌　苏铁岳　吴　泽　吴　刚　何汉强　邵怀宇
张怡朋　张　鸣　张翠菊　邹　蓉　范文昭　周建华
袁建新　游建宁　黄晨光　温小明　彭后生

出 版 说 明

物业管理业在我国被誉为"朝阳行业",方兴未艾,发展迅猛。行业中的管理概念、管理方法、管理规范、管理条例、管理技术随着社会经济的发展不断更新。另一方面,近年来我国中等职业教育的教育环境正在发生深刻的变化。客观上要求有符合目前行业发展变化情况、应用性强、有鲜明职业教育特色的专业教材与之相适应。

受建设部委托,第三、第四届建筑与房地产经济专业指导委员会在深入调研的基础上,对中职学校物业管理专业教育标准和培养方案进行了整体改革,系统提出了中职教育物业管理专业的课程体系,进行了课程大纲的审定,组织编写了本系列教材。

本系列教材以目前我国经济较发达地区的物业管理模式为基础,以目前物业管理业的最新条例、最新规范、最新技术为依据,以努力贴近行业实际,突出教学内容的应用性、实践性和针对性为原则进行编写。本系列教材既可作为中职学校物业管理专业的教材,也可供物业管理基层管理人员自学使用。

建设部中等职业学校
建筑与房地产经济管理专业指导委员会
2004 年 7 月

前　言

房地产业是带有基础性和先导性的支柱产业之一，其涉及国民经济和社会生活的方方面面。目前我国已逐步确立了以《中华人民共和国城市房地产管理法》为龙头的房地产法律、法规体系，使得房地产业的管理有法可依。实践证明，房地产法律、法规体系的建立对加强城市房地产管理，维护房地产市场秩序，保障房地产权利人的利益，促进房地产业的健康发展起到了十分重要的作用。

本书作为中等职业学校物业管理专业的主干课程教材，从完善该专业学生知识结构的角度出发，力求较全面地介绍我国现行的房地产方面的主要法律、法规。本书主要按照房地产业各环节之间的逻辑顺序来划分章节，力求全面反映我国现行房地产业各方面的基本制度与政策，内容包括我国基本的土地制度、建设用地管理、房屋拆迁、房地产开发经营、房地产交易、房地产权属登记、房地产中介、物业管理、房地产税收和房地产金融等方面的相关法律法规。为了使本书通俗易懂，我们对一些较难理解的内容着墨较多，并以案例或例题的形式进行阐释。为方便读者对照阅读，我们在附录中编录了本书内容涉及的主要的房地产法律、法规。

本书由韩现国主编，具体分工为：第二章、第三章、第九章和第十章由韩现国负责编写；第一章、第四章和第七章由彭玉蓉负责编写；第五章、第六章和第八章由蔡峰负责编写。

广州市土地房产管理学校的有关领导对本书的编写极为重视，并给予了大力支持，广东省土地估价师协会副秘书长、房地产估价师薛红霞和天津市房地产管理学校副校长、高级讲师张怡朋分别拨冗审阅了本书，并提出了很多宝贵意见，在此一并表示衷心的感谢。

鉴于我们对有关法律、法规的理解不一定十分准确、透彻，加之时间有限，疏漏之处在所难免，请各位予以批评指正。

目　　录

第一章　房地产业 ··· 1
  第一节　房地产业概述 ·· 1
  第二节　我国的房地产法律法规体系 ······························ 4
  复习题 ·· 5

第二章　建设用地制度与政策 ·· 6
  第一节　我国的土地制度 ·· 6
  第二节　集体土地征用制度与政策 ································· 7
  第三节　国有土地使用权出让 ···································· 11
  第四节　国有土地使用权划拨 ···································· 12
  第五节　闲置土地的处理 ·· 14
  复习题 ··· 16

第三章　城市房屋拆迁管理制度与政策 ····························· 17
  第一节　城市房屋拆迁管理 ······································ 17
  第二节　拆迁补偿与安置 ·· 19
  第三节　拆迁纠纷的处理 ·· 20
  复习题 ··· 24

第四章　房地产开发经营管理制度与政策 ··························· 25
  第一节　房地产开发企业管理 ···································· 25
  第二节　房地产开发管理 ·· 27
  复习题 ··· 33

第五章　房地产交易管理制度与政策 ································ 34
  第一节　房地产交易及管理制度概述 ····························· 34
  第二节　房地产转让 ··· 37
  第三节　商品房预售 ··· 42
  第四节　房屋租赁 ··· 50
  第五节　房地产抵押管理规定 ···································· 57
  复习题 ··· 62

第六章　房地产权属登记制度 ······································· 64
  第一节　房地产权属登记管理 ···································· 64
  第二节　房地产权属档案管理 ···································· 67
  第三节　房地产测绘 ··· 71
  复习题 ··· 74

第七章 房地产中介服务管理制度与政策 ………………………… 75
第一节 房地产中介服务的行业管理 ……………………………… 75
第二节 房地产估价师执业资格制度 ……………………………… 80
第三节 房地产经纪人职业资格制度 ……………………………… 84
第四节 房地产中介服务行业自律 ………………………………… 87
复习题 ……………………………………………………………… 89

第八章 物业管理制度与政策 ………………………………………… 90
第一节 物业管理概述 ……………………………………………… 90
第二节 物业管理法律关系的主体 ………………………………… 93
第三节 业主公约和物业管理委托合同 …………………………… 98
第四节 物业管理收费及其依据 …………………………………… 104
复习题 ……………………………………………………………… 110

第九章 房地产税收制度与政策 ……………………………………… 111
第一节 房产税 ……………………………………………………… 111
第二节 城镇土地使用税 …………………………………………… 112
第三节 耕地占用税 ………………………………………………… 114
第四节 契税 ………………………………………………………… 115
第五节 土地增值税 ………………………………………………… 117
第六节 其他相关税收 ……………………………………………… 120
复习题 ……………………………………………………………… 126

第十章 房地产金融制度与政策 ……………………………………… 128
第一节 房地产开发融资制度与政策 ……………………………… 128
第二节 个人住房商业性贷款 ……………………………………… 132
第三节 住房公积金制度与政策 …………………………………… 135
第四节 个人住房公积金贷款 ……………………………………… 139
复习题 ……………………………………………………………… 141

附录一 中华人民共和国城市房地产管理法 ………………………… 142
附录二 中华人民共和国土地管理法 ………………………………… 149
附录三 中华人民共和国城市规划法 ………………………………… 160
附录四 城市房屋拆迁管理条例 ……………………………………… 164
附录五 城市房屋拆迁估价指导意见 ………………………………… 168
附录六 城市房屋拆迁行政裁决工作规程 …………………………… 171
附录七 城市房地产开发经营管理条例 ……………………………… 174
附录八 房地产开发企业资质管理规定 ……………………………… 179
附录九 城市房地产转让管理规定 …………………………………… 183
附录十 城市商品房预售管理办法 …………………………………… 186
附录十一 城市房屋租赁管理办法 …………………………………… 188
附录十二 城市房地产抵押管理办法 ………………………………… 192
附录十三 经济适用住房管理办法 …………………………………… 198

附录十四 城市房屋权属登记管理办法 …………………………………………… 202
附录十五 物业管理条例 ……………………………………………………… 207
附录十六 物业服务收费管理办法 …………………………………………… 215
附录十七 住房公积金管理条例 ……………………………………………… 218
附录十八 中国建设银行个人住房贷款办法 ………………………………… 224
参考文献 …………………………………………………………………………… 231

第一章 房 地 产 业

第一节 房地产业概述

一、房地产业的基本概念

房地产业是指从事房地产开发建设、租售经营以及与此紧密相关的中介服务，如融资、评估、置换、装饰、维修、物业管理等经济活动的行业。房地产业属于服务部门，其性质为第三产业。房地产业包括房地产开发投资业、物业管理业服务业和房地产中介服务业，房地产中介服务业又包括房地产咨询、房地产价格评估、房地产经纪。

房地产开发是指在依法取得的国有土地上进行基础设施及房屋建设的行为，是一项高投资、高风险，盈利水平较高但又难以确定的行业。从事这类业务的主要是房地产开发公司。

物业管理是指专业化的物业管理企业，受业主委托，按照国家法律、法规，依据合同，对已竣工验收投入使用的各类房屋及其附属配套设施，运用现代管理科学和先进的维修技术，以经营方式进行管理，为客户提供高效、优质、经济的全方位服务，使物业发挥最大的使用效益和经济效益。物业管理是一种经营型、企业化的管理，通过质价相符的有偿服务和一业为主、多种经营来实现独立核算、自负盈亏。

房地产咨询是指为房地产活动的当事人提供法律、法规、政策、信息、技术等方面服务的经营活动，它包括为客户提供交易的规则及手续，为客户提供有关研究报告及投资交易建议书等信息资料服务。

房地产价格评估是指由专业技术人员对房地产进行测算，评定其经济价值和价格的经营活动，它是房地产交易必备的一个前提条件。目前，中国的房地产估价制度、房地产估价人员执业资格认证制度等已经确立，房地产估价队伍也已初具规模。

房地产经纪是指为委托人提供房地产信息和居间代理业务的经营活动。主要业务是接受房地产开发商的委托，销售其开发的新商品房或代理旧房的买卖、租赁等业务。

二、房地产业在国民经济中的地位和作用

房地产业是发展国民经济和改善人民生活的基础产业之一，任何行业的发展都离不开房地产业。房地产业的性质以及与其他部门之间的关系决定了它在国民经济中的地位和作用。

（一）房地产业的基础性和先导性

房地产是一种重要的生活生产资料，为各行业的发展提供地基和场所，也为人们提供栖身之地，因此房地产业在国民经济中具有基础性。同时，进行国民经济建设首先必须要有房地产开发和经营提供的生产和生活的空间，也就是说，房地产的发展要先于国民经济的发展，房地产业的健康发展，对整个国民经济的发展起着先导和推动作用。

（二）房地产业的关联性和带动性

房地产业的快速发展，直接带动了建筑、装潢、建材等相关行业的发展，壮大了与其

相关联的第三产业规模，还将进一步促进社会经济全面均衡快速的发展。我国每年钢材的25%、水泥的70%、木材的40%、玻璃的70%和塑料制品的25%都用于房地产开发建设中。因此，房地产业的发展能促进这些产业的发展，其比例达到1：1.7，即每100元的房地产销售能带动相关产业170元的销售。另外，房地产业的发展也能促使一些新行业的产生，如物业管理、房地产评估、房地产中介等。

（三）房地产业的支柱性

房地产业尤其是人居住宅是人类生存与发展最基本的生活资料之一，是衡量一个国家经济和生活水平的重要标志。在我国房地产业被赋予拉动内需的重任，国务院（2003）18号《关于促进房地产市场持续健康发展的通知》中明确了房地产业在国民经济行业中的支柱产业地位。

1. 房地产业的发展可以促进改革的深入进行。房地产业的发展，要求土地使用权按照市场方式运行，要求城市住宅商品化，由此导致了我国城市住房制度的改革和城市土地使用制度的改革。

2. 房地产业的发展引起了社会经济关系变化。房地产业的发展，促进了建筑业和建材业的发展，促进了房地产开发建设市场、房地产交易与金融市场以及房地产维修与服务市场的建立与发展，使市场结构更加完善。随着住房制度改革的进行，职工住房消费基金逐步纳入个人消费基金中，引起国民收入分配结构变化和居民消费结构的变化，在住宅商品化的条件下，住宅消费在消费基金中所占的比例逐渐提高。

3. 房地产业的发展已成为国家，特别是城市开辟财政收入的重要来源，为城市建设开辟重要的积累资金的渠道。城市土地的开发与再开发，城市各种公共建筑物以及基础设施建设的投入，原则上能通过利润、税金、地租等收回，有些还能取得一定的利润再投入到城市基础设施建设中去，进一步改善投资环境和居民生活环境。

4. 房地产业对国民经济发展贡献率大，是国民财富的主要构成部分。1998年以来，我国房地产业保持了迅猛的发展势头，对国民经济的拉动效应越来越大，2002年我国GDP增长8%，其中房地产业对GDP贡献率为1.9%～2.5%。

（四）房地产业是城市可持续发展的基础

城市房地产的发展和开发布局状况，关系到城市人口、资源、环境、经济和社会的综合发展，是城市可持续发展的基础和条件。

三、我国房地产制度改革

我国房地产制度改革主要包括三个方面的重大改革，即城镇住房制度改革、城市土地使用制度改革和房地产生产方式改革。

（一）城镇住房体制改革

我国传统的城镇住房制度是一种以国家统包、无偿分配、低租金、无期限使用为特点的实物福利性住房制度。这种制度不能有效满足城镇居民的住房需求，实行低租金出租的办法，房租连住房的维修费都补偿不了，这样，不仅国家投入住宅建设的大量资金无法收回，还要再拿出一大笔资金用于补贴住房的维修与管理。这种住房制度越来越不适应商品经济的要求。因此，国家决定对这种传统的城镇住房制度进行全面的改革，创立具有中国特色的新型住房制度，实现住房商品化、社会化。

1978年邓小平同志提出了关于房改的问题。1980年4月，他更明确地提出了住房制度改革的总体构想，提出要走住房商品化的道路。同年 6 月，中共中央、国务院正式宣布实行住宅商品化的政策。

1979 年开始实行向居民全价售房的试点，1982 年开始实行补贴出售试点，即政府、单位、个人各负担房价的 1/3，先在郑州、常州、四平及沙市进行试点。1986 年 2 月，国务院住房制度改革领导小组针对低租金制提出了以大幅度提租补贴为基本环节的改革思路。1988 年 2 月，国务院批准了《关于在全国城镇分期分批推行住房制度改革的实施方案》，确定了房改的目标、步骤和主要政策，标志着住房制度改革进入了整体设计和全面试点阶段。

1991 年 11 月，国务院办公厅下发了《关于全面进行城镇住房制度改革的意见》，这是中国住房制度改革的一个纲领性文件，制定了房改的总体目标和分阶段目标，提出了房改四项基本原则，要求在 1992~1993 年内在全国范围内全面推进住房制度改革。1992 年 5 月 1 日《上海市住房制度改革实施方案》正式出台实施，上海实行了"五位一体"的房改实施方案，包括推行公积金、提租发补贴、配房买债券、买房给优惠、建立房委会共五项措施，上海的实施对全国的房改产生了巨大的影响和推动作用。

1994 年 7 月 18 日国务院下发了《国务院关于深化城镇住房制度改革的决定》，将房改内容概括为"三改四建"。"三改"即改变住房建设投资由国家、单位统包的体制为国家、单位、个人三者合理负担的体制；改变各单位建房、分房和维修、管理住房的体制为社会化、专业化运行的体制；改变住房实物福利分配的方式为以按劳分配为主的货币工资分配方式；"四建"即建立以中低收入家庭为对象、具有社会保障性质的经济适用房供应体系和以高收入家庭为对象的商品房供应体系；建立住房公积金制度；发展住房金融和住房保险，建立政策性和商业性并存的住房信贷体系；建立规范化的房地产交易市场和房屋维修、管理市场。该决定要求全面推行住房公积金制度，积极推进租金改革，稳步出售公有住房，加快经济适用房的开发建设。标志着我国的房改工作已进入深化改革和全面实施阶段。

1998 年《国务院关于进一步深化城镇住房制度改革加快住房建设的通知》发布，宣布从 1998 年下半年开始，全国城镇停止住房实物分配，实行住房货币化。新的深化城镇住房制度改革的基本内容是：①停止实物分房，实行住房分配货币化；②建立和完善以经济适用房为主的住房供应体系；③继续推进现有公有住房改革，培育和规范住房交易市场；④采取扶持政策加快经济适用房建设；⑤发展住房金融；⑥加强住房物业管理。

(二) 城市土地使用制度改革

中国传统的土地使用制度，是对土地实行行政划拨、无偿无限期使用、禁止土地使用者转让土地的制度。土地由政府有关部门调拨使用，土地使用者如果需要土地，按照一定的建设用地程序，由政府有关主管部门运用行政手段无偿调用、无偿拨给。土地使用者从国家那里得到土地时不需要支付地价，在使用土地过程中也不需缴纳地租或土地使用费，国家也没有规定具体明确的土地使用期限。土地使用者不得以买卖、出租、抵押、赠与、交换等方式将土地转让给其他单位或个人使用。

这种土地使用制度不利于土地的有效利用和合理配置，不利于城市经济的发展和建设资金的良性循环，也不利于正确评价企业的生产效益，造成土地使用者的利益不均，同时也容易造成土地管理领域的腐败。这种传统的土地使用制度已不再适应经济体制改革和对外开放的需要，于是，改革这种土地使用制度以促进国民经济的健康发展逐渐被重视。

中国传统的城市土地使用制度改革有一个发展的过程，突出的表现在五个方面：

第一，征收土地使用费。1982年深圳开始按城市土地的不同等级向其使用者征收不同标准的使用费，1984年起抚顺、广州等地也先后推行。

第二，开展土地使用权有偿出让和转让。1987年下半年，深圳率先进行土地使用权有偿出让和转让，其做法是国家出让土地使用权及允许进行土地使用权抵押。福州、海口、广州、厦门等地也相继进行了这方面的试点工作。

第三，制定地方性土地使用权有偿出让、转让法规。1987年11月，上海发布了《上海市土地使用权有偿转让办法》，此后，深圳、海口、厦门、广州、天津等城市也相继颁发了土地使用权有偿出让的相关规定。

第四，修改宪法和土地管理法。1987年党的十三大报告中指出房地产市场为社会主义的市场体系的组成部门，1988年4月12日通过宪法修正案，将不得出租土地的规定改为"土地的使用权可以依照法律的规定转让"。这为土地使用制度改革全面深入的展开扫清了道路。

第五，制定全国性的土地使用权出让和转让条例。1990年5月19日，国务院发布《中华人民共和国城镇国有土地使用权出让和转让暂行条例》，对土地出租、抵押、终止及划拨土地使用权问题作了明确规定。1994年7月通过的《中华人民共和国城市房地产管理法》明确规定"国家依法实行国有土地有偿、有限期的使用制度"，并对土地使用权转让作了进一步的补充和完善。

目前我国已形成了新型的土地使用制度，即在不改变土地国有的条件下，采取拍卖、招标、协议等方式将土地使用权有偿、有限期地出让给土地使用者；土地使用者的土地使用权在使用年限内可以转让、出租、抵押或者用于其他的经济活动，其合法权益受国家法律保护。与此同时，对于一些基础性公益性的建设项目，仍然采用划拨的方式提供土地。

（三）房地产生产方式改革

随着经济体制改革和城市经济的快速发展，出现了城市建设和房地产开发方式的改革即房地产综合开发，有力地改变了过去国家投资、分散建设、城市规划难以实现的局面。

房地产综合开发就是把从建设项目的确定、选址定点、勘察设计、征地拆迁到备料、施工、交付使用及维修管理等环节组织衔接，使规划与开发建设结合为一个整体，其特点是"综合"、"配套"，即对地下设施进行综合建设，对住宅、工商业用房、文教卫福利设施、园林绿化、道路交通及期货公用设施进行配套建设。从1980年开始，综合开发的思想连同征收土地使用费，作为一项重要的改革措施，逐步在全国展开。

第二节 我国的房地产法律法规体系

为了建立正常的房地产市场秩序，规范房地产行为，维护房地产权利人的合法权益，我国已逐步制定并完善了房地产方面的法律法规，形成了由法律、行政法规、部门规章、规范性文件和技术规范等构成的房地产法律法规体系。

一、法律

房地产法律主要有三部，即《中华人民共和国城市房地产管理法》（1994年颁布，1995年1月1日起实施。以下简称《房地产法》）、《中华人民共和国土地管理法》（1998

年修订，1999年1月1日起实施，以下简称《土地管理法》)、《中华人民共和国城市规划法》(1989年颁布，1990年4月1日起实施。以下简称《城市规划法》)。《房地产法》、《土地管理法》和《规划法》这三部法律既有分工，又相辅相成。《房地产法》对房地产管理的原则、房地产开发用地、房地产交易、房地产权属登记管理等进行了规定，是我国房地产管理方面的基本法、龙头法，它的颁布标志着我国房地产业迈入了法制管理的新时期，为依法管理房地产市场奠定了坚实的法律基础；《土地管理法》主要是解决土地资源的保护、利用和配置，规范城市建设用地的征用等问题；《规划法》规定了城市性质、发展目标和发展规模，重点是规范城市建设用地布局、功能分区和各项建设的具体布署，控制和确定不同地段的土地用途、范围和容量，协调各项基础设施和公共设施的建设。

二、行政法规

房地产行政法规是以国务院令颁布的，主要有：《城市房地产开发经营管理条例》、《城市房屋拆迁管理条例》、《土地管理法实施条例》、《城镇国有土地使用权出让和转让暂行条例》、《外商投资开发经营成片土地暂行管理办法》、《城市私有房屋管理条例》、《住房公积金管理条例》等。

三、部门规章

房地产部门规章是以国务院房地产行政主管部门的部长令颁布的，主要有：《城市房地产开发管理暂行办法》、《房地产开发企业资质管理办法》、《城市房屋拆迁单位管理规定》、《城市商品房预售管理办法》、《商品房销售管理办法》、《城市房地产转让管理规定》、《城市房屋租赁管理办法》、《城市房地产抵押管理办法》、《城市房地产中介服务管理规定》、《房地产估价师注册管理办法》、《房产测绘管理办法》、《城市房屋产权产籍管理暂行办法》、《城市房屋权属登记管理办法》、《城市房地产权属档案管理办法》、《城市新建住宅小区管理办法》、《城市房屋修缮管理规定》、《城市危险房屋管理规定》、《城市异产毗连房屋管理规定》、《建筑装饰装修管理规定》、《城市公有房屋管理规定》、《公有住宅售后维修养护管理暂行办法》、《已购公有住房和经济适用住房上市出售管理暂行办法》、《城市出租住房管理办法》等。

四、规范性文件和技术规范

除上述法律、法规、规章外，还有《房地产估价师执业资格制度暂行规定》、《房地产估价师执业资格考试实施办法》、《城市房地产市场评估管理暂行办法》、《关于加强与银行贷款业务相关的房地产抵押和评估管理工作的通知》、《房地产经纪人员职业资格制度暂行规定》、《房地产经纪人执业资格考试实施办法》、《关于房地产中介服务收费的通知》等多项规范性文件，以及国家标准《房地产估价规范》、《房产测量规范》等项技术法规。

我国房地产法律法规体系的建立和完善，必将有力地促进房地产业的健康发展。

复 习 题

1. 房地产业包括哪些细分行业，其相应的主要内容分别是什么？
2. 试述房地产业在国民经济中的地位。
3. 我国房地产制度改革包括哪三个方面，其具体内容是什么？
4. 我国房地产法律、法规体系包括哪几个层次，各层次有哪些主要的法律、法规？

第二章 建设用地制度与政策

如何在切实保护耕地的同时，保证建设用地的需要，是建设用地管理需要解决的主要矛盾。本章依据《中华人民共和国土地管理法》等法律、法规，主要阐述了我国的土地使用制度、集体土地征用、土地使用权出让与划拨等方面的制度与政策。

第一节 我国的土地制度

一、我国的土地所有制

根据《中华人民共和国宪法》和《中华人民共和国土地管理法》的有关规定，我国实行土地的社会主义公有制，即全民所有制和劳动群众集体所有制。全民所有制的土地被称为国家所有土地，简称国有土地。劳动群众集体所有制的土地被称为农民集体所有土地，简称集体土地。

二、国有土地和集体土地的范围

根据《中华人民共和国宪法》和《中华人民共和国土地管理法》的有关规定，城市市区的土地全部属于国家所有；农村和城市郊区的土地有的属于国家所有，有的属于农民集体所有；除法律规定属于国家所有的以外，其余属于农民集体所有。

建制镇既不属于《宪法》和《土地管理法》所说的城市范畴，也不属于其所说的农村和城市郊区的范畴。建制镇土地所有权问题，可以根据实际情况分别处理。

三、我国的土地使用制度

1. 我国实行所有权与使用权相分离的土地有偿有限期使用制度

除了国家核准的划拨土地以外，凡新增土地和原使用的土地改变用途或使用条件、进行市场交易等，均实行有偿有限期使用。

2. 取得土地使用权的途径

当前在我国取得土地使用权的途径主要有：①通过行政划拨方式(含征用集体土地)取得；②通过国家出让方式取得；③通过房地产转让方式取得(如买卖、赠与或者其他合法方式)；④通过土地或房地产租赁方式取得。

四、我国的土地管理制度

1. 我国实行土地登记制度

县级以上人民政府对所管辖的土地进行登记造册，属于集体土地的，核发《集体土地所有权证》；使用国有土地的，核发《国有土地使用权证》；使用集体土地的，核发《集体土地使用权证》。

2. 国家实行土地用途管制制度

根据土地利用总体规划，将土地用途分为农用地、建设用地和未利用土地。土地用途的变更须经有批准权的人民政府核准。严格限制农用地转为建设用地，控制建设用地总量,对耕地实行特殊保护。

3. 国家实行保护耕地的制度

国家对耕地实行保护政策,严格控制耕地转为非耕地。

第二节 集体土地征用制度与政策

一、征用集体土地的含义

征用集体土地是指国家因进行经济、文化、国防建设以及兴办社会公共事业的需要,强制性地将属于集体所有的土地收归国有,并对集体组织进行补偿的行为。

二、征用集体土地的特点

征用集体土地有三个明显的特点:

一是具有一定的强制性,征地是国家的特有行为,被征地单位必须服从国家的需要,不能也不许可提出任何异议;

二是要妥善安置被征地单位人员的生产和生活,用地单位向被征地单位给予经济补偿;

三是被征用后的土地所有权发生转移,即集体所有的土地变为国家所有的土地。

三、征用集体土地应遵守的原则

在征用土地时,土地管理部门和用地单位必须严格遵守下列原则:

(1) 珍惜耕地,合理利用土地的原则;

(2) 保证国家建设用地的原则;

(3) 妥善安置被征地单位和农民的原则;

(4) 有偿使用土地的原则;

(5) 依法征地的原则。

四、征用集体土地的批准权限

(1) 征用土地实行两级审批制度,即国务院和省级人民政府;

(2) 征用农地的,应先办理农用地转用手续,同时办理征地审批手续;

(3) 基本农田,基本农田以外的耕地超过 $35hm^2$ 的,其他土地超过 $70hm^2$ 的,由国务院审批;

(4) 其他用地和已经批准农用地转用范围内的具体项目,由省级政府审批并报国务院备案。

五、征用集体土地的有关规定

(一) 建设单位申请征地不得化整为零

一个建设项目需要征用的土地,应当根据总体设计一次申请批准,不得化整为零。分期建设的项目,应当分期征地,不得先征待用。铁路、公路和输油、输水等管线建设需要征用的土地,可以分段申请批准,办理征地手续。

(二) 对被征地单位和农民进行安置、补偿和补助

征用土地,由用地单位支付土地补偿费、安置补助费、地上附着物和青苗补偿费。

(三) 临时用地必须办理报批手续

工程项目施工需要临时占用土地的,由建设单位向批准工程项目用地的机关提出临时

用地的数量和期限的申请，经批准后，同土地所有权单位签订临时用地协议后方可用地。临时使用土地的期限，最多不得超过两年，并不得改变批准的用途，不得从事生产性、营业性或其他经营性的活动，不得修建永久性建筑。临时用地期满后，应将场地清理并按用地协议支付一些费用，土地管理部门同时注销其临时用地使用权。临时用地超越批准的时间，可再提出申请，不退地又不申请的，按违章用地处理。

（四）征用土地时必须进行征地公告

被征用土地所在的市、县人民政府，在收到征用土地方案后，10日内应以书面或其他形式进行公告。

1. 征用土地公告应包括内容

（1）征用批准机关、文号、时间和用途。

（2）被征用土地的所有权人、位置、地类和面积。

（3）征地补偿标准和农业人口安置途径。

（4）办理征地补偿的期限、地点。

2. 征地补偿安置方案公告应包括内容

（1）被征用土地的位置、地类、面积、地上附着物和青苗的种类、数量，需要安置农业人口的数量。

（2）土地补偿费的标准、数量、支付对象和方式。

（3）安置补助费的标准、数量、支付对象的方式。

（4）地上附着物和青苗的补偿标准和支付方式。

（5）农业人员具体安置途径。

（6）其他有关征地补偿安置的措施。

3. 无征地公告情况

未进行征地、补偿、安置公告的，被征地单位和个人，有权拒绝办理征地相关手续。

（五）合理使用征地补偿费

建设用地单位支付的各种劳动力的就业补助和应发的各种补偿及其他费用，应按有关规定管理和使用。耕地占用税用于土地开发和农业发展；菜田基金、土地复垦费、土地荒芜费、防洪费用于菜田开发建设和土地的调整和治理；征地管理费用于土地管理部门的各种业务开支。各级人民政府和土地管理部门，严格监督征地费用的管理和使用，任何单位和个人均不得占用或挪作他用。

（六）特殊征地按特殊政策办理

（1）大中型水利、水电工程建设征用土地的补偿费标准和安置费用，由国务院另行规定。

（2）征用林地、园林等按林业管理部门的规定办理。

（3）征用土地发现文物、古迹、古树等应报主管部门处理后方可征地。

（4）迁移烈士墓、华侨墓按主管部门规定办理。

（5）用地范围内的国防设施，经协商后方可征用。

六、征用集体土地补偿的范围和标准

根据《土地管理法》的规定，征用耕地的补偿费用包括土地补偿费、安置补助费以及地上附着物和青苗的补偿费。

(一) 土地补偿费和标准

土地补偿费的标准为:

(1) 征用耕地的补偿费,为该耕地被征用前三年平均年产值的6~10倍。

(2) 征用其他土地的补偿费标准由省、自治区、直辖市参照征用耕地的补偿费标准规定。

(二) 安置补助费

安置补助费是为安置因征地造成的农村剩余劳动力的补助费。

安置补助费,按照需要安置的农业人口数计算。需要安置的农业人口数,按照被征用的耕地数量除以征前被征地单位平均每人占有耕地的数量计算。每一个需要安置的农业人口的安置补助费标准,为该耕地被征用前3年平均每亩年产值的4~6倍。但每公顷被征用耕地的安置补助费,最高不得超过被征用前3年平均年产值的15倍。

【例2-1】 某地区平均每亩耕地年产值为1000元,人均耕地0.2亩。若按每个农业人口的安置补助标准为被征地前三年平均年产值的6倍计算,则该地区征用1亩地的安置补助费应为:

$$1000元 \times 6 \times (1 \div 0.2) = 30000元$$

征用其他土地的安置补助费标准,由省、自治区、直辖市参照征用耕地的安置补助费标准规定。

在人均耕地特别少的地区,按前述标准支付的土地补偿费和安置补助费,尚不能使需要安置的农民保持原有生活水平的,经省级人民政府批准,可以增加安置补助费,但土地补偿和安置补助费之和不得超过土地征用前3年平均年产值的30倍。

(三) 地上附着物和青苗补偿费等

被征用土地上的附着物和青苗的补偿标准,由省、自治区、直辖市规定。地上附着物是指依附于土地上的各类地上、地下建筑物和构筑物,如房屋、水井、地上(下)管线等。青苗是指被征用土地上正处于生长阶段的农作物。

征用城市郊区的菜地,用地单位应当按照国家有关规定缴纳新菜地开发建设基金。城市郊区菜地,是指连续3年以上常年种菜或养殖鱼、虾的商品菜地和精养鱼塘。

(四) 临时用地补偿

经批准的临时用地,同农业集体经济组织签订临时用地协议,并按该土地前3年平均年产值逐年给予补偿,但临时用地逐年累计的补偿费最高不得超过按征用该土地标准计算的土地补偿费和安置补助费的总和。

七、征用集体土地的工作程序

根据《土地管理法实施条例》和《建设用地审查报批管理办法》,征用土地一般是按照下列工作程序办理的。

(一) 申请用地

建设单位持经批准的设计任务书或初步设计、年度基本建设计划以及地方政府规定需提交的相应材料、证明和图件,向土地所在地的县级以上地方人民政府土地管理部门申请建设用地,同时填写《建设用地申请表》,并附下列材料:

(1) 建设单位有关资质证明;

(2) 项目可行性研究报告批复或其他有关批准文件;

（3）土地行政主管部门出具的建设项目用地预审报告；
（4）初步设计或者其他有关材料；
（5）建设项目总平面布置图；
（6）占用耕地的，提出补充耕地方案；
（7）建设项目位于地质灾害地区的，应提供地质灾害危险性评估报告；
（8）提供地价评估报告。

（二）受理申请并审查有关文件

县级以上人民政府土地行政管理部门负责建设用地的申请、审查、报表工作，对应受理的建设项目，在30日内拟定农用地转用方案、补充耕地方案、征地方案和供地方案，编制建设项目用地呈报说明书，经同级人民政府审核同意后报上一级土地管理部门审查。

（三）审批用地

有批准权的人民政府土地行政管理部门，收到上报土地审批文件，按规定征求有关部门意见后，实行土地管理部门内部会审制度审批土地。

（四）征地实施

经批准的建设用地，由被征用土地所在地的市县人民政府组织实施。

（1）征地公告，公告的内容包括：批准征地的机关、文号、土地用途、范围、面积、征地补偿标准、农业人员安置办法和办理补偿的期限等；
（2）支付土地补偿费、地上附着物和青苗补偿费；
（3）安置农业人口；
（4）征收用地单位的税费；
（5）协调征地争议。

（五）签发用地证书

（1）有偿使用土地的，应签订土地使用合同；
（2）以划拨方式使用土地的，向用地单位签发《国有土地划拨决定书》和《建设用地批准书》；
（3）用地单位持使用土地证书办理土地登记。

（六）征地批准后的实施管理

建设用地批准后直至颁发土地使用权证书之前，应进行跟踪和管理，其主要任务是：
（1）会同有关部门落实安置措施；
（2）督促被征地单位按期移交土地；
（3）处理征地过程的各种争议；
（4）填写征地结案报告。

（七）颁发土地使用证

建设项目竣工验收后，用地单位向当地土地管理部门提出土地登记申请，经测绘部门测绘，核定用地面积、确认土地权属界限，地籍管理部门注册登记后，由人民政府颁发土地使用证，作为使用土地的法律凭证。

（八）建立征用土地档案

（1）整理和收集征用土地过程中形成的各种文件；
（2）收集存档的文件一律要原件；

(3) 市、县范围内的土地档案应统一格式。

第三节 国有土地使用权出让

一、土地使用权出让的概念

土地使用权出让，是指国家将国有土地使用权在一定年限内出让给土地使用者，由土地使用者向国家支付土地使用权出让金的行为。

土地使用权出让的主体必须是国家，客体必须是国有土地使用权。土地使用者必须支付全部土地使用权出让金才能取得土地使用权证书。

土地使用权出让金是指通过有偿有限期出让方式取得土地使用权的受让者，按照合同规定的期限，一次或分次提前支付的整个使用期间的地租。土地使用权出让必须符合土地利用总体规划，城市规划和年度建设用地计划。

二、土地使用权出让方式

国有土地使用权出让可以采取拍卖、招标或者双方协议的方式。商业、旅游、娱乐和豪华住宅用地，有条件的必须采取拍卖、招标方式；没有条件的，可采用双方协议的方式，但协议方式出让的土地价格不得低于国家所规定的最低价。

（一）招标方式

招标出让是指土地所有者(出让人)向多方土地使用者(投标者)发出投标邀请，通过各投标者设计标书的竞争，来确定土地使用权受让人的方式。招标出让方式的特点是有利于公平竞争，适用于需要优化土地布局、重大工程的较大地块的出让。

（二）拍卖方式

拍卖出让是按指定时间、地点，在公开场所出让方用叫价的办法将土地使用权拍卖给出价最高者(竞买人)。拍卖出让方式的特点是有利于公平竞争，它适用于区位条件好，交通便利的闹市区，土地利用上有较大灵活性的地块的出让。

（三）协议出让

协议出让指政府作为土地所有者(出让方)与选定的受让方磋商用地条件及价款，达成协议并签订土地使用权出让合同，有偿出让土地使用权的行为。协议出让方式的特点是自由度大，不利于公平竞争。这种方式适用于公共福利事业和非盈利性的社会团体、机关单位用地和某些特殊用地。

三、土地使用权的出让年限

《中华人民共和国城镇国有土地使用权出让和转让暂行条例》规定了土地出让的最高年限如表2-1。

土地最高出让年限　　　　表2-1

土 地 用 途	居住用地	工业用地	教育、科技、文化卫生、体育用地	商业、旅游、娱乐用地	综合或其他用地
最高出让年限	70年	50年	50年	40年	50年

四、土地使用权的收回

国家收回土地使用权有多种原因，如使用期限届满，提前收回，没收等。

(1) 土地使用权届满的收回。土地使用权出让合同约定的使用年限期满后，土地使用者未申请续期或申请未获批准，国家应无偿收回土地使用权。

(2) 国家有权提前收回土地使用权。国家对经出让取得的土地使用权一般不得提前收回，但在特殊情况下，国家根据社会公共利益的需要，可以依照法律程序提前收回，但在收回时应根据土地使用者使用土地的实际年限和开发程度、利用土地的实际情况给予适当补偿。

(3) 因土地使用者不履行土地使用权出让合同而收回土地使用权。土地使用者不履行土地使用权出让合同而收回土地使用权有两种情况：一是未如期支付地价款的，在签约时应缴地价款的一定比例作为定金，60日内应支付全部地价款，逾期未全部支付地价款的，出让方依照法律和合同约定，收回土地使用权并不退定金；二是土地使用者未按合同约定的期限和条件开发和利用土地，由县以上人民政府土地管理部门予以纠正，并根据情节可以给予警告、罚款，直至无偿收回土地使用权。这是对不履行合同的义务人，采取的无条件取消其土地使用权的处罚形式。

(4) 司法机关决定收回土地使用权。因土地使用者触犯国家法律，不能继续履行合同或司法机关决定没收其全部财产，收回土地使用权。

五、土地使用权终止

(1) 土地使用权因土地灭失而终止。土地灭失是指由于自然原因造成原土地性质的彻底改变或原土地面貌的彻底改变，诸如地震、水患、塌陷等自然灾害引起的不能使用土地而终止。

(2) 因土地使用者的抛弃而终止。由于政治、经济、行政等原因，土地使用者抛弃使用的土地，致使土地使用合同失去意义或无法履行而终止土地使用权。

六、土地使用权续期

土地使用权出让合同约定的使用年限届满，土地使用者需要继续使用土地的，应当最迟于期满前一年向土地管理部门提出申请，经批准续期的，应当重新签订土地使用权出让合同，按规定支付地价款并更换土地权属证件。

第四节 国有土地使用权划拨

一、土地使用权划拨的含义

土地使用权划拨是指有批准权的人民政府依法批准，在用地者缴纳补偿、安置等费用后将该幅土地交其使用，或者将土地使用权无偿交给土地使用者使用的行为。

除法律、法规另有规定外，划拨土地没有使用期限的限制，但未经许可不得转让、出租、抵押。

二、划拨土地使用权的范围

下列建设用地可由有批准权的人民政府依法批准，划拨土地使用权：

(1) 国家机关用地和军事用地；
(2) 城市基础设施和公用事业用地；
(3) 国家重点扶持的能源、交通、水利等项目用地；
(4) 法律、行政法规规定的其他用地。

三、划拨土地的管理

《中华人民共和国房地产管理法》和《中华人民共和国城镇国有土地使用权出让和转让暂行条例》对划拨土地的管理有以下规定：

（1）划拨土地可以转让。

划拨土地的转让有两种规定：一是报有批准权的人民政府审批准予转让的，应当由受让方办理土地使用权出让手续，并依照国家有关规定缴纳土地使用权出让金；二是可不办理出让手续，但转让方应将所获得的收益中的土地收益上缴国家。

（2）划拨土地使用权可以出租。

1）房产所有权人以营利为目的，将划拨土地使用权的地上建筑物出租的，应当将租金中所含土地收益上缴国家。

2）用地单位因发生转让、出租、企业改制和改变土地用途等不适办理土地出让的，可实行租赁。

3）租赁时间超过6个月的，应办理租赁合同，合同期限不得超过出让年限。

（3）划拨土地使用权可以抵押。

划拨土地使用权抵押时，其抵押的金额不应包括土地价格，因抵押划拨土地使用权造成土地使用权转移的，应办理土地出让手续并向国家缴纳地价款才能变更土地权属。

（4）对未经批准擅自转让、出租、抵押划拨土地使用权的单位和个人，县级以上人民政府土地管理部门应当没收其非法收入，并根据情节处以罚款。

（5）国有企业改革中的划拨土地。对国有企业改革中涉及的划拨土地使用权，可分别采取国有土地出让、租赁、作价出资（入股）和保留划拨土地使用权等方式予以处置。

下列情况应采取土地出让或出租方式处置：

1）国有企业改造或改组为有限责任或股份有限公司以及组建企业集团的；

2）国有企业改组为股份合作制的；

3）国有企业租赁经营的；

4）非国有企业兼并国有企业的。

下列情况经批准可保留划拨土地使用权：

1）继续作为城市基础设施用地，公益事业用地和国有重点扶持的能源、交通、水利等项目用地，原土地用途不发生改变，但改造或改组为公司制企业除外；

2）国有企业兼并国有企业、非国有企业及国有企业合并后的企业是国有工业企业的；

3）在国有企业兼并、合并中，一方属于濒临破产企业的；

4）国有企业改造或改组为国有独资公司的。

2）、3）、4）项保留划拨土地方式的期限不超过5年。

（6）凡上缴土地收益的土地，仍按划拨土地进行管理。

（7）划拨土地使用权的收回。

国家无偿收回划拨土地使用权的原因主要有以下7种：

1）土地使用者因迁移、解散、撤销、破产或其他原因而停止使用土地的；

2）国家根据城市建设发展的需要和城市规划的要求收回土地使用权；

3）各级司法部门没收其所有财产而收回土地使用权的；

4）土地使用者自动放弃土地使用权；

5）未经原批准机关同意，连续2年未使用；
6）不按批准用途使用土地；
7）铁路、公路、机场、矿场等核准报废的土地。

国家无偿收回划拨土地使用权时，对其地上建筑物、其他附着物，根据实际情况应给原土地使用者适当补偿。

第五节 闲置土地的处理

一、闲置土地的范围

根据有关规定，下列土地属于闲置土地：

（1）未按建设用地批准书和土地使用权出让合同规定的期限开发利用土地的；

（2）核准使用的土地，自土地使用权出让合同生效或建设用地批准书颁发之日起满1年未动工开发建设的；

（3）已动工开发，但开发建设面积不足应开发建设面积1/3，或投资额不足总投资额25%且未经批准中止开发建设连续满1年的；

（4）法律、行政法规有其他规定的。

二、闲置土地的处置方式

闲置土地的处置方式有以下几种：

（1）延长开发建设期限，但最长不得超过1年；

（2）变更土地用途，办理有关手续后继续开发；

（3）安排临时使用，待原项目具备条件后，重新批准开发，土地增值的，由政府收取增值地价；

（4）政府为土地使用者置换其他闲置土地；

（5）政府采取招标、拍卖等方式确定新的土地使用者进行开发建设，对原用地单位给予经济补偿；

（6）政府收回土地，并与土地使用者签订收回土地协议书；

（7）因政府及有关部门行为造成土地闲置的，由政府和用地单位协商处理。

三、征收土地闲置费

在城市规划区范围内，以出让方式取得土地使用权，闲置1年以上按出让金的20%征收土地闲置费。

已经办理审批手续的非农业建设占用耕地，1年以上未动工建设的，按省、自治区、直辖市的规定征收土地闲置费。

四、无偿收回土地

未按建设用地批准书和土地使用权出让合同规定的期限动工开发建设的用地，连续2年以上未使用的，经原批准机关批准，由县级以上人民政府无偿收回土地使用权并予以公告，下达《收回国有土地使用权决定书》，终止土地有偿使用合同，撤销《国有土地划拨决定书》、《建设用地批准书》，注销土地登记和土地证书。

【例2-2】

某省电力公司 Z 欲建一火力发电厂，发电厂占地面积2300亩，其中需占用基本农田

850 亩，基本农田以外的耕地 680 亩，其他土地 770 亩。该块耕地涉及 X 县、两个行政村 A 与 B。A 村被占基本农田 400 亩，基本农田以外的耕地 270 亩，其他土地 280 亩；B 村分别为 450 亩、410 亩、490 亩。且已知 A、B 两村耕地前 3 年平均年产值约为 300 元每亩，且人均耕地面积分别为 A 村 3.8 亩，B 村 3.5 亩。

1. Z 公司为取得火力发电厂这块建设用地，应办理以下手续（　　）。
   A. Z 公司持经批准的设计任务书及其他需提交的材料，到 X 县人民政府土地管理部门申请建设用地，土地管理部门拟定农用地转用方案和征地方案，经县人民政府审核同意后报省土地管理部门审查，并报国务院审批
   B. Z 公司持经批准的设计任务书及其他需提交的材料，到 X 县人民政府土地管理部门申请建设用地，土地管理部门拟定征地方案，经县人民政府审核同意后报省土地管理部门审查，并报国务院审批
   C. Z 公司持经批准的设计任务书及其他需提交的材料，到 X 县人民政府土地管理部门申请建设用地，土地管理部门拟定农用地转用方案、补充耕地方案、征地方案和供地方案，经县人民政府审核同意后报省土地管理部门审查，并报国务院审批
   D. Z 公司持经批准的设计任务书及其他需提交的材料，到 X 县人民政府土地管理部门申请建设用地，土地管理部门拟定农用地转用方案、补充耕地方案、征地方案和供地方案，经县人民政府审核同意后报省土地管理部门审批

2. 在取得土地使用权证书前，Z 公司应（　　）。
   A. 支付补偿费、安置农业人口，缴纳相关税费，签订土地使用权出让合同，支付土地出让金。再经核定用地面积、注册登记后，由人民政府颁发土地使用证
   B. 支付补偿费、安置农业人口，缴纳相关税费，签订土地使用权划拨合同。再经核定用地面积、注册登记后，由人民政府颁发土地使用证
   C. 支付补偿费、安置农业人口，缴纳相关税费，签订土地使用权出让合同，支付土地出让金。再经核定用地面积、注册登记后，由人民政府土地管理部门颁发土地使用证
   D. 支付补偿费、安置农业人口，缴纳相关税费，签订土地使用权划拨合同。再经核定用地面积、注册登记后，由人民政府土地管理部门颁发土地使用证

3. Z 公司应支付的土地补偿费最低与最高为（　　）。
   A. 137.7 万元，459 万元　　　　B. 275.4 万元，459 万元
   C. 137.7 万元，275.4 万元　　　D. 无法计算

4. Z 公司需要支出的农业人口安置费用的低限和高限约为（　　）万元。
   A. 50.6，76.0　　　　　　　　　B. 25.3，38.0
   C. 76.3，114.4　　　　　　　　D. 38.1，57.2

5. 土地补偿费、地上附着物和青苗补偿费、安置补助费视具体情况可能分别发放给（　　）。
   A. A、B 两村；地上附着物和青苗的所有者；A、B 两村
   B. 土地的使用者；地上附着物和青苗的所有者；安置单位
   C. A、B 两村；地上附着物和青苗的所有者；安置对象
   D. 土地的使用者；地上附着物和青苗的所有者；A、B 两村

E. A、B两村；地上附着物和青苗的所有者；安置对象个人

6. Z公司如需要临时用地应（　　）。

A. 由Z公司与A、B村分别签订临时使用土地合同，并报X县土地管理部门备案
B. 由Z公司与A、B村共同签订临时使用土地合同，并报X县土地管理部门备案
C. 报X县土地管理部门批准后，由Z公司与A、B村分别签订临时使用土地合同
D. 由Z公司与A、B村共同签订临时使用土地合同，并报X县土地管理部门批准
E. 报X县土地管理部门批准后，由Z公司与A、B村分别签订临时使用土地合同
F. 报X县土地管理部门批准后，由Z公司与A、B村共同签订临时使用土地合同

答案：1. C　2. A　3. D　4. A　5. ACE　6. E

复 习 题

1. 试述国有土地和集体土地的范围。
2. 国家建设用地的取得途径有哪些？
3. 试述各级政府征用土地的批准权限。
4. 征用土地的补偿范围和标准是什么？
5. 试述土地使用权出让的方式。
6. 各类建设用地的最高出让年限分别是多少年？
7. 土地使用权出让合同的主要内容有哪些？
8. 划拨土地使用权的转让、出租、抵押有哪些规定？
9. 闲置土地的处置方式有哪几种？

第三章 城市房屋拆迁管理制度与政策

为了加强对城市房屋拆迁的管理，维护拆迁当事人的合法权益，保障建设项目顺利进行，我国于 2001 年 6 月 13 日颁布了新的《城市房屋拆迁管理条例》(已于 2001 年 11 月 1 日起施行)。条例实施后，为了进一步规范拆迁管理行为，建设部分别于 2003 年 12 月 1 日、2003 年 12 月 30 日发布了"关于印发《城市房屋拆迁估价指导意见》的通知"和"关于印发《城市房屋拆迁行政裁决工作规程》的通知"。本章主要依据上述法规和文件，介绍城市房屋拆迁的有关管理规定、拆迁补偿与安置、城市房屋拆迁纠纷的处理等内容。

第一节 城市房屋拆迁管理

一、城市房屋拆迁的概念

按照《城市房屋拆迁管理条例》的规定，城市房屋拆迁是指取得房屋拆迁许可证的拆迁人，拆除城市规划区内国有土地上的房屋及其附属物，并对被拆迁人进行补偿、安置的行为。

把握城市房屋拆迁的概念应当理解以下几点：

(1) 拆迁人和被拆迁人。拆迁人是指取得拆迁许可证的单位，个人不能成为拆迁人。被拆迁人是指被拆迁房屋的所有人(个人或法人)，不包括被拆迁房屋的使用人。

(2) 拆迁的对象。拆迁的对象是指由拆迁人拆除的、城市规划区内国有土地上的房屋及其附属物。城市规划区外的或房屋所有人自行拆除的房屋及其附属物不属于《城市房屋拆迁管理条例》的范围。

(3) 拆迁人应对被拆迁人进行补偿、安置。

二、城市房屋拆迁管理机构

国务院建设行政主管部门对全国城市房屋拆迁工作实施监督管理。

县级以上地方人民政府负责管理房屋拆迁工作的部门(以下简称房屋拆迁管理部门)对本行政区域内的城市房屋拆迁工作实施监督管理。县级以上地方人民政府有关部门应当依照本条例的规定，互相配合，保证房屋拆迁管理工作的顺利进行。

县级以上人民政府土地行政主管部门依照有关法律、行政法规的规定，负责与城市房屋拆迁有关的土地管理工作。

房屋拆迁管理部门不能作为拆迁人，也不得接受拆迁委托。

三、城市房屋拆迁管理的程序

任何单位需要拆除房屋，必须持有国家规定的批准文件。拆迁计划和拆迁方案，向县级以上人民政府房屋拆迁主管部门提出申请，经批准并发给房屋拆迁许可证后，方可拆迁。城市房屋拆迁的基本程序如下：

1. 申请

需要拆除房屋的建设单位和个人,应当持以下书面文件向县级以上人民政府房屋拆迁主管部门提出拆迁申请:

(1) 建设项目立项批准文件;
(2) 建设用地规划许可证;
(3) 国有土地使用权批准文件;
(4) 拆迁人制定的拆迁计划和拆迁方案;
(5) 办理存款业务的金融机构出具的拆迁补偿安置资金证明。

2. 审批

房屋拆迁主管部门在收到拆迁人的拆迁申请和必要的证明文件后对拆迁申请进行审查,审查的内容包括:

(1) 建设项目立项的批准文件和土地使用的批准文件是否合法,批准机关是否具有批准权限;
(2) 拆迁计划和拆迁方案是否合理可行;
(3) 拆迁范围与批准的用地范围是否一致。

房屋拆迁主管部门审查后,认为建设项目立项的批准文件和土地使用的批准文件合法、拆迁计划和拆迁方案合理可行的,应当批准拆迁人的拆迁申请,发给拆迁人拆迁许可证。

3. 房屋拆迁行政公告

房屋拆迁主管部门在核发拆迁许可证后,应当及时向拆迁范围内的被拆迁人宣布拆迁决定,发布拆迁公告,或以其他形式发布拆迁决定。拆迁公告的主要内容包括:建设项目的名称、拆迁人、拆迁时间、拆迁范围、拆迁期限及其他有关事项。房屋拆迁主管部门和拆迁人应当及时向被拆迁人做好宣传、解释工作,以保证房屋拆迁工作顺利有效地进行,维护拆迁人与被拆迁人合法权益。

拆迁公告发布后,拆迁范围内的单位和个人,不得进行下列活动:

(1) 新建、扩建、改建房屋;
(2) 改变房屋和土地用途;
(3) 租赁房屋。

房屋拆迁管理部门应当就上述事项,书面通知有关部门暂停办理相关手续。暂停办理的书面通知应当载明暂停期限。暂停期限最长不得超过1年;拆迁人需要延长暂停期限的,必须经房屋拆迁管理部门批准,延长暂停期限不得超过1年。

4. 签订拆迁协议

在房屋拆迁主管部门公布的规定的拆迁期限内,拆迁人应当与被拆迁人就拆迁补偿和安置事宜进行协商并签订书面协议。补偿、安置协议应当规定补偿形式和补偿金额、安置用房面积和安置地点、搬迁过渡方式和过渡期限、违约责任和当事人认为需要订立的其他条款。

签订补偿、安置协议后,可以由公证机关办理公证,并送房屋拆迁主管部门备案。拆除依法代管的房屋,代管人是房屋拆迁主管部门的,补偿、安置协议必须经公证机关公证,并办理证据保全。

5. 拆迁的实施

拆迁人必须在《房屋拆迁许可证》规定的拆迁范围和拆迁期限内进行拆迁，不得超越批准的拆迁范围和规定的拆迁期限。

拆迁的实施方式有两种，即自行拆迁和委托拆迁。

自行拆迁与委托拆迁是两个相对应的概念。自行拆迁，是指为了某项目建设需要已取得房屋拆迁许可证的建设单位即拆迁人自己，实施拆迁工作。拆迁工作一般包括对被拆迁人进行拆迁动员，组织签订和实施补偿安置协议，组织拆除房屋及其附属物等。

委托拆迁，就是拆迁人自己不承担拆迁工作，而是把拆迁工作委托给具有拆迁资格的单位去承担。在实践中，由于建设单位的建设项目一般是单一的，拆迁工作是非经常性工作，在拆迁过程中由于从事拆迁工作的人员对有关法律、法规、政策的生疏、对拆迁业务不熟悉，往往容易造成失误或损失。为了适应社会化，专业化生产的要求，由专门从事城市房屋拆迁的单位承担拆迁，有利于节约人力、物力和财力，减轻建设单位前期工作的负担。作为大多数拆迁人，委托拆迁会是经常出现的形式。

第二节 拆迁补偿与安置

一、拆迁补偿方式

房屋拆迁补偿有两种方式，即货币补偿和房屋产权调换。

（1）货币补偿是指拆迁人将被拆除房屋的价值，以货币结算方式补偿给被拆除房屋的所有人。货币补偿的金额，按照被拆除房屋的区位、用途、建筑面积等因素，以房地产市场评估价格确定。

（2）房屋产权调换是指拆迁人用自己建造或购买的产权房屋与被拆迁房屋进行调换产权，并按拆迁房屋的评估价和调换房屋的市场价进行结算调换差价的行为。也就是说以异地或原地再建的房屋，和被拆除房屋进行产权交换，被拆迁人失去了被拆迁房屋的产权，调换之后拥有调换房屋的产权。

拆除非公益事业房屋的附属物，不作产权调换，由拆迁人给予货币补偿。

二、拆迁补偿对象

根据新的《城市房屋拆迁管理条例》，补偿的对象是被拆除房屋的所有人，而不是使用人，所有人既包括公民，也包括法人。

三、拆迁补偿标准

货币补偿的金额，根据被拆迁房屋的区位、用途、建筑面积等因素，以房屋市场评估价格确定。拆迁房屋的估价应当依据《城市房屋拆迁估价指导意见》进行，具体办法由省、自治区、直辖市人民政府制定。

实行房屋产权调换的，拆迁人与被拆迁人应当根据上述原则，计算被拆迁房屋的补偿金额和所调换房屋的价格，结算产权调换的差价。

四、特殊情况的拆迁补偿、安置

《城市房屋拆迁管理条例》不仅对拆迁补偿的一般标准作了规定，而且对以下特殊情况亦做出了相应的规定：

1. 违章建筑的补偿、安置

违章建筑是指在城市规划区内，未取得建设工程规划许可证或者违反建设工程规划许可的规定建设，严重影响城市规划的建筑。在拆迁过程中，拆迁人对拆除必须拆除的违章建筑，不予补偿。对经规划部门处罚，允许保留的，待补办手续后按合法建筑给予补偿、安置。

2. 临时建筑的补偿、安置

临时建筑是指结构简单的、临时性的建筑物、构筑物和其他设施，临时建筑有规定的使用期限。根据《拆迁管理条例》，拆除超过批准期限的临时建筑不予补偿。未超过批准期限的合法临时建筑，在拆除时会给临时建筑所有人带来一定的经济损失，因此，也应当按使用期限的残存价值参考剩余期限给予适当补偿。

3. 抵押房屋的补偿、安置

没有抵押权的房屋进行拆迁时，应当及时通知已办理抵押登记的抵押权人，一般是接受抵押的银行；如能解除抵押合同的，补偿款付给被拆迁人，但付款前必须经抵押权人认可；不能解除抵押关系的，补偿款应优先用来清偿抵押权人，然后才能补偿给被拆迁人。

4. 拆除租赁房屋

被拆迁人与房屋承租人解除租赁关系的，或者被拆迁人对房屋承租人进行安置的，拆迁人对被拆迁人给予补偿；被拆迁人与房屋承租人对解除租赁关系达不成协议的，拆迁人应对被拆迁人实行房屋产权调换。产权调换的房屋由原房屋承租人承租，被拆迁人应当与原房屋承租人重新订立房屋租赁合同。

5. 拆除用于公益事业的房屋

拆迁人应当按照其原性质、原规模予以重建，或者给予货币补偿。拆除非公益事业房屋的附属物不作产权调换，由拆迁人给予货币补偿。

6. 产权不明确房屋的补偿、安置

产权不明确的房屋是指无产权关系证明、产权人下落不明、暂时无法考证产权的合法所有人或因产权关系正在诉讼的房屋。产权不明确房屋拆除前，拆迁人还应当就拆迁房屋的有关事项向公证机关办理证据保全。拆迁人应就被拆迁房屋向公证机关提交证据保全申请，并按公证机关规定的程序和要求办理公证，对公证机关出具的法律文书立案归档以备查用。

第三节 拆迁纠纷的处理

拆迁补偿安置协议订立后，被拆迁人或者房屋承租人在搬迁期限内拒绝搬迁的，拆迁人可以依法向仲裁委员会申请仲裁，也可以依法向人民法院起诉。诉讼期间，拆迁人可以依法申请人民法院先予执行。

拆迁人与被拆迁人就搬迁期限、补偿方式、补偿标准以及搬迁过渡方式、过渡期限等达不成协议，当事人可以申请行政裁决。2003年12月30日颁布、2004年3月1日起施行的《城市房屋拆迁行政裁决工作规程》对行政裁决的有关事项做出了规定。

一、行政裁决的管理部门

市、县人民政府城市房屋拆迁管理部门负责本行政区域内城市房屋拆迁行政裁决工作。房屋拆迁管理部门是被拆迁人的，由同级人民政府裁决。

行政裁决应当以事实为依据、以法律为准绳，坚持公平、公正、及时的原则。

二、申请行政裁决

拆迁人申请行政裁决，应当提交下列资料：

（1）裁决申请书；
（2）法定代表人的身份证明；
（3）被拆迁房屋权属证明材料；
（4）被拆迁房屋的估价报告；
（5）对被申请人的补偿安置方案；
（6）申请人与被申请人的协商记录；
（7）未达成协议的被拆迁人比例及原因；
（8）其他与裁决有关的资料。

被拆迁人申请行政裁决，应当提交下列资料：

（1）裁决申请书；
（2）申请人的身份证明；
（3）被拆迁房屋的权属证明；
（4）申请裁决的理由及相关证明材料；
（5）房屋拆迁管理部门认为应当提供的与行政裁决有关的其他材料。

未达成拆迁补偿安置协议户数较多或比例较高的，房屋拆迁管理部门在受理裁决申请前，应当进行听证。具体标准、程序，由省、自治区、直辖市人民政府房屋拆迁管理部门规定。

三、行政裁决申请的受理

有下列情形之一的，房屋拆迁管理部门不予受理行政裁决申请：

（1）对拆迁许可证合法性提出行政裁决的；
（2）申请人或者被申请人不是拆迁当事人的；
（3）拆迁当事人达成补偿安置协议后发生合同纠纷，或者行政裁决做出后，当事人就同一事由再次申请裁决的；
（4）房屋已经灭失的；
（5）房屋拆迁管理部门认为依法不予受理的其他情形。

对裁决申请不予受理的，房屋拆迁管理部门应当自收到申请之日起5个工作日内书面通知申请人。

四、做出行政裁决

房屋拆迁管理部门受理房屋拆迁裁决申请后，经审核，资料齐全、符合受理条件的，应当在收到申请之日起5个工作日内向申请人发出裁决受理通知书；申请裁决资料不齐全、需要补充资料的，应当在5个工作日内一次性书面告知申请人，可以当场补正的，应当当场补正。受理时间从申请人补齐资料的次日起计算。

房屋拆迁管理部门受理房屋拆迁裁决申请后，应当按照下列程序进行：

（1）向被申请人送达房屋拆迁裁决申请书副本及答辩通知书，并告知被申请人的权利。
（2）审核相关资料、程序的合法性。
（3）组织当事人调解。房屋拆迁管理部门必须充分听取当事人的意见，对当事人提出的事实、理由和证据进行复核；对当事人提出的合理要求应当采纳。房屋拆迁管理部门不得因当事人申辩而做出损害申辩人合法权益的裁决。

拆迁当事人拒绝调解的，房屋拆迁管理部门应依法做出裁决。

（4）核实补偿安置标准。当事人对评估结果有异议，且未经房屋所在地房地产专家评估委员会鉴定的，房屋拆迁管理部门应当委托专家评估委员会进行鉴定，并以鉴定后的估价结果作为裁决依据。鉴定时间不计入裁决时限。

（5）经调解，达成一致意见的，出具裁决终结书；达不成一致意见的，房屋拆迁管理部门应当做出书面裁决。部分事项达成一致意见的，裁决时应当予以确认。书面裁决必须经房屋拆迁管理部门领导班子集体讨论决定。

行政裁决工作人员与当事人有利害关系或者有其他关系可能影响公正裁决的，应当回避。

行政裁决应当自收到申请之日起30日内做出。房屋拆迁管理部门做出裁决，应当出具裁决书。

裁决书应当包括下列内容：

（1）申请人与被申请人的基本情况；

（2）争议的主要事实和理由；

（3）裁决的依据、理由；

（4）根据行政裁决申请需要裁决的补偿方式、补偿金额、安置用房面积和安置地点、搬迁期限、搬迁过渡方式和过渡期限等；

（5）告知当事人行政复议、行政诉讼的权利及申请复议期限、起诉期限；

（6）房屋拆迁管理部门的名称、裁决日期并加盖公章。

行政裁决规定的搬迁期限不得少于15天。

裁决书应当通过直接送达、留置送达、委托送达或邮寄送达等方式送达。

五、不服行政裁决的处理

若拆迁当事人对裁决不服，可以在接到裁决书之日起15日内向人民法院起诉。如果拆迁当事人对有关拆迁的其他决定不服，也可直接起诉，由法院判决。

为了不影响拆迁工作的顺利进行，在诉讼期间，拆迁人已对拆迁人给予货币补偿或者提供拆迁安置用房、周转用房的情况下，诉讼期间不停止拆迁的执行。

六、强制拆迁

被拆迁人或者房屋承租人在裁决规定的搬迁期限内未搬迁的，由市、县人民政府责成有关部门行政强制拆迁，或者由房屋拆迁管理部门依法申请人民法院强制拆迁。

房屋拆迁管理部门申请行政强制拆迁前，应当邀请有关管理部门、拆迁当事人代表以及具有社会公信力的代表等，对行政强制拆迁的依据、程序、补偿安置标准的测算依据等内容，进行听证。

房屋拆迁管理部门申请行政强制拆迁，必须经领导班子集体讨论决定后，方可向政府提出行政强制拆迁申请。未经行政裁决，不得实施行政强制拆迁。

拆迁人未按裁决意见向被拆迁人提供拆迁补偿资金或者符合国家质量安全标准的安置用房、周转用房的，不得实施强制拆迁。

房屋拆迁管理部门申请行政强制拆迁，应当提交下列资料：

（1）行政强制拆迁申请书；

(2) 裁决调解记录和裁决书;
(3) 被拆迁人不同意拆迁的理由;
(4) 被拆迁房屋的证据保全公证书;
(5) 被拆迁人提供的安置用房、周转用房权属证明或者补偿资金证明;
(6) 被拆迁人拒绝接收补偿资金的,应当提交补偿资金的提存证明;
(7) 市、县人民政府房屋拆迁管理部门规定的其他材料。

依据强制拆迁决定实施行政强制拆迁,房屋拆迁管理部门应当提前15日通知被拆迁人,并认真做好宣传解释工作,动员被拆迁人自行搬迁。

行政强制拆迁应当严格依法进行。强制拆迁时,应当组织街道办事处(居委会)、被拆迁人单位代表到现场作为强制拆迁证明人,并由公证部门对被拆迁房屋及其房屋内物品进行证据保全。

房屋拆迁管理部门工作人员或者行政强制拆迁执行人员违反本规程的,由所在单位给予警告;造成错案的,按照有关规定追究错案责任;触犯刑律的,依法追究刑事责任。

拆迁人、接受委托的拆迁单位在实施拆迁中采用恐吓、胁迫以及停水、停电、停止供气、供热等手段,强迫被拆迁人搬迁或者擅自组织强制拆迁的,由所在市、县房屋拆迁管理部门责令停止拆迁,并依法予以处罚;触犯刑律的,依法追究刑事责任。

【例3-1】

2002年9月,某县房屋拆迁工程处(以下简称拆迁处)接受县城镇建设综合开发公司(以下简称开发公司)委托,在该县石油公司东侧实施拆迁。尤某某所有的、坐落于该县凤南东路8号、木结构面积为115.37m^2的2层房屋也在拆迁范围内。该房屋坐落于城关范围内,土地属于某县凤山镇南门村民委员会集体所有,尤某某持有《房屋所有权证》和《集体土地使用权证》。某县人民政府于1997年11月批复同意划拨该地块。县土地管理局于当月颁发《建设用地批准书》,房屋拆迁公告发出后,开发公司及受委托的拆迁处即与尤某某协商签订补偿安置协议。但尤某某坚持要求按照《中华人民共和国土地管理法》的规定进行拆迁补偿,开发公司则坚持依据国务院《城市房屋拆迁管理条例》、地方性法规《××省城市房屋拆迁管理办法》的规定进行补偿,双方因此无法达成协议,向有关部门申请裁决。

问题:

1. 县城镇建设综合开发公司要取得拆迁资格,应办理什么手续?
2. 有关部门应如何裁决?

点评:

县城镇建设综合开发公司要取得拆迁资格,应首先取得拆迁许可证。

国务院《城市房屋拆迁管理条例》第二条规定:"凡在城市规划区内国有土地上,因城市建设需要拆迁房屋及附属物的,适用本条例。"位于城市规划区内的集体土地的拆迁不能适用国务院《城市房屋拆迁管理条例》及相关地方性法规。而应依据《土地管理法》,由土地管理部门先行办理征地手续将土地征为国有,并以土地补偿费和安置补助费的形式安置拆迁户。

【例3-2】

案例背景:被拆迁房屋位于上海市斜土路×号,全幢花园住宅,土地面积359m^2,建筑面积 144.5m²，业主已故，由邢某继承。该住宅因斜土路局部拓宽（市重大工程明珠线二期配套工程）列入拆迁范围。上海 A 房地产估价有限公司受托对该住宅进行了评估，估价结果为 158 万元，单价 10934.26 元/m²。被拆迁人邢某对估价结果有异议，认为估价结果偏低，向 A 估价公司提出复估要求，A 估价公司复函仍坚持评估结果。邢某等对此仍不满意，经交涉仍无结果，遂正式向上海市房地产估价师协会房屋拆迁估价专家委员会（以下简称专家委员会）提出鉴定申请，其理由是：花园朝南一面临街，东西长 15m，南北 24m 左右，占地面积 359m²，同时具备私产权，独立式，四面临空，无多户分割使用，土地容积率低（仅为 0.403）等条件，完全符合挂牌上市的条件，而具备这些条件的老洋房在上海是"极少的"。据称不断有人前往洽谈，20 世纪 90 年代开价在 200 万～250 万元之间。

纠纷处理：2002 年 4 月 15 日，专家委员会正式受理了鉴定申请并发出"受理通知单"，与此同时，专家委员会向 A 估价公司发出"估价报告调用单"，向 5 位资深估价师发出"鉴定工作邀请函"。4 月 19 日上午，该幢住宅拆迁评估鉴定专家组第一次会议召开。7 位专家（包括专家委员会正、副主任）参加了会议。按照鉴定程序，会议通报了该宗案例的背景，专家们仔细查阅了评估报告、技术报告和申请鉴定报告。会后，全体专家组成员到委托鉴定对象现场进行了查勘。从 4 月 19 日～4 月 25 日的一个星期时间里，各位专家独立作业，逐一核查可比案例，查阅自己掌握的一些案例资料。在进行了认真的细致的鉴定后，每位专家在鉴定表上都签署了对估价报告的鉴定意见。4 月 26 日，专家组第二次会议召开。会议经过二轮专家意见的征集后进行了分析，汇总，得出了专家组的意见。"鉴定意见"包括 5 个方面的内容，结论是：①技术思路及估价方法基本正确；②案例选取不当且案例的真实性存在问题；③参数确定存在问题，偏差明显，无估价期日修正，对花园住宅价格上扬因素考虑不足，容积率修正不足。楼盘体量因素未考虑；④估价结果偏低；⑤原估价报告合法、欠规范、不够合理。最终该鉴定项目评估结果调整为 184.56 万元。

复 习 题

1. 拆迁人和被拆迁人分别指什么？
2. 租赁房屋的拆迁有何规定？
3. 申请拆迁许可证需提供哪些资料？
4. 拆迁补偿的方式有哪些？
5. 拆迁补偿的标准如何确定？
6. 拆迁纠纷处理的方式有哪些？

第四章 房地产开发经营管理制度与政策

房地产开发是房地产业链条中的重要一环。为了加强这一环节的管理，我国实行了房地产开发企业准入制度、年检制度和项目管理制度，本章主要介绍这方面的内容。

第一节 房地产开发企业管理

一、房地产开发企业的设立条件

《城市房地产开发经营管理条例》对房地产企业设立和管理作出了明确的规定。条例的实施对规范房地产开发经营行为，加强对城市房地产开发经营活动的监督管理、促进和保障房地产业的健康发展，都起到了重要作用。

设立房地产开发企业应符合下列条件：
（1）有符合公司法人登记的名称和组织机构；
（2）有适应房地产开发经营需要的固定的办公用房；
（3）注册资本 100 万元以上；
（4）有 4 名以上持有资格证书的房地产专业、建筑工程专业的专职技术人员，2 名以上持有资格证书的专职会计人员；
（5）法律、法规规定的其他条件。

新设立的房地产开发企业，应当向县级以上人民政府工商行政管理部门申请登记，并应当自领取营业执照之日起 30 日内，持下列文件到登记机关所在地的房地产开发主管部门备案：
（1）营业执照复印件；
（2）企业章程；
（3）验资证明；
（4）企业法定代表人的身份证明；
（5）专业技术人员的资格证书和聘用合同；
（6）房地产开发主管部门认为需要的其他文件。

房地产开发主管部门应当在收到备案申请后 30 日内向符合条件的企业核发《暂定资质证书》。《暂定资质证书》有效期 1 年。房地产开发主管部门可以视企业经营情况，延长《暂定资质证书》有效期，但延长期不得超过 2 年。自领取《暂定资质证书》之日起 1 年内无开发项目的，《暂定资质证书》有效期不得延长。

二、房地产开发企业资质等级

为了加强房地产开发企业资质管理，规范房地产开发企业经营行为，2000 年 3 月 23 日颁布实施的《房地产开发企业资质管理规定》，把房地产开发企业分为一、二、三、四四个资质等级。开发企业的资质等级，由房地产开发主管部门根据房地产开发企业的资产、专业技术人员和开发经营业绩等进行核定。房地产开发企业应当按照核定的资质等级，承担相应的房地产开发项目。

各资质等级企业的条件如下：

（一）一级资质

(1) 注册资本不低于 5000 万元；

(2) 从事房地产开发经营 5 年以上；

(3) 近 3 年房屋建筑面积累计竣工 30 万 m^2 以上，或者累计完成与此相当的房地产开发投资额；

(4) 连续 5 年建筑工程质量合格率达 100%；

(5) 上一年房屋建筑施工面积 15 万 m^2 以上，或者完成与此相当的房地产开发投资额；

(6) 有职称的建筑、结构、财务、房地产及有关经济类的专业管理人员不少于 40 人，其中具有中级以上职称的管理人员不少于 20 人，持有资格证书的专职会计人员不少于 4 人；

(7) 工程技术、财务、统计等业务负责人具有相应专业中级以上职称；

(8) 具有完善的质量保证体系，商品住宅销售中实行了《住宅质量保证书》和《住宅使用说明书》制度；

(9) 未发生过重大工程质量事故。

（二）二级资质

(1) 注册资本不低于 2000 万元；

(2) 从事房地产开发经营 3 年以上；

(3) 近 3 年房屋建筑面积累计竣工 15 万 m^2 以上，或者累计完成与此相当的房地产开发投资额；

(4) 连续 3 年建筑工程质量合格率达 100%；

(5) 上一年房屋建筑施工面积 10 万 m^2 以上，或者完成与此相当的房地产开发投资额；

(6) 有职称的建筑、结构、财务、房地产及有关经济类的专业管理人员不少于 20 人，其中具有中级以上职称的管理人员不少于 10 人，持有资格证书的专职会计人员不少于 3 人；

(7) 工程技术、财务、统计等业务负责人具有相应专业中级以上职称；

(8) 具有完善的质量保证体系，商品住宅销售中实行了《住宅质量保证书》和《住宅使用说明书》制度；

(9) 未发生过重大工程质量事故。

（三）三级资质

(1) 注册资本不低于 800 万元；

(2) 从事房地产开发经营 2 年以上；

(3) 房屋建筑面积累计竣工 5 万 m^2 以上，或者累计完成与此相当的房地产开发投资额；

(4) 连续 2 年建筑工程质量合格率达 100%；

(5) 有职称的建筑、结构、财务、房地产及有关经济类的专业管理人员不少于 10 人，其中具有中级以上职称的管理人员不少于 5 人，持有资格证书的专职会计人员不少于 2 人；

(6) 工程技术、财务等业务负责人具有相应专业中级以上职称，统计等其他业务负责人具有相应专业初级以上职称；

(7) 具有完善的质量保证体系，商品住宅销售中实行了《住宅质量保证书》和《住宅使用说明书》制度；

(8) 未发生过重大工程质量事故。

（四）四级资质

(1) 注册资本不低于100万元；

(2) 从事房地产开发经营1年以上；

(3) 已竣工的建筑工程质量合格率达100%；

(4) 有职称的建筑、结构、财务、房地产及有关经济类的专业管理人员不少于5人，持有资格证书的专职会计人员不少于2人；

(5) 工程技术负责人具有相应专业中级以上职称，财务负责人具有相应专业初级以上职称，配有专业统计人员；

(6) 商品住宅销售中实行了《住宅质量保证书》和《住宅使用说明书》制度；

(7) 未发生过重大工程质量事故。

三、房地产开发企业资质管理机构与管理

（一）管理机构

国务院建设行政主管部门负责全国房地产开发企业的资质管理工作；县级以上地方人民政府房地产开发主管部门负责行政区域内房地产开发企业的资质管理工作。

（二）房地产开发企业资质登记实行分级审批

一级资质由省、自治区、直辖市建设行政主管部门初审，报国务院建设行政主管部门审批；二级及二级以下资质的审批办法由省、自治区、直辖市人民政府建设行政主管部门制定。

（三）房地产开发企业资质实行年检制度

对于不符合原定资质条件或者有不良经营行为的企业，由原资质部门予以降级或注销资质证书。企业有下列行为之一的，由原资质审批部门公告资质证书作废，收回证书，并可处以1万元以上3万元以下的罚款：

(1) 隐瞒真实情况，弄虚作假骗取资质证书的；

(2) 无正当理由不参加资质年检的，视为年检不合格；

(3) 工程质量低劣，发生重大工程质量事故的；

(4) 超越资质等级从事房地产开发经营的；

(5) 涂改、出租、出借、转让、出卖资质证书的。

第二节 房地产开发管理

一、房地产开发项目的确定原则

(1) 确定房地产开发项目，应当符合土地利用总体规划、年度建设用地计划和城市规划、房地产开发年度计划的要求；按照国家有关规定需要经计划主管部门批准的，还应当报计划主管部门批准，并纳入年度固定资产投资计划。

(2) 房地产开发项目，应当坚持旧区改造和新区建设相结合的原则，注重开发基础设施薄弱、交通拥挤、环境污染严重以及危旧房集中的区域，保护和改善城市生态环境，保护历史文化遗产。

(3) 房地产开发项目的开发建设应当统筹安排配套基础设施，并根据先地下、后地上的原则实施。

二、房地产开发项目土地使用权的取得

（一）土地使用权的取得方式

《房地产开发经营管理条例》第十二条规定，房地产开发用地应当以出让的方式取得，但法律和国务院规定可以采用划拨方式的除外。可以采用行政划拨形式取得土地使用权有以下两种情形：

(1)《城市房地产管理法》规定，国家机关用地和军事用地，城市基础设施用地和公益事业用地，国家重点扶持的能源、交通、水利等项目用地，法律、行政法规规定的其他用地确属必需的，可以由县级以上人民政府依法批准划拨。

(2) 1998年7月3日以国发[1998]23号文件发布的《国务院关于进一步深化城镇住房制度改革加快住房建设的通知》规定："经济适用住房建设应符合土地利用总体规划和城市总体规划，坚持合理利用土地、节约用地的原则。经济适用住房建设用地应在建设用地年度计划中统筹安排，并采取行政划拨方式供应"。

此外，对于经济适用住房的开发，2004年5月13日由建设部、国家发改委、国土资源部和人民银行联合颁布并实施的《经济适用住房管理办法》作出了进一步的严格规定，严禁以经济适用住房名义取得划拨土地后，改变土地用途，变相搞商品房开发。集资、合作建房必须纳入当地经济适用住房建设计划和用地计划管理。集资、合作建房标准、优惠政策、上市条件、供应对象的审核等必须按照经济适用住房的相关规定，严格执行。经济适用住房项目建设必须采取公开招标的方式确定开发企业，面积严格控制在中小套型，中套面积在$80m^2$左右，小套面积在$60m^2$左右。确定经济适用住房的价格应当以保本微利为原则，销售实行明码标价，不得在标价之外收取任何费用。

（二）建设条件书面意见的内容

《房地产开发经营管理条例》规定，土地使用权出让或划拨前，县级以上地方人民政府城市规划行政主管部门和房地产开发主管部门应当对下列事项提出书面意见，作为土地使用权出让或者划拨的依据之一：

(1) 房地产开发项目的性质、规模和开发期限；
(2) 城市规划设计的条件；
(3) 基础设施和公共设施的建设要求；
(4) 基础设施建成后的产权界定；
(5) 项目拆迁补偿、安置要求。

对于上述意见，房地产开发企业应当严格遵照执行。

三、房地产开发项目资本金制度

1996年8月23日国务院发布了《关于固定资产投资项目试行资本金制度的通知》，该通知规定从1996年开始，对各种经营性投资项目，包括国有单位的基本建设、技术改造、房地产开发项目和集体投资项目试行资本金制度，投资的项目必须首先落实资本金才

能进行建设。

（一）项目资本金的概念

投资项目资本金，是指在投资项目总投资中，由投资者认购的出资额，对投资项目来说是非债务性资金，项目法人不承担这部分资金的任何利息和债务；投资者可按其出资的比例依法享有所有制权益，也可转让外负担，但不得以任何方式抽出。

（二）项目资本金的出资方式

项目投资资本金可以用货币出资，也可以用实物、工业产权、非专利技术、土地使用权，但必须经过有资格的资产评估机构依照法律、法规评估作价，不得高估或低估，以工业产权、非专利技术作价出资的比例不得超过投资项目资本金总额的20%，国家对采用高新技术成果有特别规定的除外。

（三）房地产项目资本金

《房地产经营管理条例》规定：房地产开发项目应当建立资本金制度，资本金占项目总投资的比例不得低于20%。

房地产开发项目实行资本金制度，并规定房地产开发企业承揽项目必须有一定比例的资本金，可以有效地防止部分不规范的企业的不规范行为，减少楼盘"烂尾"等现象的发生。

四、房地产开发项目不按期开发的处理原则

《房地产开发经营管理条例》规定，房地产开发企业应当按照土地的使用权出让合同约定的土地用途、动工开发期限进行项目开发建设。出让合同约定的动工开发期限1年未动工开发的，可以征收相当于土地使用权出让金20%以下的土地闲置费；满2年未动工开发的，可以无偿收回土地使用权。

这里所指的满1年未动工开发的起止日是从土地的使用权出让合同生效之日算起1年。动工开发日期是指开发建设单位进行实质性投入的日期。动工开发，必须进行实质性投入，开工后必须不间断地进行基础设施、建房建设。在有拆迁的地段进行拆迁、三通一平，即视为启动。一经启动，无特殊原因则不应当停工，如稍作启动即无限期停工，不应算作开工。

但以下3种情况造成的违约和土地闲置，不征收土地闲置费：

(1) 因不可抗拒力造成开工延期，不可抗拒力是指依靠人的能力不能抗拒的因素，如地震、洪涝等自然灾害。

(2) 因政府或政府的有关部门的行为而不能如期开工的或中断建设1年以上的。

(3) 因动工开发必须的前期工作出现不可预见的情况而延期动工开发的，如发现地下文物、拆迁中发现不是开发商努力能解决的问题等。

五、房地产开发项目质量责任制度

根据《开发经营条例》规定，房地产开发企业开发建设的房地产开发项目，应当符合有关法律、法规的规定和建筑工程质量、安全标准、建筑工程勘察、设计、施工的技术规范以及合同的约定。房地产开发企业应当对其开发建设的房地产开发项目的质量承担责任，勘察、设计、施工、监理等单位应当依照有关法律、法规的规定或者合同的约定，承担相应的责任。

要求房地产开发企业对其开发的房地产项目承担质量责任，是新形势下住宅质量责任的重大调整。房地产开发企业作为房地产项目建设和营销的主体，是整个活动的组织者。

尽管在建设环节许多工作都由勘察、设计、施工等单位承担，出现质量责任可能是由于勘察、设计、施工或者材料供应商的责任，但开发商是组织者，其他所有参与部门都是开发商选择的，都和开发商发生合同关系，出现问题也理应由开发商与责任单位协调。此外，消费者是从开发商手里购房，就如同在商店购物，出现问题应由商店对消费者承担质量责任一样，购买的房屋出现质量责任，也应由开发企业承担。

六、房地产开发项目竣工验收制度

（一）房地产开发项目需经验收才能交付使用

《开发经营条例》规定，房地产开发项目竣工，经验收合格后，方可交付使用；未经验收合格的，不得交付使用。

（二）住宅小区等群体房地产开发项目竣工，还应当按照下列要求进行综合验收

(1) 单项工程的工程质量验收合格。

(2) 已落实城市规划设计条件、拆迁安置方案和物业管理。

(3) 已完成城市规划要求配套的基础设施和公共设施的建设。

七、房地产开发项目手册制度

房地产开发项目实行项目手册制度是政府行业管理部门对房地产开发企业是否按照有关法律、法规规定，是否按照合同的约定进行开发建设而建立的一项动态管理制度。房地产开发企业应当将房地产开发项目建设过程中的主要事项记录在房地产开发项目手册中，并定期送房地产开发主管部门备案。实行项目手册制度主要是为了在项目实施过程中对房地产开发企业的开发活动进行监控，保护消费者的合法权益。政府行业管理部门的监控主要包括：是否按申请预售许可证时承诺的时间表进行开发建设、预售款项是否按期投入、拆迁安置是否按要求进行、工程项目是否发生变化等内容。

八、房地产开发项目转让

房地产项目转让是指房地产开发项目在竣工验收之前的转让。《房地产法》对房地产开发项目的转让作了相应的规定。

（一）转让条件

以出让方式取得的土地使用权，转让房地产开发时应同时具备以下两个条件：

(1) 要按照出让合同约定已经支付全部土地使用权出让金，并取得土地使用权证书，这是出让合同成立的必要条件，也只有出让合同成立，才允许转让；

(2) 要按照出让合同约定进行投资开发，完成一定开发规模后才允许转让，这里又分为两种情形，一是属于房屋建设的，开发单位除土地使用权出让金外，实际投入房屋建设工程的资金额应占全部开发投资总额的25%以上；二是属于成片开发土地的，应形成工业或其他建设的用地条件，方可转让。

以划拨方式取得土地使用权的房地产项目，转让的前提是必须经有批准权的人民政府审批。经审查除不允许转让外，对准予转让的有两种处理方式：

(1) 第一种方式是由受让方先补办土地使用权出让手续，并依照国家有关规定缴纳土地使用权出让金后，才能进行转让；

(2) 第二种方式是不办理土地使用权出让手续而转让房地产，但转让方应将转让房地产所获收益中的土地收益上缴国家或作其他处理。

以划拨方式取得土地使用权的房地产开发项目在转让时，属于下列情形之一的，经有

批准权的人民政府批准，可以不办理土地使用权出让手续。

1) 经城市规划行政主管部门批准，转让的土地用于国家机关用地和军事用地，城市基础设施用地和公益事业用地，国家重点扶持的能源、交通、水利等项目用地以及法律、行政法规规定的其他用地。经济适用住房项目转让后仍用于经济适用住房的，经有批准权限的人民政府批准，也可以不补办出让手续。

2) 私有住宅转让后仍用于居住的。

3) 按照国务院住房制度改革有关规定出售公有住宅的。

4) 同一宗土地上部分房屋转让而土地使用权不可分割转让的。

5) 转让的房地产暂时难以确定：土地使用权出让用途、年限和其他条件的。

6) 根据城市规划土地使用权不宜出让的。

7) 县级以上人民政府规定暂时无法或不需要采取土地使用权出让方式的其他情形。

（二）转让的程序

《城市房地产开发经营管理条例》第二十一条规定，转让房地产开发项目，转让人和受让人应当自土地使用权变更登记手续办理完毕之日起30日内，持房地产开发项目转让合同到房地产开发主管部门备案。

在办理备案手续时，房地产开发主管部门要审核项目转让是否满足以下条件：

（1）符合有关法律、法规的规定；

（2）房地产开发项目转让人已经签订的拆迁、设计、施工、监理、材料采购等合同是否作了变更，相关的权利、义务是否已经转移；

（3）新的项目开发建设单位是否具备开发受让项目的条件；

（4）房地产开发企业转让房地产开发项目时，尚未完成拆迁安置补偿的，原拆迁安置补偿合同中有关的权利、义务随之转移给受让人，项目转让人应当书面通知被拆迁人；

（5）已变更开罚建设单位的名称。

上述各项均满足规定条件，转让行为有效。如有违反规定或不符合条件的，房地产开发主管部门有权责令补办有关手续或者认定该转让行为无效，并可对违规的房地产开发企业进行处罚。

九、房地产开发项目广告管理

房地产广告，指房地产开发企业、房地产权利人或房地产中介服务机构发布的有关房地产项目预售、预租、出售、出租、项目转让以及其他房地产项目介绍的广告。为了加强房地产广告管理，规范房地产广告制作单位、发布单位以及房地产广告用语等行为，1996年12月30日国家工商行政管理局发布了《房地产广告发布暂行规定》，对房地产广告作出了相应的规定：

（一）房地产广告应当遵守的原则及要求

发布房地产广告，应当遵守《中华人民共和国广告法》、《中华人民共和国城市房地产管理法》，《中华人民共和国土地管理法》及国家有关广告监督管理和房地产管理的规定。房地产广告必须真实、合法、科学、准确，符合社会主义精神文明建设要求，不得欺骗和误导公众，房地产广告不得含有风水、占卜等封建迷信内容，对项目情况进行的说明、渲染，不得有悖社会良好风尚。

（二）禁止发布房地产广告的几种情形

凡下列情况的房地产不得发布广告：
(1) 在未经依法取得所有土地使用权的土地上开发建设的；
(2) 在未经国家征用的集体所有的土地上建设的；
(3) 司法机关和行政机关依法规定、决定查封或者以其他形式限制房地产权利的；
(4) 预售房地产，但未取得该项目预售许可证的；
(5) 权属有争议的；
(6) 违反国家有关规定建设的；
(7) 不符合工程质量标准，经验收不合格的；
(8) 法律、行政法规规定禁止的其他情形。

(三) 发布房地产广告应当提供的文件

发布房地产广告，应当具有或者提供下列相应真实、合法、有效的证明文件，主要包括：
(1) 房地产开发企业、房地产权利人、房地产中介服务机构的营业执照或者其他主体资格证明；
(2) 建设主管部门颁发的房地产开发企业资质证书；
(3) 土地主管部门颁发的项目土地使用权证明；
(4) 工程竣工验收合格证明；
(5) 发布房地产项目预售、出售广告，应当具有地方政府建设主管部门颁发的预售、销售许可证证明。出租、项目转让广告，应当具有相应的产权证明；
(6) 中介机构发布所代理的房地产项目广告，应当提供业主委托证明；
(7) 工商行政管理机关规定的其他证明。

(四) 房地产广告的内容

房地产预售、销售广告，除仅介绍房地产项目名称的外，必须载明开发企业名称和预售或者销售许可证书号。若是中介服务机构代理销售的，载明该机构名称。

(五) 房地产广告的要求

(1) 房地产广告中涉及所有权或者使用权的，所有或者使用的基本单位应当是有实际意义的完整的生产、生活空间。
(2) 房地产广告中对价格有表示的，应当清楚表示为实际的销售价格，明示价格的有效期限。
(3) 房地产中表现项目位置，应以从该项目到达某一具体参照物的现有交通干道的实际距离表示，不得以所需时间来表示距离。

房地产广告中的项目位置示意图，应当准确、清楚，比例恰当。

(4) 房地产广告中涉及的交通、商业、文化教育设施及其他市政条件等，如在规划或者建设中，应当在广告中注明。
(5) 房地产广告中涉及面积的，应当表明是建筑面积或者使用面积。
(6) 房地产广告涉及内部结构、装修装饰的，应当真实、准确。预售、预租商品房广告，不得涉及装修装饰内容。
(7) 房地产广告中不得利用其他项目的形象、环境作为本项目的效果。
(8) 房地产广告中使用建筑设计效果图或者模型照片的，应当在广告中注明。

（9）房地产广告中不得出现融资或者变相融资的内容，不得含有升值或者投资回报的承诺。

（10）房地产广告中涉及贷款服务的，应当载明提供贷款的银行名称及贷款额度、年期。

（11）房地产广告中不得含有广告主能够为入住者办理户口、就业、升学等事项的承诺。

（12）房地产广告中涉及物业管理内容的，应当符合国家有关规定，涉及尚未实现的物业管理内容，应当在广告中注明。

（13）房地产广告中涉及资产评估的，应当表明评估单位，估价师和评估时间；使用其他数据、统计资料、文摘、引用语的，应当真实、准确，表明出处。

【例 4-1】

某房地产开发公司 A 拟在某市原属于甲单位划拨土地上进行开发建设一住宅小区。请回答如下问题：

1. A 公司如何才能合法使用该片土地？（   ）。
   A. 向甲单位提出申请，进行拆迁补偿，并与其签订土地使用权出让合同
   B. 向规划管理部门申请建设用地规划许可证和建设工程规划许可证，与土地管理部门签订土地使用权出让合同
   C. A 公司向规划管理部门提出建设用地规划申请后，与土地管理部门签订土地使用权出让合同，由 A 公司缴纳土地使用权出让金
   D. 向规划管理部门提出用地申请，办理建设用地规划许可证和征地手续后，与土地管理部门签订土地使用权出让合同

2. A 公司若于 2002 年 3 月 5 日在土地出让合同上签了字，则其最迟应于（   ）开工方不被征收土地闲置费。
   A. 2002 年 9 月 5 日   B. 2003 年 3 月 5 日
   C. 2003 年 9 月 5 日   D. 2004 年 3 月 5 日

3. A 公司要开发这片土地，办理下列手续的顺序为（   ）。
   A. 向人民政府城市规划管理部门办理建设项目选址意见书
   B. 土地管理部门签订土地使用权出让合同
   C. 向规划管理部门申请办理建设用地规划许可证
   D. 向规划管理部门申请办理建设工程规划许可证
   E. 向建设行政主管部门申请办理施工许可证

答案：1. C   2. B   3. ACBDE

复 习 题

1. 房地产开发企业设立的条件和程序是什么？
2. 房地产项目管理制度有哪些？
3. 房地产项目转让的条件是什么？
4. 房地产广告管理方面有哪些规定？

第五章 房地产交易管理制度与政策

房地产交易管理是房地产市场管理的重要内容。本章阐述了我国城市房地产交易法律制度，主要内容包括房地产交易管理机构及职能，房地产转让、预售、租赁、抵押等有关规定。

第一节 房地产交易及管理制度概述

一、房地产交易的含义和特征

（一）房地产交易的含义

根据《房地产管理法》的规定：房地产交易是指当事人之间进行的房地产转让、房地产抵押、房地产租赁的活动。房地产交易依其标的物的性质可分为地产交易和房产交易两类。

1. 地产交易

地产交易在我国限于城镇国有土地使用权的出让、转让、抵押等形式。我国实行土地所有权与使用权分离制度，土地使用权可以依照法律规定转让。国家采用国有土地有偿出让及行政划拨两种方式，向房地产市场提供国有土地使用权。集体所有的土地不得擅自出让、出租、转让、抵押，只能在依法征用转为国有之后才能出让。

2. 房产交易

房产交易的形式主要有房产买卖、租赁、抵押、交换、典当、信托等方式，既包括房产使用权的转让，也包括房产所有权的交易。1988年建设部、国家物价局、国家工商行政管理局发布的《关于加强房地产交易市场管理的通知》中有明确规定："城镇房地产交易，包括各种所有制房屋的租赁、转让、抵押，城市土地使用权的转让以及其他在房地产流通过程中的各种经营活动，均属房地产交易活动管理的范围，其交易活动应通过交易所进行。"《城市房地产管理法》对此进行了更为明确的概括，规定房地产交易包括房地产转让、房地产抵押和房屋租赁三种形式。

房产交易与地产交易虽有各自独立的交易形式和规范要求，但是由于二者不可分离的自然属性，房产交易与地产交易在很多情况下是结合在一起的。根据《房地产管理法》第31条规定："房地产转让、抵押时，房屋所有权和该房屋占用范围内的土地使用权同时转让、抵押。"我国《城镇国有土地使用权出让和转让的暂行条例》第24条规定："地上建筑物、其他附着物的所有人或者共有人享有该建筑物、附着物使用范围内的土地使用权。""土地使用者转让地上建筑物、其他附着物的所有权时，其使用范围内的土地使用权随之转让，但地上建筑物、其他附着物作为动产转让的除外。"

（二）房地产交易的特征

作为一种商品交换形式，房地产交易具有一般商品交换的性质和法律特征。但由于交易客体的特殊性，房地产交易具有以下特征：

（1）标的物位置的固定性。由于其标的物房产与地产是不动产，不能移动或者一旦移动将会使物的价值减少或丧失，因此交易双方以房屋所有权及其相应的土地使用权的证书及合同进行交易。

（2）房地产交易标的额大，专业性强。房地产往往价格昂贵，其价格取决于成本、地理位置、供求状况等多种因素的影响，这就使得房地产价格评估具有重要的意义。

（3）房地产交易比一般商品交易复杂得多，交易的顺利完成，通常需要有关中介服务机构和专业人员的介入。

（4）房地产交易无论以何种形式出现，都会涉及土地资源的占用和土地收益的重新分配，并会在一定程度上对整个社会的生产、生活产生影响，具有较强的社会性。

二、房地产交易的管理机构及其职能

房地产交易的管理机构主要是指由国家设立的从事房地产交易管理的职能部门及其授权的机构。包括国务院建设行政主管部门即建设部，省级建设行政主管部门即各省、自治区建设厅和直辖市房地产管理局，各市、县房地产管理部门以及房地产管理部门授权的房地产交易管理所(房地产市场产权管理处、房地产交易中心等)。

房地产交易管理机构的职能是：

（1）对房地产交易、经营等活动进行指导和监督，查处违法行为，维护当事人的合法权益；

（2）办理房地产交易登记、鉴证及权属转移初审手续；

（3）协助财政、税务部门征收与房地产交易有关的税款；

（4）为房地产交易提供洽谈协议、交流信息、展示行情等各种服务；

（5）建立定期信息发布制度，为政府宏观决策和正确引导市场发展服务。

三、房地产交易管理制度

房地产交易管理是房地产交易中的重要环节，它不仅关系着当事人之间的财产权益，而且也关系着国家的税费收益。因此，加强房地产交易管理，对于保护当事人的合法权益和保障国家的税费收益，促进房地产市场健康有序的发展，有着极其重要的作用。我国目前根据《城市房地产管理法》的要求，着手建立和完善房地产价格评估人员资质认证制度、房地产价格评估制度和房地产成交价申报这三种制度。

（一）房地产价格评估人员资格认证制度

《城市房地产管理法》规定："国家实行房地产价格评估人员资格认证制度。"《城市房地产中介服务管理规定》进一步明确：国家实行房地产价格评估人员资格认证制度，房地产价格评估人员分为房地产估价师和房地产估价员……房地产估价师必须是经国家统一考试、执业资格认证，取得《房地产估价师执业资格证书》，并经注册登记取得《房地产估价师注册证》的人员，未取得《房地产估价师注册证》的人员不得以估价师的名义从事活动。房地产估价员必须是经过考试并取得《房地产估价员岗位合格证》的人员，未取得《房地产估价员岗位合格证》的人员不得从事房地产估价业务。

（二）房地产价格评估制度

我国房地产业的发展，是改革开放和经济发展的结果，但同时也存在着不少问题，其中房地产价格混乱就是一个比较严重的问题。因此，为了加强国家对房地产的管理，维护房地产市场秩序，保障房地产权利人的合法权益，促进房地产业的健康发展，《城市房地产管理法》规定了"国家实行房地产价格评估制度"。

1. 实行房地产价格评估制度的意义

（1）实行房地产价格评估制度，有利于规范房地产交易市场秩序，保障国家利益不受损失，同时也有利于维护房地产权利人的合法权益，防止各种欺诈行为的发生。

（2）为土地使用权的出让和房地产的转让提供测量价格的方式。城市人民政府进行土地使用权的出让活动，必须有一个基础价格，用来作为拍卖的底价或者招标的标底。通过房地产价格评估，城市人民政府可以确定每一块地块的基础价格，保证国家收益不被流失。土地使用者取得土地使用权后，进行房地产开发活动后进行转让，也需要一个基础的价格用来作为转让的基本价格，通过房地产价格评估，就可以确定转让的基础价格。

（3）有利于促进房地产抵押业务的发展。房地产作为不动产，自古以来就被用于债务履行的担保。为了确定房地产这一抵押物的价值，需要对房地产进行价格评估，以保障抵押权人和抵押人的利益。目前我国正在发展社会主义市场经济，房地产的抵押活动必然会增多，所以实行房地产价格的评估，有利于房地产抵押业务的发展。

（4）有利于国家税收征收准确性。房地产是一个价值极大的商品，房地产税收是政府的重要财政收入来源。在国外，有关房地产的税种很多，目前我国对房地产征收的税收也不少，如土地增值税、土地使用税、房产税等，这些税收都是以房地产价值或者价格作为课税的依据。因此，实行房地产价格评估，有利于政府通过房地产价格评估正确确定房地产的基础价格，保证税收收入。

（5）房地产价格评估可以为房屋拆迁补偿，解决房地产纠纷、企业兼并、企业破产清算等提供依据。

2. 房地产价格评估的原则

《城市房地产管理法》规定："国家实行房地产价格评估制度。房地产价格评估应当遵循公平、公正、公开的原则，按照国家规定的技术标准和评估程序，以基准地价、标定地价和各类房屋的重置价格为基础，参照本市的市场价格进行评估"，"基准地价、标定地价和各类房屋的重置价格应当定期确定并公布"。

（1）基准地价

是指按照不同的土地级别、区域分别评估和测算的一定时期的商业、工业、住宅等各类用地使用权的平均价格。基准地价主要反映地价总体变化趋势和较稳定的各级各类土地使用权的平均价格，是国家对土地使用权价格进行宏观控制、管理和引导房地产市场中土地使用权价格的依据，同时又是国家征收土地使用税、参与土地收益分配、防止各地竞相压价和地价狂涨的衡量标准。

（2）标定地价

是指对需要进行使用权出让、转让、抵押的地块选取的参照价格，它是以基准地价为依据，根据市场行情，地块大小，形状，容积率，微观区位和土地使用年限等条件评定的具体某一标准地块在某一时间的价格。标定地价为地方人民政府管理土地的使用权价格，防止土地使用权价格的暴涨暴跌，维持合理的地价水平，提供了依据。标定地价要求准确，尽量接近市场价格。

（3）房屋的重置价格

是指按照当前的建筑技术、工艺水平、建筑材料价格、人工和运输费用等条件，重新建造同类结构、式样、质量标准的房屋的价格。由于房屋的建筑结构、式样、质量不同，所以现实生活中不可能存在适用于所有房屋的重置价格，而只能存在各类房屋的重置价格。房屋的重置价格，对于房屋拆迁中的价格补偿等，具有十分重要的现实意义。

（三）成交价格申报制度

《城市房地产管理法》规定：国家实行成交价格申报制度，房地产权利人转让房地产，应向县级以上地方人民政府规定的部门如实申报成交价，不得隐瞒或作不实的申报。2001年8月建设部令第96号发布的《城市房地产转让管理规定》（以下简称《转让管理规定》）中也规定："房地产转让当事人在房地产转让合同签订后90日内持房地产权属证书、当事人的合法证明、转让合同等有关文件向房地产所在地的房地产管理部门提出申请，并申报成交价格"；"房地产管理部门核实申报的成交价格，并根据需要对转让的房地产进行现场查勘和评估"；"房地产转让应当以申报的成交价格作为缴纳税费的依据。成交价格明显低于正常市场价格的以评估价格作为缴纳税费的依据"。这些规定为房地产价格申报制度提供了法律依据，也说明了房地产价格申报是房地产交易受法律保护的必要条件之一。

房地产行政主管部门发现交易双方的成交价格明显低于市场正常价格时，并不是要求交易双方当事人更改成交价格，只是通知交易双方应当按什么价格交纳有关税费。只要交易双方按照不低于正常市场价格交纳了税费，无论其合同价格为多少，都不影响办理其房地产交易和权属登记的有关手续。如果双方对房地产行政主管部门确认的评估价格有异议，可以在接到补交税费通知后15日内向房地产管理部门申请复核，要求重新评估。重新评估一般应由交易双方和房地产管理部门共同认定的房地产评估机构进行评估。如果评估的结果证明，交易双方申报的成交价格明显低于正常市场价格，重新评估的费用将由交易双方支付；如果评估的结果证明，交易双方申报的成交价格与市场价格基本相符，重新评估的费用将由房地产行政管理部门支付。交易双方对重新评估的价格仍有异议，可以按照法律程序，向人民法院提起诉讼。这样规定，一方面比原来的价格审批制度更符合市场经济规律和国际惯例，另一方面也能有效地防止交易双方瞒报成交价格，保证国家的税费不至于流失。通过对房地产成交价格申报的管理，既能使房地产价格不至于出现不正常的大起大落，又能防止交易双方为了偷、漏税费对交易价格作不实的申报。

第二节 房地产转让

一、房地产转让的概述

（一）房地产转让的概念

房地产转让在房地产交易中占据一个重要的地位，《城市房地产管理法》规定：房地产转让是指房地产权利人通过买卖、赠与或者其他合法方式将其房地产转让给他人的行为。

这一概念可以从以下几个方面理解：

（1）房地产转让是指房地产权利人实施的行为。所谓房地产权利人包括房地产所有人、经营人和使用人等。其中房地产所有人是包括国家、集体和个人（个人是指房屋所有人）；房地产经营人是指房地产开发企业、从事房地产交易活动的单位和个人等；房地产使用人是指一切使用房屋和土地的单位和个人。

(2) 房地产转让是房地产权利人将房地产转移给他人的行为。房地产转让行为是平等主体之间的民事法律行为，当事人之间的法律地位平等。这与行政划拨土地使用权是有明显区别的。

(3) 房地产转让通过买卖、赠与或者其他合法方式实现。

房地产转让的实质是房地产权属发生转移。《城市房地产管理法》规定，房地产转让时房屋所有权和该房屋所占用范围内的土地使用权同时转让。

(二) 房地产转让的分类

(1) 依转让的对象分地上无建筑物的土地使用权转让和地上有建筑物的房地产转让。

(2) 依土地获得的方式分以出让的方式获得土地使用权的转让和以划拨方式取得土地使用权的转让。

(三) 房地产转让的主要合法方式

(1) 房地产买卖，这是房地产转让的主要方式。转让人将房地产转移给受让人所有，受让人取得房地产产权并支付相应的价款。这种行为贯彻平等、自愿、等价有偿的原则，必须注意，城市房地产买卖中的地产只能转移使用权，而所有权仍属于国家。

(2) 房地产赠与，即赠与人将其房地产无偿转移给受赠人的行为。城市公有房屋的所有权属于国家，使用单位或者个人不得进行赠与；由于我国实行土地所有权公有制，土地使用权的赠与也不涉及土地所有权的问题。

(3) 根据《城市房地产转让管理规定》第三条规定，房地产转让的其他合法方式。主要有以下几种：

1) 以房地产作价入股，与他人成立企业法人，房地产权属随之转移的。

2) 一方提供土地使用权，另一方或者多方提供资金合资、合作开发经营房地产，而使房地产权属发生变更。

3) 因企业被收购、兼并或合并，房地产权属随之转移。

4) 以房地产抵债的。

5) 法律、法规规定的其他情形。

二、房地产转让的条件

房地产属于重大生产生活资料，为了保护自然人法人的合法权益，我国法律、法规从两个角度对房地产转让的条件作出界定。一是房地产转让的禁止条件，一是房地产转让的允许条件，这具有重要的实践意义。它不仅有利于加强对房地产市场的管理，维护房地产市场的正常秩序，而且对保障房地产权利人的合法权益，促进社会安定团结也起着较大的作用。

(一) 房地产转让的禁止性条件

根据《房地产转让管理规定》第六条规定，禁止房地产转让的情形包括：

(1) 以出让方式取得的土地使用权，不符合下列条件的不能转让：①按照出让合同约定，已经支付全部土地使用权出让金，并取得土地使用权证书。②按照出让合同约定进行投资开发，属于房屋建设工程的，应完成投资总额的25%以上；属于成片开发土地的，依照规划对土地进行开发建设，完成供排水、供电、供热、道路交通、通信等市政基础设施、公用设施的建设，达到场地平整，形成工业用地或者其他建设用地条件。对于转让房地产时房屋已经建成，还应当持有房屋所有权证书。

(2) 司法机关和行政机关依法裁定，决定查封或者以其他形式限制房地产权利的房地产不能转让。由于此类房地产属于不确定状态，如准许其进入市场流通则矛盾难以解决。

(3) 用地单位或个人依法被收回土地使用权，就不再是土地使用权的主体也就无权转让该土地使用权了，否则构成非法转让。土地使用权收回的原因很多，包括以下几种：①使用期限届满；②国家根据土地使用合同的约定收回土地使用权或者国家因为社会公共利益的需要而提前收回；③土地使用者未按出让合同约定的期限开发满两年。只要国家依法收回国有土地使用权，土地使用者就丧失了土地使用权，因而无法转让土地使用权及其建筑物。

(4) 共有的房地产，未经其他共有人书面同意的不能转让。共有的房地产可以分为按份共有和共同共有。其中按份共有指共有人所有的房地产的份额是已经确定的，按份共有人有权将共有财产中的份额加以分出或者转让，但不能影响其他共有人共有份额的价值；共同共有是指共有人所共有的房地产尚未进行分割，共有人之间的份额未确定，共同共有人转让共有的房地产都必须经过其他共有人的书面同意。否则就是对其他共有人权利的侵犯，该行为一般认定为效力待定。

共有的房屋，由权利人推举的持证人收执房屋所有权证书。其余共有人各执房屋共有权证书1份。房屋共有权证书与房屋所有权证书具有同等的法律效力。

(5) 权属有争议的房地产不能转让。房地产权利人转让房地产时必须明确确属自己所有，如果该房地产权属有争议则表明该房地产的主体并不确定。房地产在权利不确定的情况下转让必然会出现权利瑕疵现象。

(6) 当事人未依法登记领取权属证书或相关证明文件的不能转让。房地产权属证书是确定房地产权属状态的文件，未依法登记领取权属证书则无法证明权属状况。为了避免不必要的纠纷，没有权属证书的房地产不允许转让。

(7) 法律、行政法规规定禁止转让的其他情形。

(二) 房地产转让行为的有效条件

房地产转让诸行为中房地产买卖行为是最典型、最重要的形式；房地产赠与行为与房地产买卖行为最主要的区别是权利转移的无偿性；房地产交换行为属于一种"互易"行为，其与房地产买卖行为最主要的区别在于其转让代价是房地产而非金钱。在此，我们主要分析房地产买卖行为的有效条件。

1. 主体具有合法资格

(1) 自然人主体。自然人作为房地产买卖行为的主体时，必须具有民事权利能力及完全民事行为能力；无民事行为能力和限制民事行为能力人不得从事房地产买卖行为，应由其法定代理人代为进行。此外，根据我国《继承法》规定，遗产分割时必须保留胎儿的继承份额，因此在继承这一房地产转让形式中，胎儿虽不具有民事权利能力而不能成为权利主体，但仍应依据此条规定保障其合法利益。

(2) 非自然人主体。企业、事业单位、机关团体作为权利主体进行房地产买卖的，必须具有法人资格，否则行为无效。另外，必须注意下列特殊规定：①公有房屋买卖中，国有房屋出卖人应是国家授权依法行使经营和管理权利的单位，且须经国有资产管理部门批准同意；集体所有的房屋出卖人必须是集体组织即产权人。②私房买卖中，机关团体部队、企事业单位因特殊需要而购买私房的，必须经县以上人民政府的批准。③商品房买卖中，开发公司须有有关批准手续及营业执照。

2．客体符合法律要求

一般来说，不受限制的物业均可自由转让。但有些禁止买卖的物业则不能到市场流通，具体内容见前面介绍的房地产转让的禁止性条件，如果这些物业进入流通领域则可能出现无效的法律行为，损害了当事人的权益。

3．形式要合法

房地产转让必须订立书面合同，并须由当事人到房地产管理部门办理权属登记手续，领取房地产权属证书之后，其行为才有效。

4．意思表示要真实

房地产买卖必须在自愿、平等、等价、有偿的基础上进行，双方当事人利益才能得到保护。因此，双方的意思表示必须真实。因欺诈、胁迫而订立的房地产买卖合同；违反法律规定超越代理权以及以被代理人名义为自己订约或自己为买卖双方同时代理订约的行为；恶意串通损害国家、集体及第三人利益的，以合法形式掩盖非法目的的房地产转让都有可能无效。

此外，房地产转让不得违反政策、法律和社会公共利益。

三、房地产转让程序

房地产转让是房地产交易活动之一，应当通过房地产交易所进行，并按照法律规定的程序和方式进行，严禁非法私下买卖，牟取暴利，合法的房屋交易活动受到法律保护。房地产转让合同签订后合同即成立，但合同成立并不等于合同的生效，合同的生效必须办理产权转让手续，即办理产权变更登记手续，领取产权证书，方才受到法律保护。

根据1995年8月建设部颁发的《城市房地产转让管理规定》，办理房地产转让一般要经过下列程序进行：

（1）房地产转让当事人应签订书面转让合同，明确双方的权利和义务。

合同中应载明土地使用权取得的方式，应明确规定售价、交款方式、期限以及买卖双方的权利和义务。这样规定，有利于房地产交易管理机关根据合同审查交易行为的真实性和合法性，同时也有利于保护房屋买卖双方的合法权益。

（2）房地产转让当事人在房地产转让合同签订后90日内持房地产权属证书，当事人的合法证明，转让合同等有关文件向房地产所在地的房地产管理部门提出申请登记，并申报成交价格。

房屋买卖双方办理产权转移手续需持有合法证件，包括产权证件、身份证件、资格证件及批件等。产权证件主要指《房屋所有权证》和《国有土地使用证》。没有产权证的，应提交取得房产证明有关资料，先办理产权证，然后才能办理房屋买卖手续。身份证件主要指身份证、工作证和户口簿等。这些证明除了证明当事人的真实身份外，我国大部分城市都规定购买房屋，要有当地户口，有利于城市人口、户籍以及治安的管理。资格证件主要指代理人的买卖房屋委托书，房屋共有人同意出售证明书以及承租人放弃优先购买权的证明等。批件系指须经有关管理部门同意才能出售房屋的审批文件或允许购买房屋的批准证明。

（3）房地产管理部门对提供的有关文件进行审查，并在7日内作出是否受理申请的书面答复，7日内未作书面答复，视为同意受理。由于房屋不同于一般商品，它是不动产，消耗时间比较长，而且价值大，因此房屋买卖需要有严格的审核制度，检查房屋的产权是否清晰，是否存在抵押等问题。

（4）房地产管理部门核实申报的成交价格，并根据需要对转让的房地产进行现场查勘和评估。一般情况下房地产转让应当以申报的房地产成交价格作为缴纳税费的依据。但如果成交价格明显低于正常市场价格的，以房地产管理部门进行评估的评估价格作为缴纳税费的依据。

（5）房地产转让的当事人按照规定缴纳有关税费。主要有契税、印花税、交易管理费、增值税等。

（6）房地产管理部门办理房屋权属登记手续，核发房地产权属证书。

四、房地产转让合同

（一）房地产转让合同的概念

房地产转让合同，是指房地产原受让人与新受让人之间签订的转让房地产的协议。房地产转让合同依照平等、自愿、有偿的原则，由原受让人与新的受让人签订。合同双方若违背转让合同规定的权利义务，则须承担相应的违约责任。

房地产转让合同必须采取书面合同。这是房地产转让合同的形式要件。《城市房地产管理法》和《城市房地产转让管理规定》对此都有明确规定。

（二）房地产转让合同的主要内容

房地产转让合同反映了当事人双方的意志。合同一经依法成立，当事人双方即直接发生权利义务关系，因此确定房地产转让合同的主要内容就十分重要，有利于明确当事人的权利、义务和责任，保证合同的履行，避免争议的发生，从而维护房地产交易的正常秩序。根据《城市房地产转让管理规定》第八条，房地产转让合同应当载明下列主要内容：

（1）双方当事人的姓名或者名称、住所；

（2）房地产权属证书名称和编号；

（3）房地产坐落位置、面积、四至界限；

（4）土地宗地号、土地使用权取得的方式及年限；

（5）房地产的用途或使用性质；

（6）成交价格及支付方式；

（7）房地产交付使用的时间；

（8）违约责任；

（9）双方约定的其他事项。

五、以划拨方式获得土地使用权再进行转让的特殊规定

根据《城市房地产转让管理规定》第十一条规定：以划拨方式取得土地使用权的，转让房地产时，按照国务院的规定，报有批准权的人民政府审批。有批准权的人民政府批准予转让的，除符合本规定第十一条所列的可以不办理土地使用权出让手续的情形外，应当由受让方办理土地使用权出让手续，并依照国家有关规定缴纳土地使用权出让金。

以划拨方式取得土地使用权的，转让房地产时，属于下列情形之一的，经有批准权的人民政府批准，可以不办理土地使用权出让手续。但应当将转让房地产所获收益中的土地收益上缴国家或者作其他处理。土地收益的缴纳和处理的办法按照国务院规定办理：

(1) 经城市规划行政主管部门批准，转让的土地用于建设《中华人民共和国城市房地产管理法》第二十三条规定的项目的；

(2) 私有住宅转让后仍用于居住的；

(3) 按照国务院住房制度改革有关规定出售公有住宅的；

(4) 同一宗土地上，部分房屋转让而土地使用权不可分割转让的；

(5) 转让的房地产暂时难以确定土地使用权出让用途、年限和其他条件的；

(6) 根据城市规划土地使用权不宜出让的；

(7) 县级以上人民政府规定暂时无法或不需要采取土地使用权出让方式的其他情形，依照前款规定缴纳土地收益或其他处理的，应当在房地产转让合同中注明。

依照上述规定转让的房地产再转让，需要办理出让手续、补交土地使用权出让金时应当扣除已经缴纳的土地收益。

第三节 商品房预售

一、商品房预售的概述

预售商品房，指房地产开发企业对已兴建但尚未竣工的商品住宅，与购房者约定，由购房者交付定金或预付款，而在未来某一时期拥有现房的一种房产交易行为。在我国香港和广东地区称为"买楼花"。采用预先出售商品房是国际上一种通行的筹集住宅建设资金的经营方式，我国首先在深圳等沿海地区采用，继而在全国各地城市普遍推广。

商品房预售对于房地产开发商来说，是十分必要的。房地产开发不仅所需资金巨大，而且开发周期长，房地产开发商不仅要投入巨额的资金，而这是很多实力不那么雄厚的开发商所无法做到的，而且还要承担房屋竣工后房地产市场行情下跌的风险。实行商品房预售，不仅使房地产开发商可以在施工过程中获得一部分建设资金，加快资金的回笼过程，减轻借贷压力，而且大大推动了楼宇的销售，把房产市场行情变化的风险部分地转嫁出去。商品房预售对于买受人也有好处。从房地产开发商发售楼花到楼宇的正式竣工交付之间尚有一段较长的时间，房地产业的行情处于变动状态，买楼花时的房价与正式竣工时的房价之间可能形成差价，该差价促使买受人愿意进入房地产市场，成为商品房预售合同的买方。因此，为了促使房地产市场的发展，各国一般均允许商品房预售。

二、商品序预售的条件

通过预售商品房，对加速房产开发，活跃房地产市场具有重要作用。但对购房者来说存在一定风险，为了规范商品房预售的行为，加强商品房预售监管，保护购房者的利益。根据《城市房地产管理法》和《城市商品房预售管理办法》的规定，商品房预售，应当符合下列条件：

(1) 已交付全部土地使用权出让金，取得土地使用权证书。取得合法的土地使用权是出售商品房的基础，土地使用权证书是合法拥有土地使用权的标志。房地产开发经营企业只有在交付全部土地使用权出让金并取得土地使用权证书的情况下才可以从事房地产开发和房地产交易。

(2) 持有建设工程规划许可证。取得建设工程规划许可证是商品房开工建设的前提，商品房建设一定要符合城市规划。《城市规划法》规定，在城市规划区内新建、扩建和改建建筑物、构筑物、道路、管线和其他工程设施，必须持有关批准文件向城市规划行政主管部门提出申请，由城市规划行政主管部门根据城市规划提出的规划设计要求，核发建设工程规划许可证件。如果尚未取得建设工程规划许可证就开始出售商品房，会有商品房建筑工程能否开工的风险，从而有可能发生损害预购人利益的现象。

(3) 按提供预售的商品房计算，投入开发建设的资金达到工程建设总投资的25%以上并已经确定施工进度和竣工交付日期。本条与《城市房地产管理法》第38条第1款第2项规定的"按照出让合同约定进行投资开发，属于房屋建设工程的，完成开发投资总额的25%以上"才可转让房地产，条件基本一致。目的都是为了防止"炒卖地皮"。规定"已确定施工进度和竣工交付日期"才可预售商品房是为了有效地保护商品房预购人的合法权益，同时也便于房地产主管部门进行监督。

(4) 向县级以上人民政府房产管理部门办理预售登记，取得商品房预售许可证明。商品房预售人应当按照国家有关规定将预售合同报县级以上人民政府房产管理部门和土地管理部门登记备案。商品房预售所得款项，也必须用于有关的工程建设。

三、商品房预售许可证制度

《商品房销售管理办法》第6条规定，商品房预售实行预售许可制度。即开发经营企业进行商品房预售，应当向城市、县房地产管理部门办理预售登记，取得《商品房预售许可证》；未取得《商品房预售许可证》的，不得进行商品房预售。

办理《商品房预售许可证》，开发经营企业应先向房地产管理部门提出申请，并提交以下证件（复印件）和资料：

(1) 开发经营企业的营业执照；
(2) 建设项目的投资立项、规划、用地和施工等批准文件或证件；
(3) 工程施工进度计划；
(4) 投入开发建设的资金已达到工程建设总投资的25%以上的证明材料；
(5) 商品房预售方案。预售方案应当说明商品房的位置、装修标准、交付使用日期、预售总面积、交付使用后的物业管理等内容，并应当附商品房预售总平面图；
(6) 需向境外预售商品房的，应当同时提交允许向境外销售的批准文件。

商品房预售许可证是商品房预售的法定凭据，没有取得《商品房预售许可证》擅自预售是违法行为，《商品房预售许可证》由国家统一印制。

四、商品房预售程序

商品房预售作为一种要式法律行为，须依照法律规定的程序进行，才能受到法律的保护。建设部《城市商品房预售管理办法》规定了商品房预售的程序。

(1) 申请《商品房预售许可证》

我国对商品房预售实行许可证制度。开发经营企业进行商品房预售，应当向城市、县房地产管理部门办理预售登记，取得《商品房预售许可证》。

(2) 核发《商品房预售许可证》

房地产管理部门在接到开发经营企业申请后，应当详细查各项证件和资料并到现场进行查勘。经审查合格的，应在接到申请后的10日内核发《商品房预售许可证》。需向境外预售的，应当在《商品房预售许可证》上注明外销比例。

（3）开发经营企业进行商品房预售，应当向承购人出示《商品房预售许可证》。

售楼广告和说明书必须载明《商品房预售许可证》的批准文号。未取得《商品房预售许可证》的，不得进行商品房预售。

（4）商品房预售，开发经营企业应当与承购人签订商品房预售合同。

预售人应当在签约之日起30日内持商品房预售合同向县级以上人民政府房地产管理部门和土地管理部门办理登记备案手续。《城市房地产开发管理暂行办法》规定，开发商预售商品房的，应当在结算之日起15日内将成交价格如实向主管部门申报。瞒报或不实申报成交价格的，主管部门应当提出正确的评估价格，提供给税务部门作为纳税基数，并对其予以罚款。

商品房的预售可以委托代理人办理，但必须有书面委托书。

（5）办理过户并登记备案

预售的商品房交付使用后，承购人应及时持有关凭证到县级以上人民政府房地产管理部门和土地管理部门办理权属登记手续。

五、商品房预售合同

《城市商品房预售管理办法》第10条明确规定：商品房预售开发经营企业应当与承购人签订商品房预售合同。商品房预售合同，是指房地产开发经营企业与承购人就转移在约定时间内建成的商品房所有权及商品房暂用范围内的土地使用权、支付商品房价等事宜所达成的书面协议。

商品房预售合同应当包括以下主要条款：

（1）合同主体房地产开发经营企业与承购人；

（2）预售商品房概况合同应载明预售商品房的座落位置、土地使用证号、土地使用权取得方式、土地使用性质、建设工程规划许可证号、商品房预售许可证号、房屋建筑面积、房屋结构、房屋竣工交付日期；

（3）价格条款，预售方和预购方双方当事人在该条款中约定房价，并写明每平方米的售价、房价总额以及预购方交付的定金数额；

（4）房屋交接条款写明交付房屋的具体日期、交付地点以及双方对该商品房进行交接验收的手续；

（5）房地产权属登记和税费负担；

（6）违约条款写明预期支付预售商品房价金和预期交付商品房的违约责任，以及违约金计算的日期、数额和计算方式等；

（7）纠纷的解决方式；

（8）当事人约定的其他条款；

（9）生效条件。

商品房买卖合同（示范文本）

合同双方当事人：

出卖人：_____

注册地址：_____

营业执照注册号：_____
企业资质证书号：_____
法定代表人：_____联系电话：_____
邮政编码：_____
买受人：_____
【本人】【法定代表人】姓名：_____国籍：_____
【身份证】【护照】【营业执照注册号】【　】_____
地址：_____
邮政编码：_____联系电话：_____

根据《中华人民共和国合同法》、《中华人民共和国城市房地产管理法》及其他有关法律、法规之规定，买受人和出卖人在平等、自愿、协商一致的基础上就买卖商品房达成如下协议：

第一条　项目建设依据。

出卖人以_____方式取得位于_____、编号为_____的地块的土地使用权。【土地使用权出让合同号】【土地使用权划拨批准文件号】【划拨土地使用权转让批准文件号】为_____。该地块土地面积为_____，规划用途为_____，土地使用年限自____年____月____日至____年____月____日。出卖人经批准，在上述地块上建设商品房，【现定名】【暂定名】_____。建设工程规划许可证号为_____，施工许可证号为_____。

第二条　商品房销售依据。

买受人购买的商品房为【现房】【预售商品房】。预售商品房批准机关为_____，商品房预售许可证号为_____。

第三条　买受人所购商品房的基本情况。

买受人购买的商品房（以下简称该商品房，其房屋平面图见本合同附件一，房号以附件一上表示为准）为本合同第一条规定的项目中的：第_____【幢】【座】_____【单元】【层】_____号房。

该商品房的用途为_____，属_____结构，层高为_____，建筑层数地上_____层，地下_____层。

该商品房阳台是【封闭式】【非封闭式】。

该商品房【合同约定】【产权登记】建筑面积共_____ m^2，其中，套内建筑面积_____ m^2，公共部位与公用房屋分摊建筑面积_____ m^2（有关公共部位与公用房屋分摊建筑面积构成说明见附件二）。

第四条　计价方式与价款。

出卖人与买受人约定按下述第_____种方式计算该商品房价款：

1. 按建筑面积计算，该商品房单位为（____币）每平方米____元，总金额（____币）____千____百____拾____万____千____百____拾____元整。

2. 按套内建筑面积计算，该商品房单价为（____币）每平方米____元，总金额（____币）____千____百____拾____万____千____百____拾____元整。

3. 按套（单元）计算，该商品房总价款为（____币）千____百____拾____万

_____千_____百_____拾_____元整。

第五条 面积确认及面积差异处理。

根据当事人选择的计价方式，本条规定以【建筑面积】【套内建筑面积】（本条款中均简称面积）为依据进行面积确认及面积差异处理。

当事人选择按套计价的，不适用本条约定。

合同约定面积与产权登记面积有差异的，以产权登记面积为准。

商品房交付后，产权登记面积与合同约定面积发生差异，双方同意按第_____种方式进行处理：

1. 双方自行约定：
(1) _____；
(2) _____；
(3) _____。

2. 双方同意按以下原则处理：
(1) 面积误差比绝对值在3%以内（含3%）的，据实结算房价款；
(2) 面积误差比绝对值超出3%时，买受人有权退房。

买受人退房的，出卖人在买受人提出退房之日起30天内将买受人已付款退还给买受人，并按_____利率付给利息。

买受人不退房的，产权登记面积大于合同约定面积时，面积误差比在3%以内（含3%）部分的房价款由买受人补足；超出3%部分的房价款由出卖人承担，产权归买受人。产权登记面积小于合同登记面积时，面积误差比绝对值在3%以内（含3%）部分的房价款由出卖人返还买受人；绝对值超出3%部分的房价款由出卖人双倍返还买受人。

$$面积误差=\frac{产权登记面积-合同约定面积}{合同约定面积}\times 100\%$$

因设计变更造成面积差异，双方不解除合同的，应当签署补充协议。

第六条 付款方式及期限。

买受人按下列第_____种方式按期付款：

1. 一次性付款

_____。

2. 分期付款

_____。

3. 其他方式

_____。

第七条 买受人逾期付款的违约责任。

买受人如未按本合同规定的时间付款，按下列第_____种方式处理：

1. 按逾期时间，分别处理（不作累加）
(1) 逾期在_____日之内，自本合同规定的应付款期限之第二天起至实际全额支付应付款之日止，买受人按日向出卖人支付逾期应付款万分之_____的违约金，合同继续履行；
(2) 逾期超过_____日后，出卖人有权解除合同。出卖人解除合同的，买受人按累计应付款的_____％向出卖人支付违约金。买受人愿意继续履行合同的，经出卖人同意，合同继续履行，自本合同规定的应付款期限之第二天起至实际全额支付应付款之日止，买受人按日向出卖人支付逾期应付款万分之_____（该比率应不小于第(1)项中的比率）的违约金。

本条中的逾期应付款指依照本合同第六条规定的到期应付款与该期实际已付款的差额；采取分期付款的，按相应的分期应付款与该期的实际已付款的差额确定。

2. _____。

第八条　交付期限。

出卖人应当在_____年_____月_____日前，依照国家和地方人民政府的有关规定，将具备下列第_____种条件，并符合本合同约定的商品房交付买受人使用：

1. 该商品房经验收合格。
2. 该商品房经综合验收合格。
3. 该商品房经分期综合验收合格。
4. 该商品房取得商品住宅交付使用批准文件。
5. _____。

但如遇下列特殊原因，除双方协商同意解除合同或变更合同外，出卖人可据实予以延期：

1. 遭遇不可抗力，且出卖人在发生之日起_____日内告知买受人的；
2. _____；
3. _____。

第九条　出卖人逾期交房的违约责任。

除本合同第八条规定的特殊情况外，出卖人如未按本合同规定的期限将该商品房交付买受人使用，按下列第_____种方式处理：

1. 按逾期时间，分别处理（不作累加）

（1）逾期不超过_____日，自本合同第八条规定的最后交付期限的第二天起至实际交付之日止，出卖人按日向买受人支付已交付房价款万分之_____的违约金，合同继续履行；

（2）逾期超过_____日后，买受人有权解除合同。买受人解除合同的，出卖人应当自买受人解除合同通知到达之日起_____天内退还全部已付款，并按买受人累计已付款的_____％向买受人支付违约金。买受人要求继续履行合同的，合同继续履行，自本合同第八条规定的最后交付期限的第二天起至实际交付之日止，出卖人按日向买受人支付已交付房价款万分之_____（该比率应不小于第(1)项中的比率）的违约金。

2. _____。

第十条　规划、设计变更的约定。

经规划部门批准的规划变更、设计单位同意的设计变更导致下列影响到买受人所购商品房质量或使用功能的，出卖人应当在有关部门批准同意之日起10日内，书面通知买受人：

（1）该商品房结构形式、户型、空间尺寸、朝向；
（2）_____；

(3)_____。

买受人有权在通知到达之日起 15 日内做出是否退房的书面答复。买受人在通知到达之日起 15 日内未作书面答复的，视同接受变更。出卖人未在规定时限内通知买受人的，买受人有权退房。

买受人退房的，出卖人须在买受人提出退房要求之日起_____天内将买受人已付款退还给买受人，并按_____利率付给利息。买受人不退房的，应当与出卖人另行签订补充协议。

第十一条 交接。

商品房达到交付使用条件后，出卖人应当书面通知买受人办理交付手续。双方进行验收交接时，出卖人应当出示本合同第八条规定的证明文件，并签署房屋交接单。所购商品房为住宅的，出卖人还需提供《住宅质量保证书》和《住宅使用说明书》。出卖人不出示证明文件或出示证明文件不齐全，买受人有权拒绝交接，由此产生的延期交房责任由出卖人承担。

由于买受人原因，未能按期交付的，双方同意按以下方式处理：
_____
_____。

第十二条 出卖人保证销售的商品房没有产权纠纷和债权债务纠纷。因出卖人原因，造成该商品房不能办理产权登记或发生债权债务纠纷的，由出卖人承担全部责任。

第十三条 出卖人关于装饰、设备标准承诺的违约责任。

出卖人交付使用的商品房的装饰、设备标准应符合双方约定(附件三)的标准。达不到约定标准的，买受人有权要求出卖人按照下述第_____种方式处理：

1. 出卖人赔偿双倍的装饰、设备差价。
2. _____。
3. _____。

第十四条 出卖人关于基础设施、公共配套建筑正常运行的承诺。

出卖人承诺与该商品房正常使用直接关联的下列基础设施、公共配套建筑按以下日期达到使用条件：

1. _____;
2. _____;
3. _____。

如果在规定日期内未达到使用条件，双方同意按以下方式处理：

1. _____;
2. _____;
3. _____。

第十五条 关于产权登记的约定。

出卖人应当在商品房交付使用后_____日内，将办理权属登记需由出卖人提供的资料报产权登记机关备案。如因出卖人的责任，买受人不能在规定期限内取得房地产权属证书的，双方同意按下列第_____项处理：

1. 买受人退房，出卖人在买受人提出退房要求之日起_____日内将买受人已付房价款退还给买受人，并按已付房价款的_____％赔偿买受人损失。

2. 买受人不退房，出卖人按已付房价款的_____％向买受人支付违约金。

3. _____。

第十六条 保修责任。

买受人购买的商品房为商品住宅的，《住宅质量保证书》作为本合同的附件。出卖人自商品住宅交付使用之日起，按照《住宅质量保证书》承诺的内容承担相应的保修责任。

买受人购买的商品房为非商品住宅的，双方应当以合同附件的形式详细约定保修范围、保修期限和保修责任等内容。

在商品房保修范围和保修期限内发生质量问题，出卖人应当履行保修义务。因不可抗力或者非出卖人原因造成的损坏，出卖人不承担责任，但可协助维修，维修费用由购买人承担。

第十七条 双方可以就下列事项约定：

1. 该商品房所在楼宇的屋面使用权_____；
2. 该商品房所在楼宇的外墙面使用权_____；
3. 该商品房所在楼宇的命名权_____；
4. 该商品房所在小区的命名权_____。

第十八条 买受人的房屋仅作_____使用，买受人使用期间不得擅自改变该商品房的建筑主体结构、承重结构和用途。除本合同及其附件另有规定者外，买受人在使用期间有权与其他权利人共同享用与该商品房有关联的公共部位和设施，并按占地和公共部位与公用房屋分摊面积承担义务。

出卖人不得擅自改变与该商品房有关联的公共部位和设施的使用性质。

第十九条 本合同在履行过程中发生的争议，由双方当事人协商解决；协商不成的，按下述第_____种方式解决：

1. 提交_____仲裁委员会仲裁。
2. 依法向人民法院起诉。

第二十条 本合同未尽事项，可由双方约定后签订补充协议（附件四）。

第二十一条 合同附件与本合同具有同等法律效力。本合同及其附件内，空格部分填写的文字与印刷文字具有同等效力。

第二十二条 本合同连同附件共_____页，一式_____份，具有同等法律效力，合同持有情况如下：

出卖人_____份，买受人_____份，_____份，_____份。

第二十三条 本合同自双方签订之日起生效。

第二十四条 商品房预售的，自本合同生效之日起 30 天内，由出卖人向_____申请登记备案。

出卖人（签章）：   买受人（签章）：

【法定代表人】：（签章）   【法定代表人】：（签章）

　　　　　　　　　　　　　　　　　　　　　　　_____年_____月_____日

　　　　　　　　　　　　　　　　　　　　　　　签于_____

附件一：房屋平面图（略）
附件二：公共部位与公用房屋分摊建筑面积构成说明（略）
附件三：装饰、设备标准（略）
附件四：合同补充协议（略）

六、商品房预售合同的登记备案

房地产开发企业取得商品房预售许可证后，就可以向社会预售其商品房，开发企业应当与承购人签订书面预售合同。商品房预售人应当在签约之日起 30 日内持商品房预售合同到县级以上人民政府房产管理部门和土地管理部门办理登记备案手续。

第四节 房屋租赁

一、房屋租赁的概念和条件

（一）房屋租赁的概念

房屋租赁是指房屋所有人作为出租人将其房屋出租给承租人使用，由承租人向出租人支付租金的行为。这里所指的房屋租赁按照所有权的不同可以分为公有房屋租赁和私有房屋的租赁；按照房屋用途的不同可以分为居住房屋租赁和非居住房屋租赁（非居住房屋是指作为生产、经营、办公、科教等使用的房屋）。

房屋租赁关系由双方当事人构成，一方为出租人，一方为承租人。

1. 房屋租赁的出租人

出租人是在房屋租赁关系中，提供房屋给他方使用并收取租金的一方，是房屋租赁法律关系的主体。出租人可以是公民也可以是法人，可以是房屋所有人，也可以是国家授权行使房屋所有权的法人（如国有房屋的出租人）。

2. 房屋租赁的承租人

承租人是在房屋租赁关系中，使用房屋并交付租金的一方，是房屋租赁法律关系的另一主体，承租人可以是个人，也可以是法人。承租人可以是个人，也可以是单位。

（二）房屋租赁的条件

房屋是一种特殊商品，为维护国家、法人、公民合法权益，维护房地产市场秩序，国家对房屋出租规定了必要的条件。立法上采取了排除性的条款。《城市房屋租赁管理办法》采用禁止性方式，规定下列房屋不得出租：

(1) 未依法取得房屋所有权证的；
(2) 司法机关和行政机关依法裁定、决定查封或者以其他形式限制房地产权利的；
(3) 共有房屋未取得共有人的同意的；
(4) 权属有争议的；
(5) 属于违法建筑的；
(6) 不符合安全标准的；
(7) 已抵押，未经抵押权人同意的；
(8) 不符合公安、环保、卫生等主管部门有关规定的；
(9) 有关法律、法规规定禁止出租的其他情形。

二、房屋租赁合同

1. 合同的主要条款

《城市房地产管理法》、《城市私有房屋管理条例》、《城市公有房屋管理规定》、《城市房屋租赁管理办法》等法律、法规均对房屋租赁合同的条款作了规定。如根据《城市房屋租赁管理办法》规定，租赁合同应当具备以下条款：

（1）合同当事人。即出租人和承租人的名称、姓名及住址。

（2）标的物。在租赁合同中应载明房屋的地理位置、门牌号码、楼层、房屋结构和附属设施等。

（3）房屋的用途。合同应载明允许承租人将出租房屋作何种用途使用，明确是用于个人居住或是用于生产、经营。因为它关系到城镇开发规划、房屋出租期限和租金等问题。具体用途一经确定，承租人只能按合同约定用途使用，需要改变用途的，须经出租人同意。

（4）租金的支付方法。居住用房的租金标准应当执行国家及房屋所在地人民政府规定的租金标准。租赁房屋从事生产、经营活动的，租金由租赁双方协商议定。合同中还应约定租金支付办法即支付是按月或按年支付，是用现金支付还是采用其他方式付租等。对租金的支付期限和具体日期都应当明确。

（5）租赁期限。一般为定期，也可不定期。定期租赁合同应载明明确的期限和起止日期。

（6）出租人的义务。如保证出租房屋产权清晰，出租房屋符合有关规定。

（7）承租人的义务。如保证不擅自改建、改装，不擅自转租、转借等。

（8）违约责任。订明违约责任有利于纠纷的解决。

（9）免责条款。因不可抗拒的原因而导致承租房屋及其他设备损坏的，双方互不承担责任。

（10）有关税费的承担。按规定，房产税和土地使用税由房屋所有权人承担。

（11）合同的生效条件。对于附期限合同，应明确规定成立或解除的具体日期；附条件合同，应约定不能确定但一定能成就的成立条件或解除条件。

2. 附房屋租赁合同范本

房地产租赁合同

出租方：_____（以下简称甲方）

承租方：_____（以下简称乙方）

甲乙双方经充分协商，同意就下列房地产租赁事项，订合同如下：

一、甲方自愿将座落在_____的房屋（建筑面积共_____平方米），出租给乙方使用。出租房屋的四至界限：东至_____、南至_____、西至_____、北至_____；系_____结构。

二、甲乙双方议定的上述房地产月租金为人民币￥_____元(大写)_____。租赁期限自____年____月____日至____年____月____日止。租金按_____结算，由乙方在每_____的_____日前交付给甲方。

三、甲方保证上述房地产权属清楚。若发生与甲方有关的产权纠纷债权债务，概由甲方负责清理,并承担民事诉讼责任,因此给乙方造成的经济损失,甲方负责赔偿。乙方保证承租上述房屋仅作为_____用房使用。

四、房地产租赁期内,甲方保证并承担下列责任:
1. 上述房地产符合出租房屋使用要求。
2. 负责对房屋及其附着物的定期检查并承担正常的房屋维修责任。因甲方延误房屋维修而使乙方或第三人遭受损失的,甲方负责赔偿。
3. 如需出卖或抵押上述房地产,甲方将提前三个月通知乙方。

五、房地产租赁期内,乙方保证并承担下列责任:
1. 如需对房屋进行改装装修或增扩设施时,应征得甲方书面同意。费用由乙方自理。
2. 如需转租第三人使用或与第三人互换房屋使用时,在取得甲方同意后另行签订合同,并报房屋所在分房地产管理所备案。
3. 因使用不当或其他人为原因而使房屋或设备损坏的,乙方负责赔偿或给予修复。
4. 乙方将对甲方正常的房屋检查和维修给予协助。
5. 乙方将在租赁期届满时把房地产交还给甲方。如需继续承租上述房地产,应提前_____个月与甲方协商,双方另签订合同。

六、违约责任:任何一方未能履行本合同规定的条款或违反国家和地方房地产租赁的有关规定,另一方有权提前解除本合同,所造成的损失由责任一方承担。乙方逾期交付房租,每逾期一日,由甲方按月租金额的千分之_____向乙方加收违约金。

七、如因不可抗力的原因而使承担房屋及其设备损坏的,双方互不承担责任。

八、本合同在履行中若发生争议,双方应采取协商办法解决。协商不成时,任何一方均可向房地产仲裁委员会申请调解或仲裁,也可向有管辖权的人民法院起诉。

九、上述房地产在租赁期内所需缴纳的税、费,由甲乙双方按规定各自承担。

十、本合同未尽事项,甲乙双方可另行议定,其补充协议经双方签章后与本合同具有同等效力,并报房地产管理所备案。

十一、本合同经双方签章并经房地产租赁管理机关审查批准后生效。

十二、本合同一式五份。甲乙双方各执一份,三份送房地产管理所。

十三、双方约定的事项:

甲方(签名或盖章)　　　　　　乙方(签名或盖章)
法定代表人:_____　　　　法定代表人:_____
住　　　址:_____　　　　住　　　址:_____
联系电话:_____　　　　　联系电话:_____
邮政编码:_____　　　　　邮政编码:_____
委托代理人:_____　　　　委托代理人:_____

_____年_____月_____日

三、房屋租赁双方当事人的权利和义务

房屋租赁合同是双务合同,当事人均须按照租赁合同的约定,享有权利并承担相应的义务。

(一)房屋出租人的权利与义务

(1)出租人享有的权利主要有:①有权依租赁合同的约定收取租金;②有权经常检查

房屋及其附属物；③有权依约定收回租赁的房屋；④有权制止承租人在租赁期间，实施有违反法律和政策规定的行为。

（2）出租人承担的义务主要有：①依约将房屋交付承租人使用，并保证租赁房屋不被第三人追讨；②对出租房屋及其附属设施进行正常的维修保养；③如以营利为目的，应当将租金中所含土地收益上缴国家；④尊重承租人的优先购买权。

（二）房屋承租人的权利与义务

（1）承租人的权利有：①按照合同规定使用承租房屋；②要求居住安全和不受干预的权利；③在出租人出售出租房屋时，享有优先购买权。

（2）承租人的义务有：①按照合同约定，及时交付房租；②按照合同约定用途合理使用房屋；③不擅自转租、转让或转借承租的房屋；④遵守国家有关法律、政策。房屋租赁合同的变更因法定或约定的事由发生，一般须经双方当事人的合意。遇有下列情形之一的，应当变更合同：

1）因房屋买卖、继承、赠与、互易等，导致房屋所有人发生变更，在此情况下，承租人与新的房屋所有人成为租赁关系当事人，应变更出租人。

2）原承租人死亡或迁出，与其共同居住的家庭成员需继续承租的，应变更承租人。

3）互换房屋。承租人因工作、生活需要，经出租人同意与第三人互换房屋租住的，应变更承租人。

4）因房屋的数量、租金、用途等发生变化，双方当事人同意继续出租承租的，应对合同有关条款变更。

四、房屋租赁合同的登记备案

我国房屋租赁实行登记备案制度，根据《城市房屋租赁管理办法》第十三条规定："房屋租赁实行登记备案制度。签订、变更、终止租赁合同的，当事人应当向房屋所在地的市县房地产管理部门登记备案。"第十四条规定："房屋租赁当事人应当在租赁合同签订后30日内，持本办法第十五条规定的文件到市县房地产管理部门办理登记备案手续。"

申请登记备案提交的文件主要有：①书面房屋租赁合同。②房屋所有权证。③当事人的合法证件。④城市人民政府规定的其他文件。出租共有房屋的还须提交其他共有人同意出租的证明；出租委托代管房屋还须提交委托代管人授权出租的证明。

五、房屋租赁合同终止

租赁合同一经签订，租赁双方必须严格遵守。合法租赁合同的终止一般有两种情况：一是合同的自然终止，二是人为终止。自然终止主要包括：①租赁合同到期，合同自行终止，承租人需继续租用的，应在租赁期限届满前3个月提出，并经出租人同意，重新签订租赁合同；②符合法律规定或合同约定可以解除合同条款的；③因不可抗力致使合同不能继续履行的。因上述原因终止租赁合同的，使一方当事人遭受损失的，除依法可以免除的责任外，应当由责任方负责赔偿。人为终止主要是指由于租赁双方人为的因素而使租赁合同终止。一般包括无效合同的终止和由于租赁双方在租赁过程中的人为因素而使合同终止。对于无效合同的终止，《合同法》中有明确的规定，不再赘述。由于租赁双方的原因而使合同终止的情形主要有：

根据《城市房地产管理法》和《城市房屋租赁管理办法》以及其他法律法规的规定，

承租人有下列行为之一时出租人可提前终止房屋租赁合同：

（1）承租人擅自将承租的房屋转租、转让或转借的；

（2）承租人自用承租房屋进行非法活动，损害社会公共利益的；

（3）承租人私自与他人互换房屋的；

（4）承租人不按合同规定的期限交纳房租达到一定期限的，根据《城市私有房屋管理规定》，承租人累计6个月拒不交纳租金的，出租人有权解除合同；

（5）承租人故意损坏承租房屋，出租人有权解除合同，并要求承租人恢复房屋原状，造成损失的，承租人应赔偿损失；

（6）承租人擅自拆改房屋结构或者违反合同擅自改变房屋用途的；

（7）出租人因不可预见的原因确实需要收回房屋的。

出租人有下列情形之一的，承租人可以提前解除租赁合同：

（1）出租人交付的房屋不符合合同约定的装饰标准、使用用途的；

（2）出租房屋出现重大损毁，有倾倒危险，出租人经承租人催告，拒不进行修缮的；

（3）承租人已自建房屋或购置房屋，确实无须再继续租用他人房屋的；

（4）承租人迁离租赁房屋所在地区的。

六、房屋租赁的几个问题

（一）房屋转租

房屋转租，是指房屋承租人将承租的房屋再出租的行为。承租人在租赁期限内，征得出租人同意，可以将承租房屋的部分或全部转租给他人。出租人可以从转租中获取收益。但是要注意以下几个问题：

（1）房屋转租，转租合同必须经原出租人书面同意，应当订立转租合同，并按照规定办理登记备案手续。未经出租人同意，承租人不能擅自转租房屋。

（2）转租合同规定的权利义务范围不能超过原租赁合同的范围。

《城市房屋租赁管理办法》规定：转租合同的终止日期不得超过原租赁合同规定的终止日期，但出租人与转租双方另有约定的除外。转租合同生效后，转租人享有并承担转租合同规定的出租人的权利义务，并且应当履行原租赁合同定的承租人的义务，但出租人与转租双方另有约定的除外。转租期间，原租赁合同变更、解除或者终止，转租合同也随之相应地变更、解除或终止。转租合同是以原租赁合同为基础的，因此如果要超出原出租合同规定的范围必须得到房屋出租人的特别许可。房屋出租人同意转租合同的范围超出原租赁合同，则表示出租人同意了对与原承租人订立的原租赁合同作了变更。

（3）承租人可以从转租房屋中获利。

承租人将所承租的房屋以高于原租金的价格转租出去，会获得一定的收益，这部分收益是利用出租人的房屋所取得的，实质上是出租人给了承租人对出租房屋的处分权。因此承租人从转租房屋的收益中拿出一部分付给出租人是一种合理的等价回报，是价值规律的体现。《城市房屋租赁管理办法》第27条第2款规定："租人可以从转租中获得收益。"至于所获收益占转租收益的比例，则视情况双方协议商定。

（二）出租房屋的修缮义务

《城市私有房屋管理条例》第19条规定："修缮出租房屋是出租人的责任。出租人对房屋及其设备,应当及时、认真地检查、修缮,保障住房安全。房屋出租人对出租房屋确实无力修缮的,可以和承租人合修。承租人付出的修缮费用可以折抵租金或由出租人分期偿还。"根据这一规定以及其他法律、法规和政策,房屋修缮义务的承担可按以下方法处理。

(1) 如果租赁合同中明确约定了出租房屋修缮义务的,应按约定履行;如果合同中没有约定或者约定不明确的,应由出租人承担。

(2) 如果出租人对出租房屋确实无力修缮,可与承租人进行协商,由承租人垫款修缮。由于房屋修缮是出租人而非承租人的责任,因此承租人修缮的垫款要扣抵房屋租金或由出租人分期偿还。

(3) 房屋确属危险房屋,可能危及承租人人身、财产安全,承租人可以催告出租人修缮,出租人拒不修缮或者无法告知出租人的,承租人可以自己代修或请人代修。因此支出的必要费用由出租人负担。

(4) 承租人为了使用方便,擅自改变房屋内部结构、增添附属设备,不属于必要维修费用,出租人不予承担。承租人因此损坏租赁房屋的,应赔偿出租人的损失。

值得注意的是,住宅房屋的出租人对房屋负有修缮的义务。但是在房屋租赁关系中,房屋是由承租人占有使用,他对承租房屋负有维护原有建筑,妥善保管,善意使用,使之免受自然损害和第三人的不当影响的义务。在租赁期间,承租人如发现房屋缺陷,应采取有效措施,以防止缺陷扩大,并立即通知出租人。如未及时通知出租人而导致缺陷扩大或房屋毁损,承租人应承担损害扩大部分的赔偿责任。

另外如果承租人对承租房屋进行改建、扩建或增添附属物的。在现实生活中,房屋租赁特别是用于生产经营房屋租赁的承租人为了给顾客创造一个舒适、良好的服务环境,往往需要对承租房进行改、扩建和进行装修、增添附属物。但是,承租人对承租房屋要进行改建、扩建或增添附属物须经出租人同意。《城市房屋租赁管理办法》第23条规定:"承租人应当爱护并合理使用所承租的房屋及附属设施,不得擅自拆改、扩建和增添。确需变动的,必须征得出租人同意并签订书面合同。因承租人过错造成房屋损坏的由承租人负责修复或赔偿"。

对于未经出租人同意,擅自对出租屋进行改、扩建或增添附属物的,出租人有权终止合同,收回房屋。对于改、扩建增添的费用,房主不予补偿,承租人应将增添的附属物拆走,恢复房屋原状。此过程中给房主造成的损失,承租人应给予赔偿。如增添物不能拆除、房屋不能恢复原状或拆除后恢复原状花费巨大,造成浪费的,经双方协商,房主可折价补偿承租人合理的费用。另外承租人的扩、改建及增添行为未经有关部门同意属违章搭建的,都应拆除,因此造成的损失,如未经房主同意建的,由承租人承担,并赔偿房主的损失,如经房主同意,则应由双方按过错大小分担。

(三) 优先购买权

根据规定,房屋所有人出卖出租房屋,应提前3个月通知承租人。承租人在同等条件下,享有优先购买权,出租人未按此规定出卖房屋的,承租人可以请求人民法院宣告该房屋买卖无效。

所谓优先购买权,是指公民、法人在同等条件下,对于特定买卖享有优先于他人购买该项财产的权利。承租人优先购买权,是承租人对于房屋所有人在出卖出租房屋时,在同

等条件下,其所享有的优先于他人购买的权利。承租人优先购买权具有下述法律特征:

第一,承租人优先购买权是法律直接规定而产生的权利。承租人的优先购买权不由当事人约定,只有承租人才享有该项权利。

第二,承租人优先购买权是承租人享有的一种选择权。房屋所有人出卖房屋时,应提前通知承租人。承租人在同等条件下,可以选择购买承租房屋,也可放弃优先权,承租人有自由选择的权利。出租人(房屋所有人)不得强迫承租人购买或放弃购买。

第三,承租人优先购买权是专属于承租人的权利。承租人优先购买权是一种法定权利,通常情况下该项权利承租人不能通过转让、继承、赠与等方式转移给他人。承租人优先购买权只有在符合下列条件下才能行使:

(1) 承租人和出租人之间必须存在真实、合法、有效的房屋租赁合同。承租人优先购买权是基于租赁合同而由法律直接赋予承租人先买的权益,是对出租人出卖出租房屋的一种合法限制。如果承租人与出卖人之间不存在房屋租赁关系,或该房屋租赁关系违法或超过租赁期限而丧失效力,承租人也不享有优先购买权。

(2) 必须在房屋所有人出卖其出租房屋的同等条件下才能行使。承租人行使优先购买权应按照等价有偿的原则进行,履行买卖合同中同等条件的义务,不能影响房屋买卖本身的性质和成立条件,亦不能损害出租人出卖出租房屋的合法权益。

(3) 必须在一定期限内行使。出租人出卖出租房屋,应提前3个月通知承租人。由此可知,承租人优先购买权行使的期限为3个月。行使期限应从出租人通知承租人或承租人能够行使优先购买权之日起算。

(四)"买卖不破租赁"原则

房屋出卖后,原租赁合同继续有效,承租人可继续租用该房屋,这就是"买卖不破租赁"原则。这一原则为大部分国家和地区采用,我国立法对这一原则也予以肯认。我国《合同法》第229条规定:"租赁物在租赁期间发生所有权变动的,不影响租赁合同的效力。"最高人民法院《关于贯彻执行〈中华人民共和国民法通则〉若干问题的意见(试行)》第119条规定:"私有房屋在租赁期内,因买卖、赠与或者继承发生房屋产权转移的,原租赁合同对财产新的所有人继续有效。"因此,出租人和承租人之间的房屋租赁合同的效力并不因买卖、继承、赠与等发生房屋所有权转移而终止,承租权具有对抗第三人的效力。"买卖不破租赁"这一原则,应具备以下条件:

(1) 原房屋租赁合同仍有效。承租人的租赁合同必须本来有效且合同期限未满仍然有效。原出租人将房屋所有权转移给买受人后,在承租人与受让人之间不需要另行订立租赁合同,在所有权受让时当然发生租赁关系。

(2) 租赁房屋所有权的转让必须在租赁合同前生效。租赁房屋交付承租人之后,一般说来,租赁关系只对双方当事人发生效力,未经公示不具有对抗第三人的效力。虽然租赁合同订立在先,但在尚未交付房屋给承租人之前,如果出租人将租赁房屋转让与第三人,租赁关系不能对受让人发生效力。如果承租人中止占有租赁房屋,受让人不知道租赁关系,而将房屋出租给其他人或另作他用,承租人不能以"买卖不破租赁"而要求继续承租。

七、房屋出租治安管理规定及法律责任

根据1995年公安部《租赁房屋治安管理规定》,房屋出租人应持房屋产权证及其他有关证件到房屋所在地公安机关申请登记，领取房屋租赁治安许可证。根据该规定，出租人应遵守以下治安管理责任：①不得将房屋出租给无合法有效证件的承租人；②与承租人签订房屋租赁合同，承租人是外地暂住人员的，应带其到公安派出机关申报暂住户口登记，办理暂住证；③发现承租人有违法犯罪活动或者有违法犯罪嫌疑的，应及时向公安机关报告；④对出租的房屋应经常进行安全检查，及时发现和排除不安全隐患，保障承租人人身和财产安全；⑤房屋停止租赁后，应及时到当地公安派出机关办理注销手续。

承租人应承担如下治安管理责任：①必须持有本人居民身份证或其他合法有效证件；②租赁房屋居住的外来暂住人员，必须在3日内到公安派出机关申报暂住户口登记；③发现承租房屋有不安全隐患，应及时告知出租人予以消除；④承租房屋不准用于生产、储存、经营易燃、易爆、有毒等危险物品；⑤将承租房屋转租或转借的，应当向当地公安派出机关申报备案。

第五节 房地产抵押管理规定

一、房地产抵押概述

房地产抵押，是指抵押人以其合法的房地产以不转移占有的方式向抵押权人提供债务履行担保的行为。债务人不履行债务时，债权人有权依法以抵押的房地产拍卖所得的价款优先受偿。抵押人，是指将依法取得的房地产提供给抵押权人，作为本人或者第三人履行债务担保的公民、法人或者其他组织。抵押权人，是指接受房地产抵押作为债务人履行债务担保的公民、法人或者其他组织。

另外常见的预购商品房贷款抵押，是指购房人在支付首期规定的房价款后，由贷款银行代其支付其余的购房款，将所购商品房抵押给贷款银行作为偿还贷款履行担保的行为。在建工程抵押，是指抵押人为取得在建工程继续建造资金的贷款，以其合法方式取得的土地使用权连同在建工程的投入资产，以不转移占有的方式抵押给贷款银行作为偿还贷款履行担保的行为。

房地产抵押，应当遵循自愿、互利、公平和诚实信用的原则。依法设定的房地产抵押，受国家法律保护。国家实行房地产抵押登记制度。国务院建设行政主管部门归口管理全国城市房地产抵押管理工作。省、自治区建设行政主管部门归口管理本行政区域内的城市房地产抵押管理工作。直辖市、市、县人民政府房地产行政主管部门（以下简称房地产管理部门）负责管理本行政区域内的房地产抵押管理工作。

二、房地产抵押的范围

房地产抵押随土地使用权的取得方式不同，对抵押物的要求也不同。《城市房地产管理法》规定："依法取得的房屋所有权连同该房屋占用范围内的土地使用权，可以设定抵押权。以出让方式取得的土地使用权，可以设定抵押权。"从上述规定可以看出，房地产抵押中可以作为抵押物的条件包括两个基本点：一是依法取得的房屋所有权连同该房屋占用范围内的土地使用权同时设定抵押权。对于这类抵押，无论土地使用权来源于出让还是划拨，只要房地产权属合法，即可将房地产作为统一的抵押物同时设定抵押权。二是以单纯的土地使用权抵押的，也就是在地面上尚未建成建筑物或其他地上附着物时，以取得的土地使用权设定抵押权。对于这类抵押，设定抵押的前提条件是，要求土地必须是以出让方式取得的。

根据《城市房地产抵押管理办法》第八条规定，下列房地产不得设定抵押：

(1) 权属有争议的房地产；
(2) 用于教育、医疗、市政等公共福利事业单位的房地产；
(3) 列入文物保护的建筑物和具有重要纪念意义的其他建筑物；
(4) 已依法公告列入拆迁范围的房地产；
(5) 被依法查封、扣押、监管或者以其他形式限制的房地产；
(6) 依法不得抵押的其他房地产。

三、房地产抵押合同内容

根据《城市房地产抵押管理办法》第二十六条规定，房地产抵押合同应载明下列主要内容：

(1) 抵押人、抵押权人的名称、地址或者姓名、身份证号码、住所；
(2) 被担保的主债权的种类、数额和债务人履行债务的期限；
(3) 抵押的房地产坐落、名称、用途、建筑面积、用地面积、四至情况以及所有权权属或者使用权权属等；
(4) 抵押的房地产价值；
(5) 抵押担保的范围；
(6) 抵押的房地产占用管理人、管理方式、管理责任以及意外损毁、灭失的责任；
(7) 抵押权灭失的条件；
(8) 违约责任；
(9) 争议解决方式；
(10) 抵押合同订立的时间与地点；
(11) 双方认为需要约定的其他事项。

以在建工程抵押的，抵押合同还应当载明以下内容：

(1)《国有土地使用权证》、《建设用地规划许可证》和《建设工程规划许可证》编号；
(2) 已交纳的土地使用权出让金或需交纳的相当于土地使用权出让金的款额；
(3) 已投入在建工程的工程款；
(4) 施工进度及工程竣工日期；
(5) 已完成的工作量和工程量。

四、房地产抵押登记

(1) 抵押人申请房地产抵押登记，应当符合下列规定：

1) 国有企业、事业单位法人以其经营管理的房地产抵押的，应当符合国有资产管理的有关规定；

2) 集体所有制企业以自有房地产抵押的，应当经该企业代表大会通过，并报上级主管部门备案；

3) 股份有限公司、有限责任公司以其房地产抵押的，应当经股东大会或者董事会通过，但企业章程另有规定的除外；

4) 以外商投资企业的房地产抵押的，应当经董事会通过，但企业章程另有规定的除外；

5) 有经营期限的企业以其房地产抵押的，所担保债务的期限不得超过其经营期限；

6)房地产担保债务的履行期限不得超过有使用期限土地的土地使用权剩余年限;

7)以共同共有的房地产抵押的,抵押人应当征得其他共有人的书面同意;

8)以出租的房地产抵押的,抵押人应当书面告知抵押权人和承租人;

9)以预购商品房抵押的,商品房应已取得预售许可证。

(2)办理抵押登记应当提供下列资料:

1)抵押当事人的身份证明或其他合法证明;

2)抵押登记申请书;

3)抵押合同;

4)《国有土地使用权证》、《房屋所有权证》或《房地产权证》,共有的房屋还必须提交《房屋共有权证》和其他共有人同意抵押的证明;

5)可以证明抵押人有权设定抵押权的文件与证明材料;

6)可以证明抵押房地产价值的资料;

7)登记机关认为必要的其他文件。

(3)抵押登记的有关程序

1)房地产抵押合同签订后,自签订之日起 30 日内,抵押当事人应当到房地产所在地的房地产管理部门办理房地产抵押登记。抵押合同自核准抵押登记之日起生效。登记机关应当对申请人的申请进行审核。凡权属清楚、证明材料齐全的,应当在受理登记之日起 15 日内作出是否准予登记的书面答复。以依法取得的房屋所有权证书的房地产抵押的,登记机关应当在原《房屋所有权证》上作他项权利记载后,由抵押人收执,并向抵押权人颁发《房屋他项权证》。

以预购商品房或者在建房屋抵押登记的,房屋竣工后抵押关系尚未终止,抵押当事人应当在房屋竣工验收合格之日起 30 日内,申请办理房地产证及他项权证。

持已经登记的房地产预售合同或者国有土地使用证申请办理预购商品房或者在建屋抵押登记的,登记部门应当在房地产预售合同或者国有土地使用证上作他项权利记载后由抵押人收执,并由抵押权人核发抵押登记证明书。

2)经登记的抵押合同需要变更或者终止的,抵押当事人应当在变更或者终止之日起 15 日内,到原产权登记机构持房地产权属证书办理房地产抵押登记的,登记部门应当在房地产权属证书上作他项权利记载后,由抵押人收执,并向抵押权人核发房地产他项权证。登记部门办理抵押变更或者注销抵押登记手续。

3)自受理抵押变更登记、注销登记申请之日起 10 个工作日内完成变更、注销抵押登记手续。对不符合登记条件的,应当书面通知抵押当事人并告知不予登记的理由。登记部门在法定的时间内不作答复或者符合条件不予登记的,抵押当事人可以提起行政复议或者行政诉讼。

4)抵押当事人隐瞒真实情况或者以虚假文件资料等非法手段获得核准抵押登记的,经人民法院、抵押当事人因履行抵押合同或者处分抵押房地产发生争议的,可以依照相关的法律、法规和规章的规定协商解决;协商不成的,可以根据双方达成的仲裁协议向仲裁机构申请仲裁;没有仲裁协议或者仲裁协议无效的,可以直接向人民法院提起诉讼。仲裁机构确认抵押合同无效的,由原登记部门撤销抵押登记。

五、抵押权人的处分权

（1）有权要求处分抵押的房地产：

1）债务履行期满，抵押权人未受清偿的，债务人又未能与抵押权人达成延期履行协议的；

2）抵押人死亡、或者被宣告死亡而无人代为履行到期债务的；或者抵押人的合法继承人，受遗赠人拒绝履行到期债务的；

3）抵押人被依法宣告解散或者破产的；

4）抵押人违反本办法的有关规定，擅自处分抵押房地产的；

5）抵押合同约定的其他情况。

（2）处分抵押权的方式：

经抵押当事人协商可以通过拍卖等合法方式处分抵押房地产。协议不成的，抵押权人可以向人民法院提起诉讼。抵押权人处分抵押房地产时，应当事先书面通知抵押人；抵押房地产为共有或者出租的，还应当同时书面通知共有人或承租人；在同等条件下，共有人或承租人依法享有优先购买权。

（3）抵押权人对抵押房地产的处分，因下列情况而中止：

1）抵押权人请求中止的；

2）抵押人申请愿意并证明能够及时履行债务，并经抵押权人同意的；

3）发现被拍卖抵押物有权属争议的；

4）诉讼或仲裁中的抵押房地产；

5）其他应当中止的情况。

（4）处分抵押房地产所得金额，依下列顺序分配：

1）支付处分抵押房地产的费用；

2）扣除抵押房地产应缴纳的税款；

3）偿还抵押权人债权本息及支付违约金；

4）赔偿由债务人违反合同而对抵押权人造成的损害；

5）剩余金额交还抵押人。

处分抵押房地产所得金额不足以支付债务和违约金、赔偿金时，抵押权人有权向债务人追索不足部分。

六、房屋租赁与房屋抵押之关系

抵押设定之前或之后，抵押人均可以将已经设定抵押的房屋出租给第三人使用。就租赁关系而言，直接针对财产的占有、使用、收益等权能。而抵押权，则是针对财产的交换价值。本质上，抵押权与租赁关系二者之间并无冲突可言。我国《担保法》对抵押与租赁的关系，在第48条有一项规定，即"抵押人将已经出租的财产抵押的，应当书面告知承租人，原租赁合同继续有效"。依据该条规定及民法原理，房屋租赁与抵押之关系如下：

（1）将已经出租的房屋设定抵押的，抵押人应将已出租的事实告知承租人和抵押权人，由承租人判断是否仍继续承租，抵押权人判断是否接受该抵押。抵押权的存在不至于影响租赁关系，后设定的抵押权在实现时，亦不应使租赁关系受影响。若买受人愿意承受租赁关系，则承租人受"买卖不破租赁"规则之保护。概括地说，抵押人将已出租的房地产抵押的，抵押权实现后，租赁合同在有效期内对抵押物的受让人继续有效。

（2）抵押权设定后成立房屋租赁关系的，若租赁关系影响抵押权实现的，该房屋租赁关系对抵押权人不发生效力，抵押权人可以申请实现抵押权。概括地说，抵押人将已抵押的房地产出租的，抵押权实现后，租赁合同对受让人不具有约束力。

总之，抵押人将已出租的财产抵押的，原租赁合同继续有效；抵押人将已抵押的财产出租的，出租人不得以租赁合同对抗抵押权人行使权利。

七、房地产抵押的其他规定

（1）以未付清房款的预购商品房和在建房屋抵押登记的，抵押权人必须是金融机构。

（2）以在建房屋抵押登记的，其投入建设的资金应当达到工程建设总投资的25%以上，并已经确定施工进度和竣工日期。

（3）有经营期限的企业以房地产抵押登记的，抵押期限不得超过该企业的经营期限。

（4）以具有土地使用期限的房地产抵押登记的，抵押期限不得超过土地使用权出让合同规定的使用期限。

（5）以房屋或者在建房屋抵押的，其占用范围内的土地使用权同时抵押登记。

（6）以依法有权处分的国有土地使用权抵押的，该国有土地上的房屋同时抵押登记。房地产抵押登记时，抵押人所担保的债权不得超出该房地产的价值。

（7）房地产抵押登记后，抵押人以其价值大于所担保的债权的余额部分再次抵押登记的，抵押人应当将已经设定过的抵押情况事先书面告知首次抵押和再次抵押的抵押权人。

（8）因城市建设需要，已抵押登记的房地产被拆迁的，抵押人应当按照国家有关规定将拆迁补偿价款清偿债务，或者重新设定抵押。抵押当事人也可以重新设定抵押物和抵押权，或者依法清理债权债务，解除抵押合同。

【例5-1】

孙先生经过向开发商多次咨询后，决定购买真真花园的期房一套，并和开发商签订了预售合同，交付了全部购房款。孙先生购买这套住宅的目的主要在于投资价值升值，因为这个楼盘位于该市重点投资建设的金融中心街区，良好的配套设施和周边的高档氛围，不论从租赁角度还是从房子的升值角度来看，都有潜力。果然，在购买后不久，市政府正式出台了一系列政策，开始启动金融中心街区的建设，这一带的物业全部在短期内升值，孙先生购买的真真花园也在政策颁布的两个月之内每平方米的均价上涨了800元，孙先生高兴不已就等待着交房入住。然而在购买后第四个月开发商通知孙先生由于销售上的问题开发商购买的那套房已被香港的某个机构购买，表示可以退还全部房款。但孙先生坚决主张要回这一套预购的房子。开发商辩解说，港商签订的预售合同已经办理了预售登记，因此还是孙先生做出让步，最后孙先生通过内部的熟人了解到港商实际上是后于他签署预售合同，但是所出的价格比孙先生高出很多而且是买断整层。

问题：孙先生可以要回这套预定的商品房吗？为什么？

点评：根据《城市房地产转让管理规定》：房地产转让必须在房地产转让合同签订之日起90日内持房地产转让合同到房地产交易管理部门办理登记手续。房地产产权的转移自登记之日起计算。当事人未依法办登记手续并领取房地产权属证书，从法律角度讲并没有真正取得房屋所有权和土地使用权，既然当事人未取得产权那么就不能合法地占有房屋的产权，也就无法进行交易，如果进行房屋产权交易就无法保证交易双方的当事人的合法权益。因此孙先生只能依照违约来追究开发商的责任,但不能取得该房的所有权。

【例 5-2】

一小区业主安某把自己的房屋租给田某居住,因双方平时关系不错,所以安某每月只收 150 元租金。安某因儿子生病住院,向好友吴某借款 20000 元。后安某还给吴某 10000 元。其后因其他需要,安某又向吴某借款 80000 元。这样,安某共欠吴某 90000 元。安某感到借款较多,遂与妻子商量,如果吴某同意,就把出租的房屋以 90000 元价款卖给吴某,妻子表示同意。经与吴某商议,吴亦表示同意,付款后,二人即到房管部门办理了有关手续。事后,安某找到田某,说明卖房之事,田某不同意,并表示自己也愿意以 90000 元的价格购买该房屋。几天后,吴某要求田某腾房,田某不同意,于是吴某起诉到人民法院。

问题:你认为人民法院应如何处理本案?

点评:法院判决房屋买卖合同无效,其理由为:

1. 根据有关规定,出租人出卖出租房屋,应提前 3 个月通知承租人,同时承租人具有同等条件下的优先购买权。本案中出租人安某并未履行通知义务,也未询问承租人是否愿以 9 万元价款购买,侵犯承租人的合法权利。

2. 虽然房屋买卖关系已经办理有关变更登记手续,但因违反法律规定导致无效。

【例 5-3】

甲欠乙 10 万元。为做生意赚钱,甲以自己的房屋一套作为抵押,与银行签订了抵押合同,取得贷款 12 万元。甲因经营不善,所贷款项全部亏损。这时,贷款的偿还期已到,同时乙也来向甲讨要借款。甲认为乙的欠款在先,银行贷款在后,所以,就将抵押的房屋以 15 万元出售,其中 10 万元还给乙。银行闻讯,立即派人持抵押合同要求乙退还该 10 万元。乙认为自己和银行都是债权人,都有平等的受偿权,因此,不肯退款。银行遂起诉至人民法院。

问题:你认为应如何判决?请说明理由。

点评:甲擅自处分抵押房屋的行为无效,其理由为:

1. 银行贷款抵押办理登记,抵押关系合法有效,甲的住房成为抵押物。

2. 根据有关规定,抵押期间处分抵押物需通知抵押权人或告知受让人,否则该转让行为无效。

3. 如果符合上述条件,根据法律规定,经抵押担保的债权优先于普通债权,出售抵押房屋所获 15 万元应优先清偿银行贷款本息,余款由甲方处分。

复 习 题

1. 房地产交易中的基本制度有哪些?
2. 简述房地产价格评估制度的原则和意义?
3. 什么是房地产转让?包括哪几种形式?
4. 哪些情形下的房地产不得转让?
5. 房地产转让的程序是什么?
6. 商品房预售的定义。

7. 商品房预售有哪些条件?
8. 什么是房地产抵押?
9. 哪些房地产不得设定抵押?
10. 房屋转租的概念?
11. 由于租赁双方的原因而使合同终止的情形主要有哪些?

第六章 房地产权属登记制度

房地产产权是房地产权利人依法对其所有的房地产享有的占有、使用、收益、处分的权利，在社会中是一项十分重要的权利，实行房地产权属登记制度有利于保护这项权利，本章阐述城市房地产权属及其管理法律制度，包括三部分内容：房地产权属登记管理、房地产档案管理和房地产测绘。本章涉及的法律法规主要有：1998年1月1日施行的《城市房屋权属登记管理办法》、1996年2月1日起施行的《土地登记规则》、2001年5月1日施行的《房产测绘管理办法》、2001年12月1日施行的《城市房地产权属档案管理办法》等。

第一节 房地产权属登记管理

一、房地产权属登记的概念和任务

根据《城市房屋权属登记管理办法》的规定：房地产权属登记是指房地产行政主管部门代表政府对房屋所有权以及由上述权利产生的抵押权、典权等房地产他项权利进行登记，依法确认房地产权归属关系的行为。

结合实际，房地产权属登记的任务主要有：①做好房地产确权发证工作，包括对房地产的初始取得的土地使用权、新建的房屋所有权，房屋权属的转让、抵押、租赁等进行核实、确权、登记和发证工作，以及房地产的灭失、土地使用权的届满、他项权利等的注销工作；②做好房地产测绘工作，对房地产的权属、自然状况发生变化时，应及时、准确地进行变更测量，使房地产图与实际情况相一致；③做好房地产档案管理工作，建立一套管理档案的制度，并不断修正使档案资料与实际情况保持一致。除此以外权属登记还要为征地、拆迁房屋落实私房政策的房产审查和处理权属纠纷提供依据。

二、房地产权属登记的目的和意义

房地产产权登记，它是国家为健全法制，加强城镇房地产管理，依法确认房地产产权的法定手续。它要求凡在规定范围内的房地产权，不论归谁所有，都必须按照登记办法的规定，向房地产所在地的房地产管理机关申请登记。经审查确认产权后，由房地产管理机关发给《房地产产权证》。产权登记是房地产权管理的主要行政手段，只有通过产权登记，才能对各类房地产权实施有效的管理。

三、房地产权属登记的原则

（一）房屋所有权与该房屋占用的土地使用权实行权利主体一致原则

因为房地产是一个不可分割的统一体，我国《城市房地产管理法》规定："房地产转让、抵押时，房屋的所有权和该房屋占用范围土地使用权同时转让、抵押。"根据这一规定，对房地产转让和抵押的要求是：一是房产转让时，房屋的所有权和土地使用权必须同时转让，同样地产转让时，该土地上的房产应同时转让。二是房地产转让或抵押时，房屋的所有权与其土地使用权必须同时转让给同一人或单位。

（二）房地产权属登记实行属地原则

根据《城市房屋权属登记管理办法》规定："国家实行房屋所有权登记发证制度"，"申请人应按照国家规定到房屋所在地的人民政府房地产行政主管部门申请房屋权属登记，领取房屋权属证书"。可见国家已经明确了房地产登记机关它只能是该房地产所在地的县（市）房地产行政主管部门，而不能由当事人自由选择，这主要考虑到房地产是一项特殊的商品，它是不动产，采用属地登记原则便于管理，也是比较科学的。

四、房地产权属登记的种类

根据《城市房屋权属登记管理办法》的规定：房地产权属登记分总登记、初始登记、转移登记、变更登记、他项权利登记、注销登记。

（一）总登记

总登记是指县级以上人民政府根据需要，在一定时期内对本行政区域内的房地产进行统一的权属登记。总登记是产权登记中最基本的一种登记，不论房屋状况，权利状态有无变动，所有权人均有向登记机关登记的义务。进行总登记的原因是没有建立完整的产籍或原有的产籍因其他原因造成散失、混乱，必须全面清理房屋产权，整理产籍，建立新的产权产籍档案。

总登记、验证、换证应当由县级以上地方人民政府在规定期限开始之日起30日内发布公告。公告应包括以下内容：①登记、验证、换证的区域；②申请期限；③当事人应当提交有关证件；④受理申请地点；⑤其他应当公告的事项。

（二）初始登记

1. 土地使用权初始登记

土地使用权初始登记是指以出让或划拨方式取得土地使用权的，权利人应申请办理土地使用权初始登记。土地使用权初始登记申请人应提交批准用地或土地使用合同等证明文件。

2. 房屋所有权初始登记

初始登记是指新建房屋申请人或原有但未进行过登记的房屋申请人原始取得所有权而进行的登记。主要包括在依法取得的房地产开发用地上新建成的房屋和集体土地转化成国有土地上的房屋的初始登记。

新建的房屋，申请人应当在房屋竣工后的3个月内向登记机关申请房屋所有权初始登记，并应当提交用地证明文件或者土地使用权证、建设用地规划许可证、建设工程规划、施工许可证、房屋竣工验收资料以及其他有关的证明文件。

集体土地上的房屋转为国有土地上的房屋，申请人应当自事实发生之日起30日内向登记机关提交用地证明等有关文件，申请房屋所有权初始登记。

（三）转移登记

转移登记是在总登记之后，因房屋买卖、交换、赠与、继承、划拨、转让、分割、合并、裁决等原因致使其权属发生转移而进行的登记，权利人应当自事实发生之日起90日内申请转移登记。申请转移登记时，权利人应当提交房屋权属证书以及相关的合同、协议、证明等文件。转移登记的目的在于及时掌握产权的变动以便确定新的产权人的权利，并修正原有产籍资料。

（四）变更登记

变更登记是指在总登记之后房地产权利人名称变更或是房屋现状发生变化而进行的登记。有下列情形之一的房地产权利人应自事实发生之日起 30 日内申请变更登记：①房屋坐落的街道、门牌号或者房屋名称发生变更；②房屋面积增加或减少；③房屋翻建；④法律、法规规定的其他情形。申请变更登记，权利人应提交房屋权属证书及相关的证明文件。这种登记目的在于掌握房产的变更情况，及时进行修正补充房地产产籍资料。

（五）他项权利登记

他项权利登记是指设定抵押、典权等他项权利而进行的登记。申请他项权利登记权利人应在事实发生之日起 30 日内提出。应提交的证明文件有：①以地上无建筑物（包括建筑物在建工程）的国有土地作为抵押物的，应提交国有土地使用权证，土地使用权出让、抵押合同及相关协议证明文件；②以房屋及其占用土地作为抵押物的，除应提交前款所列证明文件外，还应提交房屋权属证书。

（六）注销登记

注销登记是指因房屋权利或土地已灭失，土地使用年限届满，他项权利终止，权利主体灭失等原因进行的登记。权利人应当自事实发生之日起 30 日内申请注销登记。注销房屋权属证书，登记机关应作出书面决定，送达当事人，并收回原发放的房屋权属证书或者公告原房屋权属证书作废。有下列情形之一的，登记机关有权注销房屋权属证书：①申报不实的；②涂改房屋权属证书的；③房屋权利灭失而权利人未在规定期限内办理房屋注销登记的；④因登记机关的工作人员失误造成房屋权属登记不实的。

五、权属登记的程序

（一）房屋权属登记程序

1. 受理登记申请

房屋权属登记由权利人（申请人）申请，权利人（申请人）为法人、其他组织的应当使用其法定名称，由其法定代表人申请，权利人（申请人）为自然人的，应当使用其身份证件上的姓名。共有的房屋由共有人共同申请；房屋他项权利登记，由权利人和他项权利人共同申请；房地产行政主管部门直管的公房由登记机关直接代为登记；权利人（申请人）可以委托代理人申请房屋权属登记，但代理人申请登记时还应提交权利人（申请人）书面委托书。

登记机关对申请人提交的申请及文件进行检查，文件齐全的，应当办理收件登记手续，并向申请人开具收件收据。登记机关自受理登记申请之日起 7 日内应当决定是否予以登记，对暂缓登记、不予登记的，应当以书面通知权利人（申请人）。

2. 权属审核

登记机关在受理当事人的申请后，应当对房地产的申请进行审核，审核的内容主要包括：查阅产权档案，审查权利人提交的各种证件，核实房产现状及权属来源等。

3. 公告

公告是对可能有产权异议的申请，采用布告、报纸等形式公开征询异议，以便确认产权。公告并不是房屋权属登记的必经程序，登记机关认为有必要进行时进行公告。仅适用于登记机关认为有必要进行公告的登记。例如房屋权属证书遗失的，权利人应当及时登报声明作废，并向登记机关申请补发，登记机关应当作出补发公告，经过 6 个月无异议的方可予以补发房屋权属证书。

4. 核准登记，颁发房屋权属证书

登记机关经审核确认产权清楚，证明材料齐全的，应在规定的期限内核准登记并颁发房地产权属证书。不符合登记条件的应延期登记或不予登记。

(二) 地产权属登记的程序

根据《土地登记规则》的规定：土地登记是国家依法对国有土地使用权、集体土地所有权、集体土地使用权和土地他项权利的登记。土地登记分为初始土地登记和变更土地登记。

1. 初始登记的程序

(1) 申报。土地所有者、土地使用者、他项权利拥有者在规定的期限内以书面形式，向指定的土地登记处提出土地登记的请求。土地登记申请者必须提交土地登记申请书、土地登记申请者的法人代表证明、个人身份证明或户籍证明、土地权属来源证明和地上附着物权属证明。

(2) 地籍调查。各级土地管理部门按地籍调查规程组织区内的地籍调查。

(3) 权属审核。土地管理部门应根据地籍调查结果，对土地权属、面积、用途等逐项进行全面审核，填写审批表。

(4) 注册登记。经申请、审查、批准的土地使用权、土地所有权和他项权利，由土地管理部门进行注册登记，填写土地登记簿、土地证书、土地登记归册。

(5) 颁发土地证书。土地证书由市、县人民政府颁发，是土地使用权或者土地所有权的法律凭证。根据土地使用权、土地所有权性质，分别颁发《国有土地使用证》、《集体土地所有权证》、《集体土地使用证》。

2. 变更登记的程序

(1) 变更申报。土地使用者、所有者及他项权利拥有者申请土地使用权、所有权以及他项权利变更登记的，应当提交变更登记理由证明材料和原土地证书。

(2) 变更调查。土地管理机关在收到变更土地登记申请后，认为符合变更申报要求的，即应向申请者发出变更调查通知书，然后进行实地调查、勘丈、绘制新的宗地草图，填写变更地籍调查表，并对地籍图进行修测、补测，编制宗地号等。

(3) 变更审核。审核的主要内容有土地权属变更法律依据及其法人资格，土地变更的面积、界址，涉及土地使用权的他项权利。通过审核之后，再报人民政府批准。

(4) 变更登记注册、发证。土地权属及用途变更，经县级以上人民政府批准后，由土地管理部门办理变更注册登记。

第二节 房地产权属档案管理

一、房地产权属档案的含义和特点

(一) 房地产档案的含义

房地产权属档案是城市房地产行政主管部门在房地产权属登记、调查、测绘、权属转移、变更等房地产权属管理工作中直接形成的有保存价值的文字、图表、声像等不同形式的历史记录，是城市房地产权属登记管理工作的真实记录和重要依据，是城市建设档案的组成部分。根据《城市房地产权属档案管理办法》的规定，下列文件材料属于房地产权属

档案的归档范围:

(1) 房地产权利人、房地产权属登记确权、房地产权属转移及变更、设定他项权利等有关的证明和文件。

1) 房地产权利人(自然人或法人)的身份(资格)证明、法人代理人的身份证明、授权委托书等;

2) 建设工程规划许可证、建设用地规划许可证、土地使用权证书或者土地来源证明、房屋拆迁批件及补偿安置协议书、联建或者统建合同、翻改扩建及固定资产投资批准文件、房屋竣工验收有关材料等;

3) 房地产买卖合同书、房产继承书、房产赠与书、房产析产协议书、房产交换协议书、房地产调拨凭证、有关房产转移的上级批件、有关房产的判决、裁决、仲裁文书及公证文书等;

4) 设定房地产他项权利的有关合同、文件等。

(2) 房屋及其所占用的土地使用权权属界定位置图:房地产分幅平面图、分丘平面图、分层分户平面图等。

(3) 房地产产权登记工作中形成的各种文件材料,包括房产登记申请书、收件收据存根、权属变更登记表、房地产状况登记表、房地产勘测调查表、墙界表、房屋面积计算表、房地产登记审批表、房屋灭失申请表、房地产税费收据存根等。

(4) 反映和记载房地产权属状况的信息资料,包括统计报表、摄影片、照片、录音带、录相带、缩微胶片、计算机软盘、光盘等。

(5) 其他有关房地产权属的文件资料,包括房地产权属冻结文件、房屋权属代管文件、历史形成的各种房地产权证、契证、账、册、表、卡等。

(二) 房地产档案的特点

房地产档案是国家资源档案的重要组成部分,其特点表现在以下几个方面:

1. 房地产档案具有动态性的特点

动态性是房地产档案区别于其他档案最突出的特点。由于受自然因素和社会经济发展变化的影响,房地产的数量、质量、分布和使用情况都处在经常变化之中,因此,记载房地产管理活动的房地产档案就具有动态性的特点。如《土地登记规则》规定,凡是土地权属变更的,须更换土地登记卡,原登记卡附在新卡的后面,并在原卡上注明该宗地的变更过程,以备查考;凡是主要用途或其他项目变更的,不更换土地登记卡,在原卡上进行变更。此外还有变更登记过程中形成的申请书、权属调查、房地产测量等材料也都处于变化之中,只有掌握房地产档案动态性的特点,按其形成规律和档案的内在联系加以整理,才便于保管和利用。

2. 专业性的特点

(1) 权属档案产生于房地产专业部门,是权属管理活动中形成的历史记录。权属管理是依照一定法规进行的,是任何其他部门所不能替代的,因此,房地产行政主管部门是产生权属档案的专业部门。

(2) 权属档案是专业性材料。权属档案在内容和形式上与一般公文有明显的区别,内容上反映房地权属状况和房地位置和面积大小,文件名称采用房地产专业术语多;形式上,结构规范,多为表格式、填写式。

(3) 权属档案有自己专业管理方法。房地产管理部门在长期档案管理过程中积累了经验，形成了以图、档、卡、册为主要内容的权属档案。这四种资料各有侧重，相辅相成，适合产权管理的需要。

3. 真实性的特点

权属档案是产权沿革的历史记录，这种记录必须与实际相符，记载的产权人、产权范围必须清楚，能在产权审核和解决产权纠纷中起凭证和参考作用。真实性是权属档案的生命，也是发挥档案的现实效用的基础和前提，一个城市的房地产管理部门是代表人民政府发放产权证件的，这是一项严肃的工作，绝不允许因档案记录的不真实而造成错发产权证件，给政府的声誉带来不良影响，使权利人的利益受到损害。

4. 完整性

权属档案的完整性体现在两个方面，一是房地结合，二是图档结合。

(1) 房地结合。房屋权属登记应当遵循房屋的所有权和该房屋占用范围内的土地使用权权利主体一致的原则。就城市而言，房地是密不可分的，地面上一般都有建筑物，没有房屋就没有城市。房屋总是建筑在土地上，房主取得了土地使用权，一般也拥有房屋所有权；反之，有了房产所有权，也应同时拥有土地使用权。房产所有权发生转移，土地使用权要与之相一致，同时也要发生转移。

(2) 图档结合。房地产平面图上注记丘号（地号），这种丘号，可当作为查找档案的索引。图上标志产权范围，一目了然。图上的产权界线和房屋墙界线结合起来判断，能反映墙的归属，防止产权纠纷。如果离开档案，则纯粹是毫无意义的几何线条，失去了它的产权含义，反之，档案离开图，产权范围则不明。只有图档结合，才能把产权真正反映清楚。

5. 价值性

房地产属于不动产，价值高，在单位和个人的财产构成中占有重要地位，因此，权属档案属于财产档案。权属档案的有无、保管的好坏，记载得是否准确、全面，将关系到产权人的经济利益。

6. 法律性

由记载房屋所有权归属的凭证材料组成的权属档案，具有法律效力，是房地产管理部门和人民法院确认房主产权、处理房地产纠纷的重要依据。

房地产档案有其固有的特点，在房地产档案立卷归档时，要按其固有的特性，科学分类、系统整理、集中统一保管，维护房地产档案的完整与安全，以便充分发挥房地产档案在房地产管理活动中的重要作用，为经济持续发展和社会进步做出贡献。

二、房地产权属档案的作用

档案是国家的宝贵财富，房地产是人类社会发展的物质基础，反映房地产基本状况的房地产档案是国家档案的重要组成部分，是依法管理不动产的凭证和依据。房地产档案的最主要作用是凭证和参考作用，具体表现在五个方面。

1. 凭证作用

房地产档案是对房地产管理活动的真实历史记录，是房地产权属的历史凭证。房地产权属的确认与变更，房地产所有者或使用者合法权益的维护，权属界线及其权源争执的调处等等，常常需要从房地产档案中查考历史记载。

2. 参考和依据作用

房地产档案中记载了房地产管理活动的经验和成果，它不仅是不同时期房地产管理制度和管理手段的汇集，也是各项技术成果的真实记录，因此，房地产档案不仅可以为房地产管理工作提供参考，还可以为其他部门提供有价值的数据，为制定各项规划和政策提供依据。如各类房地产变化，特别是土地增减情况的档案记录，是衡量各类土地动态平衡的主要手段，也是分析预测各地类变化趋势，制定土地保护计划、措施的重要依据。

3. 为国土教育、宣传提供素材

房地产档案真实地反映了房地产数量、质量的变化和人类对土地利用活动的基本状况。特别是我国，由于人多地少，保护耕地十分必要，由于房地产档案具有历史性、真实性和原始性的特点，因此，它可以为国土资源宣传教育提供生动的素材。

4. 科学研究的可靠手段

不动产管理是为适应社会生产力不断发展的客观需要而逐步发展起来的一门独立学科，为保证该学科科学研究成果的质量和水平，需要有足够的、连续的、系统的房地产档案作基础，它可以为科学研究提供丰富的历史材料。一方面，房地产管理的原始记录及其总结的经验、教训，可以为现实科学研究提供借鉴；另一方面，众多的数据、图件、表、册、卡等，可以为不动产管理中的预测、分析、评价等方面提供数据和研究资料。

5. 建立房地产信息系统的资源库

房地产档案也是不动产信息的一种载体。房地产档案提供的信息，不仅数量大，而且具有原始记录性的特点，这些档案资料是建立各级房地产信息系统的资源库。

三、房地产权属档案管理的内容

房地产权属档案资料是由图、档、卡、册构成。

1. 图

即房地产平面图，是专为房地产产权登记和管理而绘制的一种专用图纸，反映房地产的位置，结构，藏书等。包括房屋及其所占用的土地使用权权属界定位置图，房产分幅平面图、房产分丘平面图和房屋分层分户平面图。

2. 档

即房地产档案，是通过房地产产权登记和办理所有权转移以及变更登记等把各种产权证件、证明和各种文件、历史资料等集起，用科学的方法加以整理分类装订成册。其主要作用是记录反映产权人及房屋，用地状况的演变，包括产权登记等各种申请表、墙界表、调查材料和原始文字记载以及原有契证等，反映了房地产权利及房地演变的过程，是审查和确认产权的重要依据。

3. 卡

即房地产卡片，是房地产产权登记申请书中产权人情况，房屋状况以及产权来源。土地使用状况等作扼要的摘录而制成的卡片，它按房地产产籍地号（丘号）顺序，以一处房屋坐落中的每幢房屋为单位而填制。房屋卡片的主要作用是为了便于查阅房地产的情况即对各类房地产进行例行的和必要的统计汇总，便于进行分类统计使用。

4. 册

即房地产登记簿册，包括登记收件簿，发证记录和房屋总册，是根据房地产产权登记的成果和分类管理的需要而填制的，是产权状况和房屋状况的缩影，以便掌握房地产产权状况的变动，是房地产产权管理的基础资料。

房地产档案资料中的图、档、卡、册各项内容应当准确一致，并且真实无误地记载产权状况，各种表册的项目应当无一缺项，各种证件、证明资料应当无遗漏，各种手续应当齐全完备，当产权移转变更、房屋土地情况发生变化时，产籍资料应当及时随之更新，使之符合现状。

第三节 房地产测绘

房地产测绘是指运用测绘仪器、测绘技术、测绘手段，来测定房地产的位置、界址、占地范围和面积数量等，为房地产权利人和管理部门提供信息服务的一项专业技术活动。房地产测绘和房屋面积测量计算工作是房地产业管理的重要组成部分，是规范房地产市场，活跃房地产交易活动，促进住宅业成为国民经济新的增长点的一项十分重要的基础性工作。

一、房地产测绘的种类和内容

房地产测绘包括房地产基础测绘和房地产项目测绘两种。

房地产基础测绘是指在一个城市或一个地域内，大范围，整体地建立房地产的平面控制网，形成房地产的基础图纸——房地产分幅平面图。房地产项目测绘是指因房地产开发、经营、交易和房地产权属管理的需要，测量、绘制房地产分丘平面图和房地产分层分户平面图，形成图档卡册数据等信息的测绘活动。

房地产测绘的基本内容包括：房地产平面控制测量、房地产调查、房地产要素测量、房地产图绘制、房地产面积测算、房地产变更测量、房地产成果资料的检查与验收。

二、房地产测绘的作用

（一）为房地产开发、经营以及交易提供基本信息服务

房地产测绘成果提供了房地产的量度依据，为房地产开发、经营企业实施房地产开发经营决策、销售、核算，提供了数量方面的参考依据，也为房地产消费者选择购置房地产提供了必要的信息，当买卖双方以合同形式约定以产权登记面积作为销售面积且销售价格按单位面积售价来核定时，房地产面积就与房地产价值挂上了钩。

（二）为房地产管理提供信息服务

在制定相关政策时，房地产管理部门需要掌握区域内房地产的整体情况，如，房屋总量、行业分布情况、房屋利用状况等基础资料；为了实施房地产权属登记发证管理，房地产管理部门需要掌握各个产权单位的具体位置、界址、占地范围和房屋面积等信息。

（三）为其他部门提供参考资料

房地产测绘还可以为城市建设、司法机关判案、仲裁、税收、保险等部门提供基础资料和相关信息。

三、房地产面积测算

（一）房地产面积测算的内容和意义

1. 房地产面积测算的内容

房地产面积的测算，包括房屋面积测算和用地面积测算。房屋面积测算包括房屋建筑面积、房屋使用面积和共有建筑面积的测算。用地面积测算包括房屋占地面积的测算、丘

面积的测算、各项地类面积测算和共用土地面积的测算、分摊。

2. 房地产面积测算的意义

房屋及其用地面积，是房地产产权产籍管理、核发权属证书的必要信息，也是房地产开发商进行经营决策、房地产权利人维护合法权益的必不可少的资料；同时也是房地产税费的征收、城镇规划和建设的重要依据。房地产面积测算是一项技术性强、精确度要求高的工作，关系到国家、开发商、消费者和权利人的切身利益，是整个房地产测绘中非常重要的组成部分。

（二）房地产面积测算一般规定和方法

1. 房地产面积测算的一般规定

（1）房地产面积测算，均指水平投影面积的测算。

（2）各类面积的测算，必须独立测算2次，其较差应在规定的限差以内，取中数作为最后结果。

（3）边长以 m 为单位，取至 0.01m；面积以 m^2 为单位，取至 $0.01m^2$。

（4）量具应使用经鉴定合格的卷尺或其他能达到相应精度的仪器或工具。

（5）楼层高度是指上下两层楼面或楼面与地面之间的垂直距离。

2. 房地产面积测算的方法

房地产面积测算的方法有很多，根据面积测算数据资料的来源，可分为解析法和图解法两大类。

解析法测算面积是根据实地测量的数据，例如：边长、角度或坐标等通过计算公式求得面积值。解析法测算面积主要包括界址点坐标解析测算面积和几何图形法量算面积。

图解法测算面积。图解法测算面积是根据已有的房地产图，采用各种不同的测量仪器量算出面积。包括求积仪法、称重法、模片法、光电面积量算仪法等。

（三）商品房面积的测算

1. 商品房的建筑面积组成内容

商品房的建筑面积是衡量该商品房大小的指标之一，也是计算该商品房总价款的指标之一。商品房建筑面积由套内建筑面积和应分摊公用面积两部分组成。而套内建筑面积则由套内使用面积、墙体面积及阳台面积三部分组成；应分摊公用面积是指本栋各业主共同使用或共同拥有部分的面积，按各套内建筑面积大小按比例分摊而得的面积。因此，商品房建筑面积可用式(6-1)表示：

建筑面积＝套内建筑面积＋应分摊公用面积＝套内使用面积＋墙体面积＋阳台面积＋应分摊公用面积

(6-1)

2. 套内使用面积的测算

套内使用面积是指每套房地产中由房间、墙面围成的这部分空间的水平面积。它包括卧室、起居室、过厅、过道、厨房、卫生间、贮物室、壁柜、通风井、管道井及内墙装饰贴面厚度等。有些商品房业主入住后自己用尺子丈量各房间净空面积相加所得的面积，基本上仅代表套内使用面积。以前资料中的"使用面积"并非"套内使用面积"，而是相当于现在所称的"套内建筑面积"，它包含了套内使用面积，也包含了墙体面积及阳台面积。现在测量和提供的面积资料中已停止使用及称呼"使用面积"这个词，而是统一采用"套内建筑面积"这个词。

(1) 墙体面积的测算：

一道墙的墙体面积由长度乘墙的厚度所得。这里所指的每套房的建筑面积中所含的墙体面积包括了如下几个部分：本套房内各房间的隔墙、本套房的外墙、本套房与电梯井之外的其他公用面积之间隔墙、本套房与其他套房之间的隔墙的一半，本套房与电梯井之间的隔墙以墙轴线为界。

(2) 阳台面积的测算：

计入每套商品房建筑面积的阳台是指套内阳台的建筑面积。套内阳台分封闭阳台和未封闭阳台两种，封闭阳台按阳台外围与房地产外墙之间的水平投影面积全部计算，而未封闭（包括凹阳台、半凹半凸的阳台，有柱的凸阳台）的则按水平投影的一半计算建筑面积。

3. 应分摊公用面积的测算

(1) 公用建筑面积的含义：

产生公用建筑面积的前提是一栋房地产中具有由各业主公共使用或共同拥有的那些建筑空间的面积。例如电梯间、楼梯间、设备房、消防控制室、公共门厅、过道、大堂、走廊、屋面有围护结构的电梯机房、水箱间等。

(2) 公用建筑面积的分类：

一栋房地产的公用面积分为应分摊公用面积和不分摊公用面积两大类。应分摊公用面积是指其面积须按规定分摊到各业主每套房的建筑面积中，而不分摊公用面积是不分摊到每套房，但各业主仍可共同使用的那些建筑空间的面积。

不分摊公用面积包括：地下室中用于人防、设备房、车库的建筑面积；消防避难层中用于消防避难的面积及结构转换层的面积；第一层架空用于停放车辆或公共开放空间的面积；多栋共用的设备房；经批准为新增或奖励的建筑面积。

应分摊公用面积包括：地面以上的设备用房、套(单位)门以外的室内外公用楼梯、电梯、内外廊、过道、消防控制室、为整栋建筑服务的值班警卫室、建筑物内公用的垃圾房、垃圾管道、管道井、突出屋面有围护结构的水箱间、电梯机房、楼梯间等。不同的项目公用分摊面积内容不同，一般来说，应分摊公用面积越多，说明该栋建筑的设计较豪华，配套设施较完善。

4. "预售面积"和"竣工面积"的区别

所谓预售面积是指全部按建筑设计图上尺寸计算的房地产建筑面积，也称楼花面积。当然也包括不是预售的而按图纸尺寸计算的其他房地产的建筑面积。竣工面积是指房地产竣工后实测的面积或与竣工房地产尺寸相符的建筑设计图计算的建筑面积。预售面积只供房地产预售时使用，也可作为建筑工程预概算方案比较的参考指标。竣工面积为房地产交易、租赁、抵押贷款、竣工验收、产权登记等提供面积依据。

有些房地产的竣工面积与预售面积不一致，产生两类建筑面积不一致的原因可能有：建筑物的某部分改变设计；施工中，建筑物的某部分没有按原设计施工；施工错误或施工放样误差过大，使竣工后房地产尺寸不等于设计图上的尺寸；竣工后的房地产部分公用面积功能改变或服务范围改变；正常的施工误差和测量误差也可引起全部实测的竣工面积与预售面积存在少许差异。一栋房地产全部实测后计算的每套（或每间）的竣工面积与预售面积比较，如若按套内建筑面积计算，其差异在±3%内都属正常。通常可取预售面积数值作为竣工面积使用。如果比较差值超过以上规定，则应以竣工面积为准。注意与本套房有关的各墙体厚度，套内建筑面积中应包括套与套之间的共墙的一半面积和其他各墙体的面积。

（四）用地面积测算

用地面积以丘为单位进行测算。

（1）凡属编立丘号的地块，均应以丘号为单位计算土地使用范围面积，一个丘号计算一个土地使用面积。未编丘号的道路、河流等公共用地不计算土地使用面积。

（2）一个丘号为一个房屋所有权人使用的，其使用土地范围包括房屋占地、天井、院落用地以及其他用地。

（3）一个丘号的地块为多户房屋所有权人使用的，各户使用土地范围包括房屋占地、独用地、分摊的共用院落等部分。各户使用土地面积之和应该等于该丘号内土地的总面积。分户面积计算误差，在允许范围内按各户使用土地面积平差。

（4）每个丘号范围内的土地，按照不同的使用性质，分类计算各项面积，各个分类面积之和应该等于该丘号内土地的总面积。分类面积计算误差，在允许范围内按比例平差。

（5）一块土地内共用土地分摊的一般原则是按各户占有房屋建筑面积的比例计算，其公式见式(6-2)：

各户分摊的共用土地面积＝共有用土地总面积÷房屋建筑面积×各户房屋建筑面积

(6-2)

（五）房地产测绘后提供的资料

房地产建筑面积测算后，以栋为单位形成一份完整的房地产建筑面积测绘报告。除封面外，其内容应具有：房地产建筑面积测绘说明、房地产建筑面积总表、房地产建筑面积分层、分户汇总表、房地产建筑面积分层、分户平面图、房地产楼层次及房号编号立面图。

目前我们在完善和规范房地产市场的同时，还要加强房地产测绘和房屋面积测量计算工作的管理。同时按照建设部的要求，根据当地房地产市场的需求，健全和充实房地产测绘队伍，不断提高房地产测绘和房屋面积测量计算的科学性和准确性，更好地为房地产业的发展以及经济的发展服务。

复 习 题

1. 房地产权属登记的概念和任务是什么？
2. 房地产权属登记包括哪几种？
3. 哪些情况均应申请注销登记？
4. 简述房地产权属登记的程序。
5. 简述房地产权属档案管理的内容。
6. 房地产面积测算的方法有哪几种？

第七章 房地产中介服务管理制度与政策

我国房地产中介服务是伴随着我国房地产市场快速发展而产生和发展起来的,属于第三产业的一种社会经济活动,其涉及房地产投资、开发、销售、交易等各个环节,对我国房地产业的健康快速发展起到了不可替代的促进作用。1995年1月1日起施行的《房地产管理法》,明确地确立了房产中介服务行业的法律地位,为我国房地产中介服务管理奠定了坚实的法制基础。本章主要介绍房地产中介服务的基本管理制度、房地产估价师和房地产经纪人执业资格制度等内容。

第一节 房地产中介服务的行业管理

一、房地产中介服务概述

根据《房地产管理法》的规定,房地产中介服务是房地产咨询、房地产价格评估、房地产经纪等活动的总称。房地产咨询是指为从事房地产活动的当事人提供法律、法规、政策、信息、技术等方面服务的经营活动;房地产价格评估是指对房地产进行测算,评定其经济价值和价格的经营活动;房地产经纪是指为委托人提供房地产信息和居间代理业务的经营活动。

二、房地产中介服务的行业管理内容

为规范房地产中介服务管理,保障当事人的合法权益,依照《房地产管理法》的有关规定,1996年1月建设部发布了第50号令《城市房地产中介服务管理规定》(以下简称《中介服务管理规定》)。2001年,建设部对《中介服务管理规定》进行了修改,并于2001年8月15日以建设部令第97号重新发布,《中介服务管理规定》对房地产中介服务人员资格管理、中介服务机构的管理、中介服务行为管理等的要求等内容做出了明确规定。

(一)中介服务人员的资格管理

目前,我国已初步建立了与我国房地产市场发展相适应的房地产中介服务人员资格认证制度。房地产行政主管部门通过实施中介服务人员资格认证制度对房地产中介服务人员进行管理。主要是通过系统的培训与考核、资格认证与执业注册、继续教育与续期注册等方式,确保从业人员达到从业所要求的水准,并实现有效的监督管理。

对从事房地产咨询、房地产价格评估、房地产经纪活动的人员主要有以下要求:

1. 房地产咨询人员

从事房地产咨询业务的人员,必须是具有房地产及相关专业中等以上学历,有与房地产咨询业务相关的初级以上专业技术职称并取得考试合格证书的专业技术人员。

房地产咨询人员的具体考试及注册及继续教育工作,由省、自治区建设行政主管部门和直辖市房地产管理部门负责进行。

2. 房地产价格评估人员

对房地产价格评估人员国家实行房地产价格评估人员资格认证制度。房地产价格评估人员包括房地产估价师和房地产评估员。房地产估价师必须是通过国家统一考试执业资格认证，取得房地产估价师《执业资格证书》，并经注册登记取得《房地产估价师注册证》的人员。未取得《房地产估价师注册证》的人员不得以房地产估价师的名义从事房地产估价业务、签署具有法律效力的房地产估价报告书。

房地产估价师执业资格考试，由国务院建设行政主管部门和人事主管部门共同负责，房地产估价师注册管理工作由建设部负责，继续教育培训工作由中国房地产估价师学会负责。

房地产评估员的考试、认证管理工作，由省、自治区建设行政主管部门和直辖市房地产行政主管部门负责。

3. 房地产经纪人

房地产经纪人员职业资格包括房地产经纪人执业资格和房地产经纪人协理从业资格。凡从事房地产经纪活动的人员，必须取得房地产经纪人员相应职业资格证书并经注册生效。取得房地产经纪人执业资格是进入房地产经纪活动关键岗位和发起设立房地产经纪机构的必备条件。取得房地产经纪人协理从业资格，是从事房地产经纪活动的基本条件。未取得职业资格证书的人员、一律不得从事房地产经纪活动。全国房地产经纪人员职业资格制度的政策制定、组织协调、资格考试、注册登记和监督管理工作由人事部、建设部共同负责。

（二）中介服务机构的管理

对中介服务机构的管理主要从市场准入抓起，采取资格认证、资格分级、资格年检与日常监督相结合的管理措施。从事房地产中介服务业务的都应设立相应的房地产中介服务机构。房地产中介服务机构是自主经营、自担风险、自我约束、自我发展、平等竞争的经济组织，必须独立、客观、公正地执业。房地产中介服务机构应当由具有专业执业资格的人员发起设立，机构主要有以下组成方式：①合伙制。由2名以上具有专业执业资格的人员合伙发起设立。合伙人按照协议约定或法律规定，以各自的财产承担法律责任，对中介服务机构的债务承担无限连带责任。②有限责任制。由5名以上具有专业执业资格的人员共同出资发起设立。出资人以其出资额为限承担法律责任，中介服务机构以其全部财产对其债务承担责任。按照建设部建住房[2000]96号文件要求，房地产价格评估价格机构的法定代表人应具有注册房地产估价师资格。

1. 设立房地产中介服务机构的条件

（1）有自己的名称、组织机构。

（2）有固定的服务场所。

（3）有规定数量的财产和经费。

（4）有足够数量的专业人员。从事房地产咨询业务的，具有房地产及相关专业中等以上学历、初级以上专业技术职称人员须占总人数的50%以上；从事房地产评估业务的，须有规定数量的房地产估价师；从事房地产经纪业务的，须有规定数量的房地产经纪人。

（5）法律、法规规定的其他条件。设立房地产中介服务机构的资金和人员条件，应当向当地工商行政管理部门申请设立登记。房地产中介服务机构在领取营业执照后的一个月内，应当到登记机关所在地的县级以上房地产行政主管部门备案。

2. 房地产价格评估机构的资格管理

为加强对房地产价格评估机构的管理，规范房地产价格评估行为，对房地产价格评估机构实行资格等级管理。

（1）房地产价格评估机构资格等级分类：

房地产价格评估机构按照专业人员状况、经营业绩和注册资本分一级、二级、三级和临时资格四类。新成立的房地产价格评估机构，其资格等级从临时资格开始。一级、二级、三级资格的具体条件和营业范围如表7-1所示。

一～三级的具体条件和营业范围　　　　表 7-1

资格等级	一级	二级	三级
注册资本	100 万元以上	70 万元以上	40 万元以上
人员	有七名以上（不包括离退休后的返聘人员的兼职人员（下同））取得《房地产估师执业资格证书》并登记注册的专职房地产估价师；专职房地产专业人员（包括注册地产估价师和取得房地产估价员岗位证书的房地产估价员）占职工总数的 70% 以上	有五名以上取得《房地产估价师执业资格证书》并登记注册的专职房地产估价师；专职房地产估价专业人员（包括注册地产估价师和取得房地产估价员岗位证书的房地产估价员）占职工总数的 70% 以上	有三名以上取得《房地产估价师执业资格证书》并登记注册的专职房地产估价师；专职地产估价专业人员（包括注册地产估价师和取得房地产估价员岗位证书的房地产估价员）占职工总数的 70% 以上
从业年限	从事房地产价格评估业务连续四年以上	从事房地产价格评估业务连续三年以上	从事房地产价格评估业务连续二年以上
工作业绩	每年独立承担估价标的建筑物面积 10 万 m^2 以上或土地面积 3 万 m^2 以上的评估项目 5 宗以上	每年独立承担估价标的建筑物面积 6 万 m^2 以上或土地面积 2 万 m^2 以上的评估项目 5 宗以上	每年独立承担估价标的建筑物面积 2 万 m^2 以上或土地面积 8 千 m^2 以上的评估项目 5 宗以上
主营业务	以房地产价格评估为主营业务	以房地产价格评估为主营业务	无规定
营业范围	可以跨省、自治区、直辖市从事各类房地产价格评估	可以在其注册地的省、自治区、直辖市区域内，从事房地产买卖、租赁、抵押、企业兼并、合资入股、司法仲裁等方面的房地产价格评估	可以在注册地城市区域内，从事建筑面积 5 万 m^2、实地面积 1.5 万 m^2 以下的评估项目

临时资格机构的营业范围根据其资金和人员的相应条件确定，可在其注册地城市区域内从事评估业务。

（2）房地产价格评估机构资格申报材料：

1）房地产价格评估机构资格申请书及其主管部门的证明文件；

2）工商登记营业执照复印件；

3）机构的组织章程及主要的内部管理制度；

4）固定经营场所的证明；

5）注册资本验资证明；

6）法人代表及负责人的任职文件；

7）专业技术人员的职称证书、任职文件及聘任合同；

8）经营业绩材料；

9）重要的房地产评估报告；
10）当地房地产管理部门规定的其他文件。

(3) 房地产价格评估机构的资格等级升降及取消评估资格：

新成立的房地产价格评估机构，其资格等级从临时资格开始，从业1年后，再评定正式房地产价格评估机构资格等级。临时资格的最长期限为2年，取得临时资格的房地产价格评估机构在2年内仍达不到三级机构资格条件的，不得再次申请临时资格，也不得继续从事房地产价格评估业务。

房地产价格评估机构资格等级实行动态管理方式。房地产价格评估机构资格等级每2年重新评定一次。根据房地产价格评估机构的实际发展情况，重新授予资格等级证书。房地产价格评估资格等级升级采取依次逐级上升，每次申请升级要间隔2年以上，并不得越级升级。

3．房地产中介服务机构实行年检制度

房地产行政主管部门负责对房地产中介服务机构的年检工作。年检的主要内容为，一年内房地产中介服务机构开展业务活动的基本情况、工作业绩、市场信誉、财务状况等。重点检查是否遵守有关的法律、法规和政策规定；是否遵守自愿、公平、诚实信誉的职业道德；是否按照核准业务范围从事经营活动等。房地产行政主管部门对年检结果进行公布。对不按照要求如期年检的或年检不合格的中介服务机构，不得从事房地产中介服务业务。

(三) 房地产中介服务机构的业务管理

房地产中介服务人员承办业务，应当由其所在房地产中介服务机构与委托人签订书面合同。中介服务人员不得以个人名义承揽业务，也不得个人与委托人签订委托合同。房地产中介服务合同应主要包括以下主要事项：当事人姓名或名称、住所；中介服务项目名称、内容、要求和标准；合同履行期限；收费金额和支付方式、时间；违约责任和纠纷解决方式；当事人约定的其他内容。

在承办业务时，中介服务人员若与委托人、相关当事人有利害关系时，中介服务人员应当实行回避制度并主动告知委托人及所在中介服务机构。委托人有权要求其回避。

房地产中介服务人员承办业务，由其所在中介机构统一受理并与委托人签订书面合同。房地产中介服务人员执行业务可以根据需要查阅委托人的有关资料和文件，查看业务现场和设施，委托人应当提供必要的协作。对委托人提供的资料、文件，中介服务机构和中介服务人员有为委托人保密的义务，未经委托人同意不得转借相关资料、文件。由于房地产中介服务人员失误给当事人造成经济损失的，由所在中介服务机构承担赔偿责任，所在机构可以对有关人员追赔。

在中介服务活动中，中介服务人员不得有下列行为：

（1）索取、收受委托合同以外的酬金或其他财物，或者利用工作之便，牟取其他不正当的利益；

（2）允许他人以自己的名义从事房地产中介服务；

（3）同时在两个或两个以上中介服务机构执行业务；

（4）与一方当事人串通损害另一方当事人利益；

（5）法律、法规禁止的其他行为。

违反上述规定的，县级以上房地产行政主管部门可收回其资格证书或者公告资质证书作废，并可处以1万元以上2万元以下的罚款。

对未取得房地产中介资格擅自从事房地产中介业务的，县级以上房地产行政主管部门责令其停止房地产中介业务，并可处以1万元以上3万元以下的罚款。

对伪造、涂改、转让《房地产估价师执业资格证》、《房地产估价师注册证》、《房地产估价员岗位合格证》、《房地产经纪人资格证》的，县级以上房地产行政主管部门收回资格证书或者公告资格证书作废，并可处以1万元以上3万元以下的罚款。

房地产中介人员在接受委托时应主动向当事人介绍有关中介服务的价格及服务内容，出示收费标准。中介服务费必须由中介服务机构统一收取，并开具发票。

三、房地产中介服务收费

为规范房地产中介服务收费，维护房地产中介服务当事人的合法权益，国家计委、建设部在1995年联合下发了"关于房地产中介服务收费的通知"，对房地产中介服务收费分为三类。

1. 房地产咨询收费

房地产咨询分为口头咨询和书面咨询。口头咨询费按照咨询服务所需时间结合咨询人员专业技术等级由双方协商确定，书面咨询按照咨询报告的技术难度、工作繁简，结合标的额的大小计收。普通咨询报告每份收费300~1000元，技术难度大、情况复杂、耗用时间和人员较多的咨询报告，可适当提高收费标准，但一般不超过咨询标的额的0.5%。

2. 房地产评估收费

房地产评估采用差额定率累进计费，即按房地产价格总额大小划分费用率档次，分档计算各档次的收费，各档收费额累计之和为收费总额。表7-2、表7-3分别为以房产为主、一般宗地评估收费标准。

以房产为主的房地产价格评估收费标准计算表　　　　　　表7-2

档次	房地产价格总额 X	累进计费率	档次	房地产价格总额 X	累进计费率
1	$X \leq 100$ 万元	5‰	5	$5000 < X \leq 8000$ 万元	0.4‰
2	$100 < X \leq 1000$ 万元	2.5‰	6	$8000 < X \leq 10000$ 万元	0.2‰
3	$1000 < X \leq 2000$ 万元	1.5‰	7	$X > 10000$ 万元	0.1‰
4	$2000 < X \leq 5000$ 万元	0.8‰			

宗地价格评估收费标准计算表　　　　　　表7-3

档次	房地产价格总额 X	累进计费率	档次	房地产价格总额 X	累进计费率
1	$X \leq 100$ 万元	4‰	5	$2000 < X \leq 5000$ 万元	0.8‰
2	$100 < X \leq 200$ 万元	3‰	6	$5000 < X \leq 10000$ 万元	0.4‰
3	$200 < X \leq 1000$ 万元	2‰	7	$X > 10000$ 万元	0.1‰
4	$1000 < X \leq 2000$ 万元	1.5‰			

【例7-1】

某宗房地产评估价格为7000万元，则应收评估费为：

$100 \times 5‰ + 900 \times 2.5‰ + 1000 \times 1.5‰ + 3000 \times 0.8‰ + 2000 \times 0.4‰ = 7.45$ 万元

【例 7-2】

某宗土地评估价格为 4010 万元，则应收评估费为：

100×4‰＋100×3‰＋800×2‰＋1000×1.5‰＋2010×0.8‰＝5.408 万元

3. 房地产经纪收费

根据代理项目的不同，房地产经纪费实行不同的收费标准。

房屋租赁代理收费，无论成交的租赁期限长短均按半月至一月成交租金额标准，由双方协商一次性收取。

房屋买卖代理收费，按成交价格总额的 0.5%～2.5% 计收，实行独家代理的，由双方协商，但最高不超过成交价格的 3%。

上述的房地产价格评估、房地产经纪收费为国家制定的最高标准，各地可根据当地实际情况由省、自治区、直辖市价格部门会同房地产、土地管理部门制定当地具体执行的相应的收费标准，对经济特区的收费标准可适当规定高一些，但最高不超过上述标准的 30%。

第二节 房地产估价师执业资格制度

1995 年 1 月 1 日起开始施行的《房地产管理法》第三十三条和第五十八条分别规定："国家实行房地产价格评估制度"和"房地产价格评估人员资格认证制度"，奠定了房地产价格评估业的法制基础。此后，房地产估价作为一项重要的中介活动，已涉及了房地产经济运行的方方面面，如房地产买卖、租赁、交换、抵押、课税、入股、保险、征用、拆迁补偿、分割析产、司法诉讼以及企业的合资、合作、租赁经营、股份制改组等。

一、房地产估价师执业资格考试

房地产估价师是指经全国统一考试，取得《房地产估价则执业资格证书》并经注册登记取得《房地产估价师注册证》后从事房地产估价活动的人员。

（一）考试组织与考试内容

房地产估价师执业资格考试实行全国统一组织、统一大纲、统一命题、统一考试的制度。从 2002 年起该考试每年举办一次，考试成绩实行以两年为一个滚动周期的管理办法。

建设部负责组织考试大纲的拟定、培训教材的编写和命题工作，由房地产估价师学会负责具体工作的实施。房地产估价师执业资格考试分为基础理论和估价实务两部分。

考试科目及内容为：

《房地产基本制度与政策》及《房地产估价相关知识》主要包括房地产管理制度与法规，其中以《城市房地产管理法》、《城市规划法》、《土地管理法》、《城市房屋拆迁管理条例》、《城市房地产抵押管理办法》、《城市房地产中介服务管理规定》等法律、法规为重点。此外，还包括各房地产估价人员应当掌握的经济、金融、保险、证券、拍卖、统计、财务、规划、建筑工程造价、测绘、法律等相关学科的知识。

《房地产开发经营与管理》主要包括房地产投资分析，房地产市场分析、房地产开发等方面知识。

《房地产估价理论与方法》主要包括房地产估价的基本理论、房地产估价中应用的基本办法及其具体应用。

《房地产估价案例与分析》主要包括不同类型房地产估价的特点与估价基本技术路线，通过对不同类型房地产估价案例的分析，考察其实际工作能力与业务水平。

(二) 执业资格考试报考条件

按照《房地产估价师执业资格制度暂行规定》，凡中华人民共和国公民，遵纪守法并具备下列条件之一者，可申请参加房地产估价师执业资格考试：

(1) 取得房地产估价相关学科（包括房地产经营、房地产经济、土地管理、城市规划等，下同）中等专业学历，具有8年以上相关专业工作经历，其中从事房地产估价实务满5年；

(2) 取得房地产估价相关学科大专学历，具有6年以上相关专业工作经历，其中从事房地产估价实务满4年；

(3) 取得房地产估价相关学科学士学位，具有4年以上相关专业工作经历，其中从事房地产估价实务满3年；

(4) 取得房地产估价相关学科硕士学位或第二学位、研究生班毕业，从事房地产估价实务满2年；

(5) 取得房地产估价相关学科博士学位；

(6) 不具备上述规定学历，但通过国家统一组织的经济专业初级资格或审计、会计、统计专业助理级资格考试并取得相应资格，具有10年以上相关专业工作经历，其中从事房地产估价实务满6年，成绩特别突出。

经国家有关部门同意，获准在中华人民共和国境内就业的外籍人员及港澳台地区的专业人员，符合上述规定的，也可报名参加房地产估价师执业资格考试。

报考房地产估价师需要提供以下证明文件：

(1) 房地产估价师执业资格考试报名申请表；

(2) 学历证明；

(3) 实践经历的证明。

房地产估价师执业资格考试合格者，由建设部、人事部联合公告合格人员名单。由人事部或其授权的部门颁发人事部统一印制房地产估价师《房地产估价师执业资格证书》。

二、房地产估价师的注册及继续教育

为了加强对房地产估价师的续期管理，不断提高房地产价格房地产估价师的水平，1998年，建设部发布了《房地产估价师注册管理办法》（建设部第611号令）。2001年建设部对《房地产估价师注册计理办法》进行了修改，并于2001年8月15日以建设部令第100号重新发布。该办法对房地产估价师的初始注册、变更注册、续期注册、撤销注册、执业、权利与义务等做了明确规定。

(一) 注册管理机构

建设部或其授权的部门为房地产估价师的注册管理机构。省、自治区人民政府建设行政主管部门，直辖市人民政府房地产行政主管部门为本行政区域内房地产估价师注册管理初审机构。

房地产估价师注册由本人提出申请，经聘用单位送省级房地产行政主管部门初审后，统一报建设部或其授权的部门注册。准予注册的，建设部发布注册公告，由建设部或其授权的部门核发《房地产估价师注册证》。

（二）房地产估价师注册

房地产估价师注册分为初始注册、续期注册、变更注册、撤销注册。

1. 初始注册

房地产估价师执业资格考试合格人员，受聘在房地产管理部门认定的具有房地产估价资格的机构内从事房地产价格评估工作即具备了注册资格。

房地产估价师执业资格考试合格人员在取得《房地产估价师执业资格证书》后3个月内，应向房地产估价师注册管理机构申请注册。申请注册时，需提供下列证明资料：

（1）本人填写的《房地产估价师执业资格注册申请表》；

（2）《房地产估价师执业资格证书》；

（3）业绩证明；

（4）所在单位考核合格证明。

凡不具备民事行为能力和不能提供上述证明材料的，不予注册。

2. 续期注册及继续教育

该办法规定，房地产估价师申请续期注册的必须在注册有效期内参加中国房地产估价师学会或者其指定机构组织的一定学时估价业务培训，取得继续教育合格证明后方可申请续注册。房地产估价师执业资格注册有效期为三年，有效期满前三个月，房地产估价师应持《房地产估价师注册证》到原注册管理机构申请重新办理注册手续。申请续期注册应提交以下材料：

（1）申请人在注册有效期内的工作业绩和遵纪守法简况；

（2）申请人在注册有效期内参加中国房地产估价师学会或者其指定机构组织的一定学时估价业务培训，取得继续教育合格证书；

（3）申请人所在单位考核合格证明材料。

注册管理初审机构应当自接到上述材料之日起30日内，做出是否准予其续期注册的决定。经注册管理初审管理机构审核认定符合续期注册条件的，应当准予续期注册。并在其房地产估价师注册证上加盖续期注册年限专用章。

注册管理初审机构准予续期注册的，应当于准予续期注册之日起30日内报注册管理机构登记备案。未经登记备案的，其续期注册无效。

3. 变更注册

房地产估价师因工作单位变更等原因，间断在原注册时所在的房地产价格评估机构执业后，如被其他房地产价格评估机构聘用，需办理注册变更手续。注册变更，按照下列程序办理：

（1）申请人向聘用单位提交申请报告；

（2）聘用单位审核同意签字盖章后，连同申请人与原注册时所在单位已办理解聘手续的证明材料，一并上报注册初审机构；

（3）注册初审管理机构审核认定原注册时所在单位已解聘该注册房地产估价师的情况属实，且该房地产估价师符合注册条件的，应当准予注册变更，并在其房地产估价师注册证上加盖注册变更专用章；

（4）注册管理初审机构自准予注册变更之日起30日内，报注册管理机构登记备案。未经登记备案或者不符合注册变更规定的，其注册变更无效。

房地产估价师原注册时所在单位与变更后的所在单位不在同一省、自治区、直辖市的，应当先行办理与原注册时所在单位的解聘手续，并向原受理其注册的注册管理初审机构申请办理撤销注册手续。撤销注册申请被批准后，方可办理注册变更手续。

4. 撤销注册

房地产估价师有下列情况之一的，由注册机构撤销其注册，收回房地产估价师注册证书。

（1）本人未申请续期注册的；
（2）有效期满未获准续期注册的；
（3）完全丧失民事行为能力的；
（4）受刑事处罚的；
（5）死亡或者失踪的；
（6）脱离房地产估价师工作岗位连续时间达 2 年以上（含 2 年）的；
（7）按照有关规定，应当撤销注册的其他情形。

三、房地产估价师的权利和义务

房地产估价师必须在取得房地产估价资质的房地产估价机构执业，由房地产估价机构统一接受委托。在工作中，房地产估价师享有以下权利：

（1）使用房地产估价师名称；
（2）执行房地产估价及其相关业务；
（3）在房地产估价报告书上签字；
（4）对其估价结果进行解释和辩护。

房地产估价师应当履行下列义务：

（1）遵守法律、法规、行业管理规定和职业道德规范；
（2）遵守房地产评估技术规范和规程；
（3）保证估价结果的客观公正；
（4）不准许他人以自己的名义执行房地产估价师业务；
（5）不得同时受聘于两个或者两个以上房地产价格评估机构执行业务；
（6）保守在执业中知悉的单位和个人的商业秘密；
（7）与委托人有利害关系时，应当主动回避；
（8）接受职业继续教育，不断提高业务水平。

房地产估价师应当严格要求自己，不断提高职业道德水准则会和公众面前保持和维护自己以及房地产估价师的行业形象和声誉。

对以不正当手段取得房地产估价师注册证书的，由注册管理机构收回其注册证书或者公告其注册证书作废；对负有直接责任的主要人员和其他直接责任人员，依法给予行政处分。

未经注册擅自以房地产估价师名义从事估价业务的，由县级以上人民政府房地产行政主管部门责令其停止违法活动，并可处以违法所得 3 倍以下但不超过 3 万元的罚款；造成损失的，应当承担赔偿责任。

房地产估价师在估价中故意提高或者降低评估价值额，给当事人造成直接经济损失；利用执行业务之便，索贿、受贿或者谋取除委托评估合同约定收取的费用外的其他利益；

准许他人以自己的名义执行房地产估价师业务的；在两个或者两个以上房地产价格评估机构执行业务的；以个人名义承接房地产估价业务，并收取费用。有以上行为之一的，由县级以上人民政府房地产行政主管部门责令其停止违法活动，并可处以违法所得3倍以下但不超过3万元的罚款；没有违法所得的，可处以1万元以下的罚款。

第三节 房地产经纪人职业资格制度

房地产经纪人员与房地产估价师同属于房地产中介服务人员。房地产经纪活动是活跃的房地产市场不可或缺的重要组成部分。在发达国家的房地产市场中80%以上的房地产交易是由房地产经纪人促成的。房地产经纪人通过经纪活动一方面传播房地产信息，促成交易，节约流通时间和费用，刺激房地产商品的生产和流通；另一方面为交易双方代办事务，为当事人提供便利并保障使房地产交易在一定的规则下规范、有序地进行。虽然，我国房地产经纪随着我国房地产市场的发展，逐步成长起来。但从总体上讲，房地产经纪行业仍然是当前我国房地产市场发育中的一个薄弱环节，经纪机构鱼目混杂、从业人员又良莠不齐、文化程度偏低、法律观念淡薄、职业道德观念不强。这不仅严重影响了房地产经纪行业的良好形象，而且损害了消费者的合法权益，对房地产市场的正常秩序造成了一定冲击。针对房地产经纪行业存在的问题加强管理，建设部、人事部从建立市场准入制度。从加强对经纪人执业资格考试、认证和经纪机构资质的管理入手，制定了《房地产经纪人员职业资格制度暂行规定》和《房地产经纪人执业资格考试实施办法》，以加强房地产经纪行业管理，提高我国房地产经纪人的业务水平和职业道德修养，规范房地产经纪行为，维护消费者权益，使我国房地产经纪行业逐步走上规范有序、公开统一的健康发展轨道。

一、房地产经纪人员资格考试

房地产经纪人员资格考试分为房地产经纪人执业资格考试和房地产经纪人协理从业资格考试。

（一）考试组织与考试内容

（1）房地产经纪人执业资格考试实行全国统一大纲、统一命题、统一组织的考试制度。原则上每年举办一次。建设部负责编制房地产经纪人执业资格，编写考试教材和组织命题工作，组织或授权组织房地产经纪人执业资格的考前培训等有关工作。人事部负责审定房地产经纪人执业资格考试科目、考试大纲和考试试题，组织实施考务工作。会同建设部对房地产经纪人执业资格考试进行检查、监督、指导和确定合格标准。

房地产经纪人执业资格考试分为基础理论和估价实务两部分，重点考察房地产经纪人对基础理论知识及相关知识的掌握程度、评估技术与技巧的熟练程度、综合而灵活地应用基础理论和评估技术解决实际问题的能力。考试科目与内容为：

《房地产基本制度与政策》主要包括房地产管理制度与法规，其中以《城市房地产管理法》、《城市规划法》、《土地管理法》、《城市房屋拆迁管理条例》、《城市房地产抵押管理办法》、《城市房地产中介服务管理规定》等法律、法规、部门规章为重点。

《房地产经纪相关知识》主要包括房地产经纪人应当掌握的经济、法律、金融务、建筑等相关学科的基础知识。

《房地产经纪概论》主要包括房地产经纪业和房地产经纪人的管理、房地产经纪人职业道德、房地产经纪业务分类及管理、国外房地产经纪介绍等。

《房地产经纪实务》主要内容包括房地产市场营销环境分析、房地产市场调查和预测、房地产市场营销组合策略房地产代理、居间业务的知识及运用所学知识对房地产经纪案例进行分析等主要考查其实际工作能力与业务水平。

房地产经纪人执业资格考试原则上每年举行1次，考试时间定于每年的第三季度。考试成绩实行两年为一个周期的滚动管理。参加全部4个科目考试的人员必须在连续两个考试年度内通过应试科目；免试部分科目的人员必须在一个考试年度内通过应试科目。

（2）房地产经纪人协理从业资格实行全国统一大纲，各省、自治区、直辖市命题并组织考试的制度。建设部负责拟定房地产经纪人协理从业资格考试大纲。人事部负责审定考试大纲。

各省、自治区、直辖市人事厅（局）、房地产管理局，按照国家确定的考试大纲和有关规定，在本地区组织实施房地产经纪人协理从业资格考试。

（二）资格考试报名条件

1. 房地产经纪人执业资格考试报名条件

凡中华人民共和国公民，遵守国家法律、法规，已取得房地产经纪人协理资格并具备以下条件之一者，可以申请参加房地产经纪人执业资格考试：

（1）取得大专学历，工作满6年，其中从事房地产经纪业务工作满3年。

（2）取得大学本科学历，工作满4年，其中从事房地产经纪业务工作满2年。

（3）取得双学士学位或研究生班毕业，工作满3年，其中从事房地产经纪业务工作满1年。

（4）取得硕士学位，工作满2年，从事房地产经纪业务工作满1年。

（5）取得博士学位，从事房地产经纪业务工作满1年。

在2005年以前（包括2005年），报名参加房地产经纪人执业资格考试的人员，可以不需要先取得房地产经纪人协理从业资格。凡已经取得房地产估价师执业资格者，报名参加房地产经纪人执业资格考试可免试《房地产基本政策与制度》科目。

房地产经纪人执业资格考试合格者，由各省、自治区、直辖市人事部门颁发人事部统一印制，人事部、建设部用印的《中华人民共和国房地产经纪人执业资格证书》该证书全国范围有效。

2. 房地产经纪人协理资格考试报名条件

凡中华人民共和国公民，遵守国家法律、法规，具有高中以上学历，愿意从事房地产经纪活动的人员，均可申请参加房地产经纪人协理从业资格考试。房地产经纪人协理从业资格考试合格。由各省、自治区、直辖市人事部门颁发人事部、建设部统一格式的《中华人民共和国房地产经纪人协理从业资格证书》。该证书在所在行政区域内有效。

二、房地产经纪人注册

（1）建设部或其授权的部门为房地产经纪人执业资格的注册管理机构。房地产经纪人执业资格注册，由本人提出申请，经聘用的房地产经纪机构所在省、自治区、直辖市房地产管理部门初审。申请注册的人员必须同时具备以下条件：

1) 取得房地产经纪人执业资格证书；

2) 无犯罪记录；

3)身体健康,能坚持在注册房地产经纪人岗位上工作;
4)经所在经纪机构考核合格。

初审合格后,由省、目治区、直辖市房地产管理部门统一报建设部或其授权的部门注册。准予注册的申请人,由建设部或其授权的注册管理机构核发《房地产经纪人注册证》。房地产经纪人执业资格注册有效期一般为三年,有效期满前三个月,持证者应到原注册管理机构办理再次注册手续。再次注册者,除符合上述四项规定外,还须提供接受继续教育和参加业务培训的证明。在注册有效期内,变更执业机构者,应当及时办理变更手续。

经注册的房地产经纪人有下列情况之一的,由原注册机构注销、注册:
1)不具有完全民事行为能力;
2)受刑事处分;
3)脱离房地产经纪工作岗位连续2年(含2年)以上;
4)同时在2个及以上房地产经纪机构进行房地产经纪活动;
5)严重违反职业道德和经纪行业管理规定。

(2)各省级房地产管理部门或其授权的机构负责房地产经纪人协理从业资格注册登记管理工作、每年度房地产经纪人协理从业资格注册登记情况应报建设部备案。

三、房地产经纪人员技术能力与职责

凡从事房地产经纪活动的人员,必须取得房地产经纪人员相应职业资格证书并经注册生效。未取得职业资格证书的人员,一律不得从事房地产经纪活动、取得房地产经纪人执业资格是进入房地产经纪活动关键岗位和发起设立房地产经纪机构的必备条件。取得房地产经纪人协理从业资格,是从事房地产经纪活动的基本条件。

(一)房地产经纪人员职业技术能力

房地产经纪人应当具备下列职业技术能力:

(1)具有一定的房地产经济理论和相关经济理论水平,并具有丰富的房地产专业知识;

(2)能够熟练掌握和运用与房地产经纪业务相关的法律、法规和行业管理的各项规定;

(3)熟悉房地产市场的流通环节,具有熟练的实务操作的技术和技能;

(4)具有丰富的房地产经纪实践经验和一定资历,熟悉市场行情变化,有较强的创新和开拓能力,能创立和提高企业的品牌;

(5)有一定的外语水平。

房地产经纪人协理的职业技术能力:

(1)了解房地产的法律、法规及有关行业管理的规定;

(2)具有一定的房地产专业知识;

(3)掌握一定的房地产流通的程序和实务操作技术及技能。

(二)房地产经纪人员的权利和义务

房地产经纪人享有以下权利:

(1)依法发起设立房地产经纪机构;

(2)加入房地产经纪机构,承担房地产经纪机构关键岗位;

(3)指导房地产经纪人协理进行各种经纪业务;

(4) 经所在机构授权订立房地产经纪合同等重要文件;
(5) 要求委托人提供与交易有关的资料;
(6) 有权拒绝执行委托人发出的违法指令;
(7) 执行房地产经纪业务并获得合理佣金。

房地产经纪人协理享有以下权利:
(1) 房地产经纪人协理有权加入房地产经纪机构;
(2) 协助房地产经纪人处理经纪有关事务并获得合理的报酬。

房地产经纪人、房地产经纪人协理应当履行以下义务:
(1) 遵守法律、法规、行业管理规定和职业道德规范;
(2) 不得同时受聘于两个或者两个以上房地产经纪机构执行业务;
(3) 接受职业继续教育,不断提高业务水平;
(4) 向委托人透露相关信息,充分保障委托人的权益,完成委托业务;
(5) 为委托人保守商业秘密;
(6) 接受职业继续教育,不断提高业务水平。

第四节 房地产中介服务行业自律

随着我国房地产市场快速发展,房地产中介服务也随之得到迅猛发展、房地产中介服务在社会生产、生活领域发挥越来越重要的作用。目前,我国各类房地产中介服务机构超过 2 万家,其中从事房地产价格评估的机构就有 5000 多家,国家一级房地产价格评估机构已达 96 家。提供中介、代理、咨询服务的专职、兼职房地产中介服务人员约有几十万人。我国加入 WTO 后,还将会有一大批国外房地产中介服务机构进入我国房地产中介服务领域,房地产中介服务机构和中介服务人员的数量还将迅速增长。

虽然我国房地产中介服务行业发展较快,但从总体上说,房地产中介服务行业仍然是当前我国房地产市场发育中的一个薄弱环节,特别是一些房地产中介服务机构及中介服务人员职业道德观念不高,存在采取不良经营手法,提供虚假信息,不兑现承诺,不合理收费的行为,不承担因房地产中介服务机构本身误导造成的责任,个别房地产中介服务机构还将风险转嫁给委托人,影响了房地产中介的信誉。这不仅扰乱了市场秩序,而且也严重影响了我国房地产中介服务行业的信誉,不利于其自身的生存与发展。

因此,要进一步规范房地产中介服务行为,除房地产行政管理部门应加强对房地产中介服务机构加强监管外,还要建立房地产中介服务行业自律机制,形成行业行政管理、从业人员自律、行业协会监督相互配合管理体制。

一、房地产中介服务人员的职业道德

法律和道德是两个不同的范畴,在社会活动中,具体的行为往往需要法律和道德共同去调节。法律调节是国家或政府通过强制力来规范具体的行为,而道德调节是一种自律行为,即以人们内心的良知去支配自己的行为。

房地产中介属服务性质;对房地产中介服务人员提出职业道德的要求是规范房地产中介服务的要求。房地产中介服务范围涉及广,因此,房地产中介服务人员除应具备扎实的房地产专业知识,较全面的金融的知识,通晓有关的法律、法规外,对房地产中介服务人

员职业道德要求也很高。如在美国,经纪人如违反职业道德,问题很重的将被暂停或吊销执照。经纪人只要有一次因违反职业道德而被暂停或吊销执照的行为,就会被刊登在经纪人的广告刊物上,从此就不能再从事这一职业,也不会再有人委托他从事中介服务。这种严格的职业道德规范要求从业者必须加强自律,确保了整个行业的健康发展。

我国房地产中介服务行业尚处在发育阶段,房地产中介服务人员更要从维护行业发展、维护行业信誉、维护自身利益的角度出发,在加强业务技能学习,树立现代市场营销观念的同时,不断提高个人职业道德品质修养,做到遵纪守法、诚实待客、严格守信、爱岗敬业,自觉维护职业形象,能促进房地产中介服务的健康发展。

二、房地产中介服务行业协会监督

随着社会主义市场经济的发展,行业协会(学会)在行业自律管理方面将发挥越来越重要的作用。行业协会(学会)是自愿组成、行业自律、自我管理的社团组织。它的主要职责是协助政府开展行业调查,为政府制定行业发展规划、产业政策、政策法规等提供建议外,还有一项职责就是实施行业自律监督,为行业服务。行业协会(学会)主要是通过制定行规、行约,监督行规、行约的执行,进行行业自律性服务管理,维护行业内部的公平竞争,规范行业行为,促进行业地位的提高,树立良好的行业形象。

1994年8月,经国家民政部注册登记,我国组建了房地产中介服务行业中第一个全国性的专业学会——中国房地产估价师学会(英文名称为 China Institute of Real Estate Appraisers,缩写为 CIREA)。它是隶属于国家建设部的全国性社会团体。1999年,国家民政部按照国务院办公厅关于对社会团体进行清理整顿通知的要求,依据国务院发布的《社会团体登记管理条例》规定,对所有社会团体进行清理整顿,中国房地产估价师学会经审核符合要求,予以保留,办理了重新登记。

目前,中国房地产估价师学会现有团体会员近100个,个人会员超过千人。学会下设6个专业委员会,分别为:考试注册委员会、教育培训委员会、学术委员会、国际交流委员会、估价标准委员会、纪检仲裁委员会,并创办了《中国房地产估价师》杂志,开设了中国房地产估价师学会网站(www.circa.org.cn)。

中国房地产估价师学会的主要职责包括:开展房地产估价理论和办法的研究,协助政府有关主管部门进行房地产估价师考试、注册工作,组织房地产估价专业培训和注册房地产估价师继续教育,制订房地产估价行业标准、职业道德规范,开展国际学术交流等。建设部正将一些行业管理职能移交给中国房地产估价师学会。

中国房地产估价师学会在建立房地产估价执业资格,建立和完善行业自律机制方面做了大量的工作,中国房地产估价师学会现主要通过以下工作开展行业自律管理:

(1) 开展行业自律情况的调研工作,为政府制定有关政策提供意见和建议;

(2) 建立行业内部的自律规则,制止低价竞争和价格垄断行为,维护行业内部公平竞争;

(3) 制定行业规范和从业人员道德规范,实施房地产估价师继续教育工作;

(4) 参与房地产价格评估机构资质管理规定和标准的制定工作,实施跟踪管理。

目前,全国有20多个省、市也相继成立了本地区的房地产估价行业组织,如北京、上海、重庆、广东、浙江、海南、内蒙古等省、自治区、直辖市及广州、武汉、郑州、深圳、苏州等城市成立了房地产估价师学会、协会或联合会等地方性行业组织。这些地方性行业组织与中国房地产估价师学会密切配合,在从业人员道德教育,实施行业自律方面都发挥了较大作用,促进了房地产中介服务行业的健康发展。

复 习 题

1. 房地产中介服务包括哪些内容?
2. 设立房地产中介机构应具备的条件有哪些?
3. 报考房地产估价师需提交哪些资料?
4. 房地产经纪人执业考试的内容有哪些?
5. 房地产中介服务的行业自律性组织有哪些?

第八章 物业管理制度与政策

物业管理是一个重要的经济部门,物业管理在整个房地产经营管理中占据重要地位,其作用和意义正在日益显现出来。本章阐述了物业管理基本制度与政策,主要包括以下内容:物业管理概述、物业管理主体、物业管理主要文本和物业管理收费制度等。本章涉及的法律、法规规章主要有:2003年9月1日由国务院制定并实施的《物业管理条例》,2004年1月1日由国家发展与改革委员会和建设部联合制定并实施的《物业服务收费管理办法》,2004年5月1日建设部制定并施行的《物业管理企业资质管理办法》等。

第一节 物业管理概述

一、物业管理的相关概念

(一)物业的来源与含义

"物业"(Estate)或(Property)一词原是香港房地产业中惯用的术语,特指与地产相联系的房产主要是指一个住宅单位或楼宇、建筑物。以前我们对它是很陌生,在20世纪80年代经过媒体的介绍从香港传到深圳到沿海城市及内地已被人们广泛认识并采用。我国最早进行物业管理的城市是广州和深圳,特别是1981年3月深圳市物业管理公司的成立标志着我国物业管理进入一个新的阶段。

从物业管理的角度来讲,所谓的物业是指已经建成并投入使用的各类房屋及与之配套的附属设施和相关场地。各类房屋既包括单栋住宅楼,也包括配套设施齐全的住宅小区以及厂房、商场、写字楼等营利性用房;附属设施和相关场地,是指房屋室内外各类设备、公共市政设施及相邻的庭院绿化、道路、场地等。

本质上物业与房地产是一致的,但在使用上存在差别:物业是单元性的房地产,一般指某个具体的建筑物及相关场地;房地产一般泛指一个国家、地区或城市所有的房地产。物业用于个体而房地产用于整体。

(二)物业管理的含义与目的

根据2003年新颁布的《物业管理条例》第二条的规定:"物业管理是指业主通过选聘物业管理企业,由业主和物业管理企业按照物业服务合同的约定,对房屋及配套设施设备和相关场地进行维修、养护、管理,维护相关区域内的环境卫生和秩序的活动"。"国务院建设行政主管部门负责全国的物业管理活动的监督管理工作"。"县级以上地方人民政府房地产行政主管部门负责本行政区域内物业管理活动的监督管理工作"。

物业管理作为房地产市场的一个消费环节,它是房地产开发经营活动的延续,通过物业管理可以保证和发挥物业的使用功能,使其保值、增值,并为物业所有人和使用人创造和保持整洁、文明、安全、舒适的生活和工作环境,最终实现社会、经济、环境三个效益的统一和同步增长,提高城市的现代文明程度。

二、物业管理的特性

物业管理是一种新型的管理模式，它是社会主义市场经济体制的产物。它与计划经济中传统的房屋管理是不同的，它以经济手段代替了行政手段，以有偿服务代替了无偿服务，因此社会化、专业化、契约化、市场化是现代物业管理的四个基本特性。

1. 社会化

物业管理社会化有两个基本含义，一是物业的所有权人可以到社会上去选聘物业管理企业，国家提倡业主通过公开、公平、公正的市场竞争机制选择物业管理企业；二是物业管理企业可以在社会上去寻找代管的物业，业主与物业管理公司是平等的关系可以互相选择。

2. 专业化

物业管理的专业化是指由物业管理活动是由专业物业管理企业按照产权人和使用人的要求和物业管理合同的约定去实施专业化管理。他的专业化有三层含义：一是有专门的组织机构，具体体现在物业管理企业必须具备一定的专业资质并达到一定的专业水平。二是有专业人员的配备。具体体现在物业管理人员也要有一定的专业技能，要取得相应的专业证书。三是有专门的设备工具。

3. 契约化

物业管理契约化是指由通过契约来确定双方的权利和义务。物业管理法律关系的建立是一个要式法律行为，必须由物业管理法律关系双方签订书面的合同或契约。前期的物业管理合同是由开发商代表业主与物业管理公司签订，而当业主的入住率达到一定比例时就应由业主召开业主大会选出业主委员会，由业主大会授权业主委员会代表全体业主与物业管理公司签订一份新的物业管理合同。物业管理合同必须是以书面形式订立，还必须交由当地的物业管理行政主管部门备案。

4. 市场化

市场化是物业管理的最主要的特点。在市场经济条件下，物业管理公司所提供的物业管理的属性是营利性的，是一种有偿服务，所提供的服务是一种有价的商品，业主和使用人购买并消费这种服务。而且物业管理企业是按照现代企业制度组成并运作，它是一个自主经营自负盈亏的经济实体，既然是企业就要进入市场，通过市场竞争机制和商品经营的方式来实现的商业行为，这就是市场化。

三、物业管理的实施原则

物业管理按产业性质属于服务性行业，其基本出发点是根据社会生产力发展水平和人们对生活需求的变化，运用管理科学、环境生态科学和先进的维修养护技术，运用经济手段管理房产物业，提供全方位、多层次的管理服务。基本原则有以下几项：

1. 服务第一、一切为了人的原则

物业管理服务的对象不是一时、一事、一人而是几年、几十年为社区内的人提供服务。因此，物业管理服务要面向置业人（业主）和使用人，向他们负责，一切为他们着想，以上乘的服务和科学的管理，营造一个舒适、方便、完全、优美的工作和生活环境，这是物业管理的根本宗旨和首要原则。

2. 企业化经营原则

物业管理是通过各类经济性质的物业公司来实现的。物业公司是具有中介性质的执行信托职能的服务性法人企业，它是一种自主经营、自负盈亏、自我约束、自我发展的商品经济实体。因此，物业管理公司在实施管理和提供服务时，必须按照市场经济规律的要求，遵循市场经济的做法，有偿使用，有偿服务。

3. 统一经营、综合管理的原则

这一原则是由城市的现代化，建筑物业的集中化、高级化、综合化和人们居住水平提高的要求决定的。现代房屋的用途往往是多功能的，其使用性质可以由商业、服务业、办公商务和住宅等共同构成，房屋结构相连以及设备相互贯通的整体性和系统性，决定只能通过统一经营、综合管理，才能使各类建筑物和工作、居住环境相协调，以充分发挥房产物业的功能。

4. 契约化原则

即依法通过各种合同、规章、条例对房产物业进行管理的原则，物业管理服务的全部运作过程都建立在契约的基础上，从业主（用户）委员会的建立、委托管理到具体每项经营、服务项目的确定和操作，都必须以一系列的契约为原则。

四、物业管理的基本内容

物业管理涉及的领域相当广泛，几乎包括各类建筑，如高层与多层住宅区、综合办公楼、商业楼宇、工业厂房、仓库、停车场等。尽管物业类型各有不同，使用性质差异很大，但物业管理的基本内容是一样的。社会化、专业化、市场化的物业管理实质是一种综合的经营性管理服务，融管理、经营、服务于一体，在服务中完善经营与管理，三者相互联系、相互促进。物业管理涉及的领域相当广泛，其基本内容按服务的性质和提供的方式可分为：常规性的公共服务、针对性的专项服务和委托性的特约服务三大类。

（一）常规性的公共服务

这是指物业管理中公共性的管理和服务工作，是物业管理企业面向所有业主提供的最基本的管理和服务，其具体内容和要求在物业管理委托合同中应明确规定。因此，物业管理企业就有义务按时、按质提供这类服务；物业产权人、使用人在享受这些服务时也不需要事先再提出或作出某种约定。

其内容主要有以下 10 项：①房屋建筑主体的维护与管理；②房屋共用设备设施及其运行的维护和管理；③公共环境卫生；④绿化管理服务；⑤物业管理区域内公共秩序如保安、消防、交通等；⑥物业管理维修基金的代管服务，这是指物业管理企业接受业主委员会或物业产权人委托，对代管的房屋共用部位共用设施设备维修基金的管理工作；⑦物业档案资料的管理；⑧公共代办性质的服务，指为业主或使用人代收代缴水电费、煤气费、有线电视费、电话费等公共事业收费服务；⑨做好物业管理费用的核收和管理；⑩协助政府进行社会管理事项的服务。

（二）针对性的专项服务

这里是指物业管理企业为满足一些住户、群体和单位的一定需要而提供的专项服务工作，其具体内容和要求一般不在物业管理委托合同中明确规定。其特点是物业管理企业事先设立服务项目，并将服务内容与质量、收费标准公布，当使用人需要这种服务时，可自行选择。专项服务实质上是一种代理业务，为业主提供工作、生活的方便。专项服务是物业管理企业开展多种经营的主渠道。其内容主要有以下 5 项：

（1）日常生活类服务，包括为物业产权人、使用人收洗衣物，为物业产权人、使用人代购日用品、燃料等，代住户清扫卫生，室内装修搬家，接送小孩上学，接受病人看病等；

（2）商业服务，包括商品网点的开发与管理，例如超市等；

（3）文教卫体，包括开办图书馆，健身场所，诊所等；

（4）金融服务类，包括代办各类保险证券等业务；

（5）各类代理中介服务，包括代办物业的租赁、出售等业务。

（三）委托性的特约服务

这里是为满足物业产权人、使用人的个别需求受其委托而提供的服务，通常指在物业管理委托合同中未要求、物业管理企业在专项服务中也未设立，而物业产权人、使用人又提出该方面的需求，此时，物业管理企业应在可能的情况下尽量满足其需求，提供特约服务。特约服务实际上是专项服务的补充和完善。当有较多的住用人有某种需求时，物业管理企业可特此项特约服务纳入专项服务。

上述三大类管理与服务工作是物业管理的基本内容。物业管理企业在实施物业管理时，第一大类是最基本的工作，是必须做好的。同时根据自身的能力和住用人的需求，确定第二、第三大类中的具体服务项目与内容，采取灵活多样的经营机制和服务方式，以人为核心做好物业管理的各项管理与服务工作，并不断拓展其广度和深度。

第二节 物业管理法律关系的主体

物业管理法律关系是指物业管理企业与物业的产权人，使用人之间以法律规定或合同约定确立的一种权利义务关系。物业管理法律关系的主体有物业管理企业、业主、业主委员会、业主大会、房地产行政主管部门等，其中最基本的主体是物业管理企业与业主。

一、物业管理企业

（一）物业管理企业的定义与性质

物业管理企业是依法定程序设立，专门从事土地以上永久性建筑物，基础设施及周围环境的科学管理，为业主提供良好的居住或工作环境实行独立核算、自主经营、自负盈亏的具有独立的企业法人地位的经济组织。国家鼓励物业管理企业采用新技术、新方法、依靠科技进步提高管理和服务水平。

物业管理企业的性质是具有独立的企业法人地位的经济实体。物业管理企业按自主经营、自负盈亏、自我约束、自我发展的机制运行，指导思想是：以服务为宗旨，以经营为手段，以经济效益、社会效益和环境效益的综合统一为目的，物业管理实行的是企业化管理而非行政化管理，这是物业管理企业与房地产行政部门所属的房管所和各自管房单位的房管处的最本质的区别。

（二）物业管理企业的设立

物业管理企业的设立分工商注册登记和资质审批两步。

1. 物业管理企业的注册登记

依据现行的公司法的规定，物业管理公司的设立已经由过去的审核制改成现在的登记制，只要物业管理公司符合法定条件就可以到工商管理部门去申请登记，工商部门审查后认为符合法定条件的就应给予登记并颁发公司企业法人营业执照等证照。

2. 物业管理企业的资质审批

除了进行工商登记外,物业管理企业还必须进行资质审查,到房管部门领取资质证书。根据 2004 年 5 月 1 日新执行的《物业管理企业的资质管理办法》的规定:"新设立的物业管理企业应到当地县级以上人民政府物业管理行政主管部门申请领取《临时资质证书》。物业管理企业在领取《临时资质证书》后方可从事物业管理业务。《临时资质证书》有效期为一年。有效期满后,物业管理企业向物业管理行政主管部门申请三级资质的评定。未获通过的,物业管理行政主管部门应当取消其从事物业管理业务的资格"。具体而言,各资质等级物业管理企业的条件如下:

(1) 一级资质:

1) 注册资本人民币 500 万元以上;

2) 物业管理专业人员以及工程、管理、经济等相关专业类的专职管理和技术人员不少于 30 人。其中,具有中级以上职称的人员不少于 20 人,工程、财务等业务负责人具有相应专业中级以上职称;

3) 物业管理专业人员按照国家有关规定取得职业资格证书;

4) 管理两种类型以上物业,并且管理各类物业的房屋建筑面积分别占下列相应计算基数的百分比之和不低于 100%:

① 多层住宅 200 万 m^2;

② 高层住宅 100 万 m^2;

③ 独立式住宅(别墅)15 万 m^2;

④ 办公楼、工业厂房及其他物业 50 万 m^2;

5) 建立并严格执行服务质量、服务收费等企业管理制度和标准,建立企业信用档案系统,有优良的经营管理业绩。

(2) 二级资质:

1) 注册资本人民币 300 万元以上;

2) 物业管理专业人员以及工程、管理、经济等相关专业类的专职管理和技术人员不少于 20 人。其中,具有中级以上职称的人员不少于 10 人,工程、财务等业务负责人具有相应专业中级以上职称;

3) 物业管理专业人员按照国家有关规定取得职业资格证书;

4) 管理两种类型以上物业,并且管理各类物业的房屋建筑面积分别占下列相应计算基数的百分比之和不低于 100%:

① 多层住宅 100 万 m^2;

② 高层住宅 50 万 m^2;

③ 独立式住宅(别墅)8 万 m^2;

④ 办公楼、工业厂房及其他物业 20 万 m^2;

5) 建立并严格执行服务质量、服务收费等企业管理制度和标准,建立企业信用档案系统,有良好的经营管理业绩。

(3) 三级资质:

1) 注册资本人民币 50 万元以上;

2) 物业管理专业人员以及工程、管理、经济等相关专业类的专职管理和技术人员不少于10人。其中，具有中级以上职称的人员不少于5人，工程、财务等业务负责人具有相应专业中级以上职称；

3）物业管理专业人员按照国家有关规定取得职业资格证书；

4）有委托的物业管理项目；

5）建立并严格执行服务质量、服务收费等企业管理制度和标准，建立企业信用档案系统。

申请评定资质等级的物业管理企业应提交下列材料：

（1）物业管理企业资质等级申报表；

（2）营业执照复印件；

（3）建设部颁发的物业管理企业经理岗位证书、从业人员岗位证书复印件和管理人员、工程技术人员专业技术职务资格证书复印件；

（4）物业管理委托合同复印件；

（5）物业管理业绩材料；

（6）企业上一年财务审计表。

物业管理企业的资质管理实行分级审批制度。一级由省、自治区建设厅、直辖市房地局初审，初审合格后报建设部审批；二、三级由省、自治区建委（建设厅）、直辖市房地局审批，经省、自治区建设厅同意，可由地级以上城市的物业管理主管部门审批，报省、自治区建设厅备案。经资质审查合格的企业，由资质审批部门发给相应等级的《资质证书》。

物业管理企业资质等级实行动态管理，每两年核定一次。对于不符合原定资质等级标准的企业，由资质等级评定初审部门提出降级或吊销资质证书的意见，报审批部门批准后执行。申请升级的物业管理企业将所需材料报初审部门，初审部门将审核意见报审批部门。资质等级升级应依次逐级上升，不得越级升级。

（三）物业管理企业的权利、义务

1. 物业管理企业的权利

（1）根据有关法律、法规、政策和合同的约定，并结合实际情况制定物业管理公约，住户手册，员工手册等管理制度。

（2）依照物业管理委托合同和有关规定收取物业管理服务费。

（3）依照物业管理委托合同和制度对物业实施管理。

（4）制止、处理违反物业管理制度的行为。

（5）要求委托人协助管理。

（6）选聘专业公司承担专项经营服务管理业务。

（7）实行多种经营，补充管理经费。

（8）法律、法规规定的其他权利。

当然经过业主或房屋使用人的特别授权，物业管理公司还可以在授权范围内代理业主或房屋使用人行使部分权利。如特约服务，经业主大会授权，物业管理公司还可以行使业主大会的部分权利。经有关行政管理部门的书面授权，物业管理公司还可以行使部分行政管理职能。

2. 物业管理企业的义务

（1）按照政府主管部门规定的管理质量标准，履行物业管理委托合同，提供物业管理服务。

（2）重大管理措施应提交业主委员会审议并认可，接受业主委员会和业主及使用人的监督。

（3）定期公布物业管理服务费用和代管基金收支账目，接受质询和审计。

（4）接受有关行政主管部门的监督和管理。

（5）协助或组织有关部门提供社区生活服务和开展社区文化活动。

（6）法律、法规规定的其他义务。

二、业主及其权利、义务

（一）业主的基本权利、义务

业主是物业的所有权人，在物业管理活动中业主的基本权利包括两个方面，一是业主的基本权利即业主管理权，业主依法享有对物业共有部分和共同事务进行管理的权利；二是通过业主大会和业主委员会行使的权利。

具体地说，在物业管理中，业主在物业管理活动中，享有下列权利：

（1）按照物业服务合同的约定，接受物业管理企业提供的服务；

（2）提议召开业主大会会议，并就物业管理的有关事项提出建议；

（3）提出制定和修改业主公约、业主大会议事规则的建议；

（4）参加业主大会会议，行使投票权；

（5）选举业主委员会委员，并享有被选举权；

（6）监督业主委员会的工作；

（7）监督物业管理企业履行物业服务合同；

（8）对物业共用部位、共用设施设备和相关场地使用情况享有知情权和监督权；

（9）监督物业共用部位、共用设施设备专项维修资金（以下简称专项维修资金）的管理和使用；

（10）法律、法规规定的其他权利。

业主在物业管理活动中，履行下列义务：

（1）遵守业主公约、业主大会议事规则；

（2）遵守物业管理区域内物业共用部位和共用设施设备的使用、公共秩序和环境卫生的维护等方面的规章制度；

（3）执行业主大会的决定和业主大会授权业主委员会作出的决定；

（4）按照国家有关规定交纳专项维修资金；

（5）按时交纳物业服务费用；

（6）法律、法规规定的其他义务。

（二）非业主使用人及其权利、义务

非业主使用人（通常简称为使用人）是指不拥有物业的所有权，但通过某种形式（如签订租赁合同）而获得物业使用权，并实际使用物业的人。

由于非业主使用人首先与业主发生关系（如租赁关系），非业主使用人的基本权利、义务就受到租赁合同的一定限制。即在租赁合同中，要明确阐明业主赋予非业主使用人哪些权利、义务。同时，非业主使用人作为物业的实际使用人，也是物业管理服务的对象，也是享有物业管理委托合同约定的相应的权利、义务。

非业主使用人和业主在权利上的最大区别是非业主使用人没有对物业的最终处置权，例如物业的买卖等。

三、业主大会

（一）业主大会的含义、性质

业主大会由物业管理区域内全体业主组成，是物业内最高的决策机构，业主人数较多的，也可以按比例推选业主代表，组成业主代表大会（业主大会或者业主代表大会以下统称为"业主大会"）。业主大会是决定物业重大管理事项的业主自治管理组织。

（二）业主大会的召开

业主大会包括首次业主大会、定期会议和临时会议。同一个物业管理区域内的业主，应当在物业所在地的区、县人民政府房地产行政主管部门的指导下成立业主大会，并选举产生业主委员会，这就是首次业主大会；业主大会每年至少召开一次，按照业主大会议事规则的规定，由业主委员会负责召集，这称为定期会议；经本物业区域内20%及以上的业主提议，业主委员会应当就其所提议题组织召开业主大会，称为临时会议。但是只有一个业主或业主人数较少且经过全体业主一致同意决定不成立业主大会的，由业主共同履行业主大会业主委员会的职责。召开业主大会会议的，应于会议召开前15日以前通知全体业主，住宅小区的业主大会会议，应当同时告知相关的居民委员会。

业主大会会议可以采用集体讨论的形式，也可以采用书面征求意见的形式，应当有物业管理区域内持有1/2以上投票权的业主参加。业主可以书面委托代理人出席业主大会，业主大会可以邀请使用人代表列席。业主大会，根据新实行的《物业管理条例》规定：业主大会作出的决定，必须经与会业主所持投票权1/2以上通过，业主大会作出制定和修改业主公约、业主大会议事规则，选聘和解聘物业管理企业，专项维修资金使用和续筹方案的决定，必须经物业管理区域内的全体业主所持投票权2/3以上通过。业主大会的决定对物业管理区域内的全体业主具有约束力。

（三）业主大会的投票权

一般而言，业主的投票权，住宅的物业通常按每户计算表决权，即每套住宅的业主一票；工业厂房、商业用房等非住宅的物业投票权，原则上按照业主拥有的物业建筑面积计票，通常每一百平方米计一票，超出部分依四舍五入的原则，具体操作应在业主公约或业主大会章程中明确。

（四）业主大会履行下列职责

（1）制定、修改业主公约和业主大会议事规则；
（2）选举、更换业主委员会委员，监督业主委员会的工作；
（3）选聘、解聘物业管理企业；
（4）决定专项维修资金使用、续筹方案，并监督实施；
（5）制定、修改物业管理区域内物业共用部位和共用设施设备的使用、公共秩序和环境卫生的维护等方面的规章制度；
（6）法律、法规或者业主大会议事规则规定的其他有关物业管理的职责。

四、业主委员会

（一）业主委员会的含义

业主委员会是经业主大会选举产生并经房地产行政主管部门登记，代表全体业主实施自治管理的群众性组织，业主委员会是作为业主大会的常设机构和执行机构，对业主大会负责，维护全体业主的利益，并受业主大会和广大业主监督。

（二）业主委员会的成立

业主委员会应当自选举产生之日起 30 日内，到物业所在地的区、县房地产行政主管部门备案。业主委员会委员应当由热心公益事业、责任心强、具有一定组织能力的业主担任。业主委员会委员一般由不少于 5 个的单数组成，业主委员会设主任 1 名和副主任 1～2 名，由业主委员会委员中推选产生。业主委员会委员每届任期 2 年，可以连任。

（三）业主委员会履行下列职责

(1) 召集业主大会会议，报告物业管理的实施情况；

(2) 代表业主与业主大会选聘的物业管理企业签订物业服务合同；

(3) 及时了解业主、物业使用人的意见和建议，监督和协助物业管理企业履行物业服务合同；

(4) 监督业主公约的实施；

(5) 业主大会赋予的其他职责。

第三节　业主公约和物业管理委托合同

物业管理当事人的关系很复杂又很广泛，因此一般需要用书面形式加以明确，常见的有业主公约、业主委员会章程、住户手册、物业管理合同等。1997 年 8 月，建设部、国家工商行政管理局制订了《物业管理委托合同》示范文本，建设部 1997 年 8 月制订了《业主公约》示范文本，1999 年 10 月制订了《前期物业管理服务协议》，这三个示范文本现已成为物业管理中规范物业管理行为，保护当事人的合法权益，减少物业管理纠纷不可缺少的规范性文件。下面介绍常见的两个文本即《业主公约》和《物业管理委托合同》。

一、业主公约

业主公约是一种公共契约，属于协议、合约的性质。它是由全体业主承诺共同订立的，对全体业主(也包括非业主使用人)有共同约束力的有关业主在物业使用、维修和管理等方面权利义务的行为守则。

业主公约是物业管理中的一个重要的基础性文件。它一般是由业主委员会依据政府制定的示范文本，结合物业的实际情况进行修改补充，经业主大会讨论以参加业主大会的 2/3 以上的表决权通过生效。在第一次业主大会召开之前，最初的业主公约可由物业管理企业依据政府制定的示范文本代为拟定，提交第一次业主大会讨论通过，并经业主签字后生效。以后根据实际情况进行的修订则只需业主大会讨论通过即生效。

业主大会、业主委员会作出的各项决定，不得与法律、法规、政策相抵触。国家建设部为了促进物业管理工作的规范化，便于业主和物业管理部门制订规范合理的《业主公约》，专门制定了作为示范文本的《业主公约》。主要包括以下几个内容：

(1) 住宅区名称、地点、面积、户数；

(2) 公共场所及公共设施状况；

(3) 业主大会的召集程序及住宅区重大事项决定方式；

(4) 业主使用其住宅和住宅区内公共场地以及公用设施的权益；

(5) 业主参与住宅区物业管理的权利;
(6) 业主对业主委员会及物业管理公司的监督权;
(7) 住宅区物业各项维修、养护和管理费的缴纳;
(8) 业主在本住宅区内应遵守的行为准则;
(9) 违反业主公约的责任等。

二、物业管理合同

(一) 物业管理合同的概念和性质

1. 物业管理合同的概念

物业管理合同是物业所有人委托物业管理公司进行物业管理而签订的,明确双方权利义务关系的协议,是一方委托另一方完成一定的工作而签订的协议。作为合同的当事人业主、开发商、物业管理公司等之间是平等的关系,同样应当遵守《中华人民共和国合同法》的有关规定。

2. 物业管理合同的性质

物业管理合同属于我国合同分类中的委托合同,委托合同是受托人以委托人的名义为委托人处理委托事务,委托人支付约定报酬的协议。物业管理合同既可以发生在法人之间,也可以发生在公民与法人之间。与一般的物业交易不同,物业管理委托合同的客体是劳务即物业管理服务行为。

(二) 物业管理合同的类型

物业管理合同按委托人的不同和签订的先后顺序分为三种。

(1) 房地产开发企业或公房出售单位与物业管理企业签订的《物业管理委托合同》。

这是针对前期物业管理服务所签订的,是实施物业管理的第一个合同。合同甲方是房地产开发企业或公房出售单位;合同乙方是甲方选聘的物业管理企业。该合同的效力至业主委员会与其选聘的物业管理企业签订的物业管理合同生效时止。

(2) 前期物业管理服务协议。前期物业管理服务协议是房屋出售单位和其委托的物业管理企业与购房人(业主)签订的。协议甲方是房屋出售单位,包括房地产开发企业和公房出售单位。协议乙方是购房人(业主)。前期物业管理服务协议的效力自房屋出售之日起至业主委员会与物业管理企业签订的《物业管理合同》生效时止,该协议应作为物业销售(预售)合同的必备条件。

特别需要指出的是,《前期物业管理服务协议》是在购房人与售房单位或其委托的物业管理企业之间分别签订的,有时是在房屋预售时签订的。为确保双方的权益及所有购房人权利义务的一致,该协议应以建设部颁布的示范文本为依据,结合本物业情况制定细则,并经政府行政主管部门备案后签订。在同一物业管理区域内,前期物业管理服务协议中凡涉及物业购买人共同利益的约定应当一致。业主委员会代表全体业主与物业管理企业签订的《物业管理委托合同》。

(3) 业主委员会和新聘的物业管理公司签订的《物业管理合同》。这是小区业主委员会成立后,通过业主大会的授权,业主委员会重新选聘物业管理企业。合同甲方是业主委员会,合同乙方是其选聘的物业管理企业。该合同一经签订,原房地产开发企业或出售单位与物业管理企业所签订的《物业管理委托合同》,购房人与售房单位或其委托的物业管理企业《前期物业管理服务协议》即自行失效。

（三）物业管理合同的内容

为规范物业管理的行为，建设部制订立上述两种《物业管理委托合同》、《前期物业管理服务协议》的示范文本。物业管理合同和前期物业管理服务协议的主要内容包括：①当事人和物业的基本情况；②双方的权利义务；③物业管理服务事项和服务质量要求；④物业管理服务费用的标准和收取办法；⑤维修基金的管理与使用；⑥合同的期限、合同中止和解除的约定；⑦违约责任及解决纠纷的途径；⑧双方当事人约定的其他事项。下面附上《前期物业管理服务协议》的范本。

前期物业管理服务协议（示范文本）

本协议当事人：
甲方：_____
乙方：_____

甲方是指：1.房地产开发单位或其委托的物业管理企业；2.公房出售单位或其委托的物业管理企业。

乙方是指：购房人（业主）。

前期物业管理是指：自房屋出售之日起至业主委员会与物业管理企业签定的《物业管理合同》生效时止的物业管理。

本物业名称：_____
乙方所购房屋销售（预售）合同编号：_____
乙方所购房屋基本情况：
类型_____
坐落位置_____
建筑面积_____ m²

根据有关法律、法规，在自愿、平等、协商一致的基础上，在乙方签订《房屋买卖（预售）合同》时，甲乙双方就前期物业管理服务达成如下协议：

第一条 双方的权利和义务

一、甲方的权利义务

1. 对房屋共用部位、共用设施设备、绿化、环境卫生、保安、交通等项目进行维护、修缮、服务与管理；

2. 根据有关法规和政策，结合实际情况，制定本物业的物业管理制度和《物业使用守则》并书面告知乙方；

3. 建立健全本物业的物业管理档案资料；

4. 制止违反本物业的物业管理制度和《物业使用守则》的行为；

5. 物业管理企业可委托专业公司承担本物业的专项管理与服务业务，但不得将本物业的整体管理责任转让给第三方；

6. 依据本协议向乙方收取物业管理费用；

7. 编制物业管理服务及财务年度计划；

8. 每_____个月向乙方公布物业管理费用收支账目；

9. 提前将装饰装修房屋的注意事项和限制条件书面告知乙方，并与乙方订立《房屋装饰装修管理协议》；

10. 不得占用本物业的共用部位、共用设施设备或改变其使用功能；

11. 向乙方提供房屋自用部位、自用设施设备维修养护等有偿服务；

12. 自本协议终止时起5日内，与业主委员会选聘的物业管理企业办理本物业的物业管理移交手续，物业管理移交手续须经业主委员会确认；

13. _____。

二、乙方的权利义务

1. 参加业主大会或业主代表大会，享有选举权、被选举权和监督权；

2. 监督甲方的物业管理服务行为，就物业管理的有关问题向甲方提出意见和建议；

3. 遵守本物业的物业管理制度和《物业使用守则》；

4. 依据本协议向甲方交纳物业管理费用；

5. 装饰装修房屋时，遵守《房屋装饰装修管理协议》；

6. 不得占用、损坏本物业的共用部位、共用设施设备或改变其使用功能，因搬迁、装饰装修等原因确需合理使用共用部位、共用设施设备的，应事先通知甲方，并在约定的期限内恢复原状，造成损失的，给予赔偿；

7. 转让房屋时，事先通知甲方，告知受让方与甲方签订本协议；

8. 对承租人、使用人及访客等违反本物业的物业管理制度和《物业使用守则》等造成的损失、损害承担民事责任；

9. 按照安全、公平、合理的原则，正确处理物业的给排水、通风、采光、维修、通行、卫生、环保等方面的相邻关系，不得侵害他人的合法权益；

10. _____。

第二条 物业管理服务内容

一、房屋共用部位的维护和管理

共用部位是指房屋主体承重结构部位（包括基础、内外承重墙体、柱、梁、楼板、屋顶等）、户外墙面、门厅、楼梯间、走廊通道、_____等。

二、房屋共用设施设备及其运行的维护和管理

共用设施设备是指共用的上下水管道、落水管、水箱、加压水泵、电梯、天线、供电线路、通讯线路、照明、锅炉、供热线路、供气线路、消防设施、绿地、道路、路灯、沟渠、池、井、非经营性车场车库、公益性文体设施和共用设施设备使用的房屋、_____等。

三、环境卫生

1. _____；

2. _____。

四、保安

1. 内容

(1) 协助公安部门维护本物业区域内的公共秩序；

(2) _____。

2. 责任

(1) _____；

(2) _____。

五、交通秩序与车辆停放

1. 内容

(1) _____；

(2) _____。

2. 责任

(1) _____；

(2) _____。

六、房屋装饰装修管理

见附件：《房屋装饰装修管理协议》

第三条 物业管理服务质量

一、房屋外观：

1. _____；

2. _____。

二、设备运行：

1. _____；

2. _____。

三、共用部位、共用设施设备的维护和管理：

1. _____；

2. _____。

四、环境卫生：

1. _____；

2. _____。

五、绿化：

1. _____；

2. _____。

六、交通秩序与车辆停放：

1. _____；

2. _____。

七、保安：

1. _____；

2. _____。

八、消防：

1. _____；

2. _____。

九、房屋共用部位、共用设施设备小修和急修：

小修：

1. _____；

2. _____。

急修：
1. _____；
2. _____。
十、_____。

第四条　物业管理服务费用(不包括房屋共用部位、共用设施设备大中修、更新、改造的费用)

一、乙方交纳费用时间：_____；
二、住宅按建筑面积每月每平方米_____元；
三、非住宅按建筑面积每月每平方米_____元；
四、因乙方原因空置房屋按建筑面积每月每平方米_____元；
五、乙方出租物业的，物业管理服务费用由乙方交纳；
六、乙方转让物业时，须交清转让之前的物业管理服务费用；
七、物业管理服务费用标准按_____调整；
八、每次交纳费用时间：_____。

第五条　其他有偿服务费用

一、车位及其使用管理服务费用：

机动车　1. _____；
　　　　2. _____。
非机动车1. _____；
　　　　2. _____。

二、有线电视：
　　　　1. _____；
　　　　2. _____。

三、_____。

第六条　代收代缴收费服务

受有关部门或单位的委托，甲方可提供水费、电费、燃(煤)气费、供暖费、房租等代收代缴收费服务(代收代缴费用不属于物业管理服务费用)，收费标准执行政府规定。

第七条　维修基金的管理与使用

一、根据_____规定，本物业建立共用部位共用设施设备保修期满后大中修、更新、改造的维修基金。乙方在购房时已向_____交纳维修基金_____元。
二、维修基金的使用由甲方提出年度使用计划，经当地物业管理行政主管部门审核后划拨。
三、维修基金不敷使用时，经当地物业管理行政主管部门审核批准，按乙方占有的房屋建筑面积比例续筹。
四、乙方转让房屋所有权时，结余维修基金不予退还，随房屋所有权同时过户。
五、_____。

第八条　保险

一、房屋共用部位、共用设施设备的保险由甲方代行办理，保险费用由全体业主按各自所占有的房屋建筑面积比例分摊；

二、乙方的家庭财产与人身安全的保险由乙方自行办理；

三、_____。

第九条　广告牌设置及权益

_____。

第十条　其他约定事项

_____。

第十一条　违约责任

一、甲方违反协议，未达到管理服务质量约定目标的，乙方有权要求甲方限期改正，逾期未改正给乙方造成损失的，甲方承担相应的法律责任；

二、乙方违反协议，使甲方未达到管理服务质量约定目标的，甲方有权要求乙方限期改正，逾期未改正给甲方造成损失的，乙方承担相应的法律责任；

三、甲方违反协议，擅自提高收费标准或乱收费的，乙方有权要求甲方清退所收费用，退还利息并支付违约金；

四、乙方违反协议，不按本协议约定的收费标准和时间交纳有关费用的，甲方有权要求乙方补交并从逾期之日起按每天_____交纳违约金，或_____；

五、_____。

第十二条　为维护公众、业主、使用人的切身利益，在不可预见情况下，如发生煤气泄漏、漏电、火灾、水管破裂、救助人命、协助公安机关执行任务等突发事件，甲方因采取紧急措施造成乙方必要的财产损失的，双方按有关法律规定处理。

第十三条　在本协议执行期间，如遇不可抗力，致使协议无法履行，双方按有关法律规定处理。

第十四条　本协议内空格部分填写的文字与印刷文字具有同等效力。

本协议中未规定的事宜，均遵照国家有关法律、法规和规章执行。

第十五条　本协议在履行中如发生争议，双方协商解决或向物业管理行政主管部门申请调解；协商或调解无效的，可向_____仲裁委员会申请仲裁，或向人民法院起诉。

第十六条　本协议正本连同附件共_____页，一式两份，甲乙双方各执一份，具有同等法律效力。

第十七条　在签订本协议前，甲方已将协议样本送_____（物业管理行政主管部门）备案。

第十八条　本协议自签字之日起生效。

甲方签章：_____　　乙方签章：_____

代表人：_____　　　代表人：_____

　　　　　　　　　　　　　　　　年　　月　　日

第四节　物业管理收费及其依据

一、物业管理服务费

（一）物业管理服务费的概念

在物业管理中，收费的问题是广大业主关注的热点，也是实施物业管理的难点，2004年1月1日，由国家计委，建设部联合颁发的《物业管理服务收费管理办法》对服务费用收取的原则和服务费用的内容作了具体规定。物业管理服务收费是指物业管理企业承包按照物业服务合同的约定，对房屋及其配套的设施、设备和相关场地进行维修、养护、管理、维护相关区域的环境卫生和秩序，向业主所收取的费用。

（二）物业管理服务费收费原则及费用构成

根据《物业管理服务收费管理办法》的规定，物业管理收费应当遵循合理、公开以及费用与服务水平相适应的总原则。国家鼓励物业管理企业开展正当的价格竞争，禁止价格垄断和牟取暴利行为。

物业管理服务收费包括公共性服务费和特约服务费两大类，物业管理服务收费应当根据所提供服务的性质、特点等不同情况，分别实行政府指导价和市场调节价。

所谓的政府指导价是由省人民政府价格行政主管部门会同建设行政主管部门制定。县级以上人民政府价格行政主管部门可以在政府指导价范围内，结合当地实际情况，确定当地的收费标准。物业管理企业根据实际提供的服务项目和各项费用开支情况，向物价部门申报、审核。所谓的市场调节价是指由物业管理企业与业主或业主代表组织协商制定，并将收费项目标准向当地物价部门备案。

依《价格法》第六条的规定，除重要的公益性服务适用政府指导价或政府定价外，服务价格都实行市场调节价，在物业管理中实行政府指导价的主要是公共性服务，主要包括以下几项：

（1）管理、服务人员工资和福利费；

（2）公共设施设备运行、维修、保养费；

（3）清洁卫生费；

（4）绿化费；

（5）保安费；

（6）办公费；

（7）物业管理单位固定资本折旧费；

（8）法定税费。

（三）物业管理收费的依据

物业管理收费的依据主要表现在两个方面：一是合同的约定；二是法律的规定。

1. 合同的约定

物业管理委托合同是一种有偿的劳务合同，委托人通过付出一定费用获得管理公司的专业服务；与之相对应，物业管理公司也正是通过提供管理服务收取费用，赚取利润，从而维持公司的经营与发展。

物业管理公司收取费用的基础是其提供的管理服务需要付出成本和劳务，以及作为经营公司应赚取的合理的利润。鉴于此，物业管理合同可以在科学测算管理成本、合理安排劳动力的情况下确定一个收费标准。

2. 法律的规定

根据《中华人民共和国价格法》的规定，物业管理收费是一种服务收费，即是属于服务价格。依《价格法》第六条的规定，服务价格除重要的公益性服务适用政府指导价或政府定价外，一般的服务价格都实行市场调节价。依该法第八条规定："经营者定价的基本依据是生产经营成本和市场供求状况。"物业管理收费是否属于《价格法》所说的"重要的公益性服务价格"，不能一概而论。如果是经营性物业（如高档写字楼）的管理收费，应主要取决于企业结合经营成本和市场供求的定价；但住宅小区，尤其是一般经济住宅小区的物业收费涉及千家万户，收入层次也参差不齐，政府完全不干预是不行的，正因为如此，现在各地通常会发布一些政府限价，即根据物业的区域（如是郊县还是市区）、档次、设备（如有无电梯）等公布几种限制价格。在这个限价范围内，物业管理公司可以同业主以协议的方式确定或变更价格。例如广州市有关部门的物业管理收费规定为：

（1）多层住宅物业：细分成四级，分别定价为：一级按优质优价的原则确定，二级每平方米 0.75 元（装有电梯的每平方米 1.00 元），三级每平方米 0.50 元，四级每平方米 0.40 元。

（2）高层住宅物业：分成五级，分别定价为：一级按优质优价原则确定，二级每平方米 1.95 元，三级每平方米 1.55 元，四级每平方米 1.30 元，五级每平方米 1.00 元。

（3）高尚住宅、别墅区：主要依据业主的要求和所提供的服务内容、质量和深度，按优质、优价原则确定。

上述标准是最高标准，物业管理公司不能超过相应收费标准收费。物业管理公司服务内容或质量达不到有关部门规定要求时，应减低收费标准。此外，以上收费标准已包括代收水电费、上门收垃圾、防盗门维护等专项服务费，物业管理公司不得就这些专项服务再收费。

（四）物业服务收费的管理

（1）管理服务收费实行明确标价，物业管理公司收费的项目和标准应当向业主公布。

（2）业主入户后，预付不超过三个月的物业管理服务费。业主购买期房，应交付自住宅交付使用之日（按住宅局签发的住宅交付使用许可证为准）起至办理入户手续时的物业管理服务费和不超过三个月的物业管理服务费的预付款；业主购买现房，应交付自转让合同生效之日起至办理入户手续时的物业管理服务和不超过三个月的物业管理服务费预付款。

（3）业主或使用人装修住宅，应事先告知物业管理企业。物业管理企业应当将装修住宅的禁止行为和注意事项告知业主或者使用人。业主入户时不需要再交付装修押金。

（4）物业管理企业在物业管理委托合同约定以外自行提供服务收费的，业主或者使用人可以不支付。其他部门委托物业管理企业代办收费的，业主或者使用人可以不支付，若要收费的，应经物价部门认可。业主在交费时，可向物业管理企业提出查看代办委托的物价部门认可的有关证明。

（5）开发企业为房屋添置的任何设施（包括每幢住宅的防盗门），应按规定计入房屋转让总价格中，不应在业主入户时，另增收费项目。

二、物业管理维修基金

（一）物业管理维修基金的含义

1998 年，建设部和财政部制定了《住宅共用部位、共用设施设备维修基金管理办法》（建住房〔1998〕213 号），非住宅商品房可以参照该办法执行，物业管理维修基金才开始确立，物业维修基金是指物业公共部位、公共设施设备发生损坏时，进行中修、大修、翻修和更新改造等所需储存的资金。

物业的共用部位是指物业主体承重结构部位(包括基础、承重墙体、柱、梁、楼板、屋顶等)、户外墙面、门厅、楼梯间、走廊通道等。

物业的共用设备设施是指物业区域内,由全体业主共同拥有并使用的上下水管道、落水管、水箱、加压水泵、电梯、天线、供电线路、共用照明、消防设施、绿地、道路、沟渠、池井、非经营性停车场库、公益性文体设施和共用设备设施使用的房屋等。

(二)维修基金的筹集

维修基金属全体业主所有,专项用于物业共用部位、共用设备、设施保修期满后的大中修和更新、改造,这些费用一旦需要支出,数额巨大,单靠日常管理收费无法负担。因此,有必要以基金形式事先提取。维修基金的筹集分以下两种情况:

一种情况是商品住房在销售时,购房者与售房单位应当签订有关维修基金缴交约定。购房者应当按购房款2%~3%的比例向售房单位缴交维修基金,收取比例由省、自治区、直辖市人民政府房地产行政主管部门确定,售房单位代为收取的维修基金属全体业主共同所有。

另一种情况是由房地产建设单位负责筹集在向业主委员会移交管理权时交由业主委员会管理。例如,《广东省物业管理条例》第三十二条业主委员会应当设立物业管理维修基金。物业管理维修基金由物业建设单位按物业总投资的2%,在向业主委员会移交物业管理权时,一次性划拨给业主委员会,其所有权属全体业主共同所有。

如果遇到某些重大原因,维修基金不敷使用时,经当地房地产行政主管部门或业主委员会研究决定,按业主占有的住宅建筑面积比例向业主续筹。具体办法由市、县人民政府制定。

(三)维修基金的使用与管理

1. 维修基金的使用

维修基金的使用执行《物业管理企业财务管理规定》,专项用于住宅共用部位、共用设施设备保修期满后的大修、更新、改造。

业主委员会成立前,维修基金的使用由售房单位或售房单位委托的管理单位提出使用计划,经当地房地产行政主管部门审核后划拨。业主委员会成立后,维修基金的使用由物业管理企业提出年度使用计划,经业主委员会批准后实施。

2. 维修基金的管理

维修基金属于代管基金,因此,必须加强对维修基金的管理。其要点主要有:

(1)业主委员会成立前,维修基金由当地房地产行政主管部门代管,具体做法是:商品住宅房销售,在业主办理房屋权属证书时,销售单位将代收的维修基金移交给当地房地产行政主管部门代管;公有住房售后维修基金管理的具体办法(即如何移交),由市、县财政部门和房地产行政主管部门共同制定,经当地人民政府批准后实施。

(2)业主委员会成立后,经业主委员会同意,房地产行政主管部门将维修基金移交给物业管理企业代管。物业管理企业代管的维修基金,应当定期接受业主委员会的检查和监督。物业管理企业发生变换时,代管的维修基金账目经业主委员会审核无误后,应当办理账户转移手续。账户转移手续应当自双方签字盖章之日起10日内送当地房地产行政主管部门和业主委员会备案。

(3)物业管理维修基金由县级以上人民政府物业管理行政主管部门设立专款账户代为

管理，不得挪作他用。维修基金自存入维修基金专户之日起按规定计息。维修基金净收益转作维修基金滚存使用和管理。为了保证维修基金的安全，维修基金闲置时，除可用于购买国债或者用于法律、法规规定的其他范围外，严禁挪作他用。维修基金明细账户一般按单幢住宅设置，具体办法由市、县房地产行政主管部门制定。

（4）物业管理公司应当每半年公布一次物业管理维修基金的使用情况，接受业主和业委员会的监督。

（5）业主转让房地产所有权时，结余维修基金不予退还，随房屋所有权同时过户。

（6）因房屋拆迁或者其他原因造成住房灭失的，维修基金代管单位应当将维修基金账面余额按业主个人缴交比例退还给业主。

（7）各级房地产行政主管部门和财政部门负责指导、协调、监督维修基金的管理和使用。市、县财政部门和房地产行政管理部门应当制定维修基金使用计划批报管理制度、财务决算管理制度、审计监督制度以及业主的查询和对账制度等。

【例8-1】

牛小姐是早期搬进某花园小区的住户，刚入住时住户较少，十分清静。渐渐地小区住满了，热闹起来。牛小姐的邻居是最近搬来的新住户王先生，两家门户相对。自从王先生入住以来，牛小姐就没有感到清静过。每天王先生都往房门前扔大量的垃圾，并且，王先生房里在晚上总传来刺耳的音响声，直到深夜，吵得牛小姐无法在晚上看书学习和入睡。牛小姐多次向王先生提出意见，都没有见效，牛小姐无奈，认为物业管理公司接受委托合同、承担管理责任，它出面调解更加合乎情理。因为它本身就有维护小区工作、生活环境正常的义务。后物业管理公司出面协调，王先生说："我在自己家里，有自由自在生活的权利，你们谁也管不着，你物业管理公司只管外面的事就行了。"他依旧我行我素，物业管理公司的行为没有见效。牛小姐没有办法，以物业管理公司没有尽管理职责向有关行政部门投诉。

点评：

物业管理中的当事人权利义务很复杂，一般需以文书形式明确规定。物业业主作为房地产产权人，并不意味着可以随心所欲地使用该物业。一个住宅小区，就是一个社会，每个人的自由都需要他人限制，因为个人的自由权是以不侵犯他人的自由权为前提的。自由不是绝对的，而是相对的，当你的行为影响到别人，侵犯了别人已有的权利时，你的行为就应该受到限制。在本案例中，王先生的行为虽然不是违法行为，是正常的日常生活行为，但当他对别人造成一定的影响时，他就应该受到约束和限制。从理论上来说，业主们可以通过业主大会和业务会来民主决定住宅小区的许多事情，因为物业管理涉及到人们的日常生活，并不总是需要警察或法庭来严肃处理，最好的办法就是以业主公约来规范业主的日常生活行为。本案例最终是由行政部门从中调解，由物业管理公司协助组织召开业主大会，制定和通过了业主公约，公约要求每个业主要按约定行事，否则就违反了相互之间的承诺，构成违约。

【例8-2】

独身女士吴某购买了建翔房地产开发公司的一套《绿×花园小区》住宅，入住二年后的某日晚间在室内被抢劫犯杀害，其父母以建翔房地产开发公司售房时有物业管理承诺为由向法院起诉,请求法院判决建翔房地产开发公司赔偿丧葬费、赡养费、财产损失和退房费,共计125万元。

法院查明事实如下:建翔房地产公司与吴某签订的购房合同载明"吴某每月交的物业管理费中包括保安费5元,建翔房地产开发公司提供优质的保安服务,对小区施行封闭式管理,非小区人员实行进门登记,保安24h昼夜巡逻值班,对可疑人员进行查问核实"。案发时是邻居听到呼救后找来保安,但案犯已逃,尚未侦破。经查证,小区实行了保安巡逻,但时有时无,没有坚持24h昼夜巡逻值班,因小区一侧的二期工程未完,入住区域没有封闭。

问题:

1. 建翔房地产开发公司对吴某致死是否负有责任?负有什么责任?根据是什么?
2. 吴某父母的诉讼请示是否合理,理由是什么?建翔房地产开发公司应否承担赔偿义务?说明处理此案的原则。
3. 建翔房地产开发公司对保安管理应及时采取哪些措施?

点评:

1. 建翔房地产开发公司对吴某致死负有一定的工作过失责任,性质为管理措施不利、违约,但吴某案之直接责任人为杀人犯。
2. 吴某父母的诉讼请求有合理成分,建翔房地产开发公司没有严格实施保安管理,但吴某之父母没有认识到赔偿的性质不对,诉讼要求过分,因为保安不是保镖,保安费不是保险费,保安的作用仅是协助公安部门提高小区治安水平,吴某之父母要求建翔房地产开发公司承担保险赔偿责任是不合理的。建翔房地产开发公司应当承担违约责任赔偿。判断业主在小区被杀,主要看建翔房地产开发公司是否需承担违约责任,看有无违约。
3. 教育员工确实实行24h值班制度,并对入住区域进行封闭管理。

【例8-3】

远大房地产开发公司售楼出示的购房人房价款构成清单中,有"建立住宅共用部位和共用设施维修养护基金"一项,占售房价款2%。该楼入住后由远大房地产开发公司下属的光明物业管理公司进行物业管理,以后没有再向业主收取这项基金。三年后,光明物业管理公司按"技改"文件要求进行锅炉供暖系统改造,预算20万元,该小区没有成立业主委员会,80%的业主提出,购房时交了维修养护基金,拒绝再承担费用摊派。双方诉至法院查明事实:售楼款900万元,维修养护基金按2%应计18万元,但远大房地产开发公司没有单独列账,一直与售楼款一并用于公司的开发经营。

问题:

1. 此案应如何处理?理由和根据?
2. 依据有关规定和政策,光明物业管理公司应该解决哪些问题?

点评:

1. 处理情况:

(1)开发公司扣留维修基金及利息属业主所有,是此次改造供暖的费用,如有剩余应交物业公司代管,如果不足,由业主按住宅面积分摊。
(2)开发公司售楼时收取此维修基金是正确的。
(3)开发公司占有和挪用维修基金属于违法侵权行为。

（4）根据有关规定，业主的维修基金属于专项基金，要专户存入银行，不得挪作他用，需要使用时，由物业管理企业作出使用计划，经业主委员会审定，才能使用。

2. 根据上述情况，物业公司应采取如下工作：

（1）维修基金已用光，物业公司应当立即建立业主定期交纳积累制度，保证基金足额储备。

（2）协助业主及时建立业主委员会。

（3）推进改革，建立自主经营的物业管理经营机制。

复 习 题

1. 简述物业管理的基本特征有哪些？
2. 物业管理合同有哪些类型？
3. 业主的权利和义务有哪些？业主大会的职责有哪些？
4. 物业管理公共性服务成本一般包括哪些项目？
5. 简要说明住宅共用部位共用设施设备维修基金筹集、使用与管理的政策规定。

第九章 房地产税收制度与政策

税收是国家为实现其职能,凭借其政治权力,依法强制性无偿取得财政收入的一种分配形式。税收制度是国家各项税收法律、法规、规章和税收管理制度等的总称。税收制度由纳税人、课税对象、税基、税率、附加、加成和减免、违章处理等要素构成。

我国现行房地产税有房产税、城镇土地使用税、耕地占用税、土地增值税、契税。紧密相关的税有固定资产投资方向调节税、营业税、城市维护建设税、教育费附加、企业所得税、外国投资企业和外国企业所得税、印花税等。

第一节 房 产 税

房产税是以房产为课税对象,向产权所有人征收的一种税。

一、纳税人

凡是中国境内拥有房屋产权的单位和个人都是房产税的纳税人。产权属于全民所有的,以经营管理的单位和个人为纳税人;产权出典的,以承典人为纳税人;产权所有人、承典人均不在房产所在地的,或者产权未确定以及产权纠纷未解决的,以房产代管人或者使用者为纳税人。

二、课税对象的征税范围

房产税的课税对象是房产。房产税的征税范围为城市、县城,建制镇和工矿区。不包括农村。

三、课税依据

对于非出租的房产,以房产原值一次减除10%～30%后的余值为计税依据计算缴纳。具体减除幅度由省、自治区、直辖市人民政府确定。

对于出租的房产,以房产租金收入为计税依据。租金收入是房屋所有权人出租房产使用权所得的报酬,包括货币收入和实物收入。对以劳务或其他形式为报酬抵付房租收入的,应根据当地房产的租金水平,确定一个标准租金额从租计征。

四、税率

房产税采用比例税率。按房产余值计征的,税率为1.2%;按房产租金收入计征的,税率为12%。

五、纳税地点和纳税期限

(1) 纳税地点

房产税在房产所在地缴纳。房产不在同一地方的纳税人,应按房产的坐落地点分别向房产所在地的税务机关纳税。

(2) 纳税期限

房产税按年计征,分期缴纳,具体纳税期限由各省、自治区、直辖市人民政府自行确定。

六、减税、免税

对下述房产免征房产税：

(1) 国家机关、人民团体、军队自用的房产。但是，上述单位的出租房产以及非自身业务使用的生产、经营用房，不属于免税范围。

(2) 由国家财政部门拨付事业经费的单位自用房产。

(3) 宗教寺庙、公园名胜古迹自用的房产。但其附设的营业用房及出租的房产，不属于免税范围。

(4) 个人所有非营业用房产。

(5) 经财政部批准免税的其他房产。

(6) 损坏不堪使用的房屋和危险房屋，经有关部门鉴定后，可免征房产税。

(7) 对企业因停产、撤销而闲置不用的房产，经省、自治区、直辖市税务机关批准可暂不征收房产税，如果这些房产转给其他征税单位使用或恢复生产的时候，应依照规定征税。

(8) 房产大修停用半年以上的，经纳税人申请，税务机关审核，在大修期间可免征房产税。

(9) 在基建工地为基建工地服务的各种工棚、材料棚、休息棚和办公室、食堂、茶炉房、汽车房等临时性房屋，在施工期间一律免征房产税。但是，工程结束后，施工企业将这种临时性房屋交还或估价转让给基建单位的，应从基建单位接收的次月起，依照规定征税。

(10) 企业办的各类学校、医院、托儿所、幼儿园自用的房产，可免征房产税。

(11) 中、小学校及高等学校用于教学及科研等本身业务的房产免征房产税。但学校兴办的校办工厂、校办企业、商店、招待所等的房产应按规定征收房产税。

第二节 城镇土地使用税

城镇土地使用税(以下简称土地使用税)是以城镇土地为课税对象，向拥有土地使用权的单位和个人征收的一种税。

一、纳税人

土地使用税的纳税人是拥有土地使用权的单位和个人。拥有土地使用权的纳税人不在土地所在地的，由代管人或实际使用人缴纳；土地使用权未确定或权属纠纷未解决的，由实际使用人纳税；土地使用权共有的，由共有各方划分使用比例分别纳税。

二、课税对象和征税范围

土地使用税在城市、县城、建制镇、工矿区征收。征税对象是上述范围内的土地和集体所有的土地。城市、县城、建制镇和工矿区的具体征税范围，由各省、自治区、直辖市人民政府确定。

三、计税依据

土地使用税的计税依据是纳税人实际占用的土地面积。纳税人实际占用的土地面积，是指由省、自治区、直辖市人民政府确定的单位组织测定的土地面积。

四、适用税额和应纳税额的计算

土地使用税是采用分类分级的幅度定额税率,每平方米的年幅度税额按城市大小分四个档次:①大城市 0.5～10 元;②中等城市 0.4～8 元;③小城市 0.3～6 元;④县城、建制镇、工矿区 0.2～4 元。

考虑到一些地区经济较为落后,需要适当降低税额以及一些经济发达地区需要适当提高税额的情况,但降低额不得超过最低税额的 30%;经济发达地区可以适当提高税额,但必须报经财政部批准。

土地使用税应纳税额的计算公式见式(9-1):

$$年应纳税额 = 应税土地面积(m^2) \times 适用税率 \qquad (9-1)$$

五、纳税地点和纳税期限

(一)纳税地点

土地使用税由土地所在的税务机关征收。纳税人使用的土地不属于同一省(自治区、直辖市)管辖范围的,应由纳税人分别向土地所在地的税务机关缴纳;在同一省(自治区、直辖市)管辖范围内,纳税人跨地区使用的土地,其纳税地点由省、自治区、直辖市税务机关确定。

(二)纳税期限

土地使用税按年计算,分期缴纳。各省、自治区、直辖市可结合当地情况,分别确定按月、季或半年等不同的期限缴纳。

六、减税、免税

(一)政策性免税

对下列土地免征土地使用税:

(1) 国家机关、人民团体、军队自用的土地;
(2) 由国家财政部门拨付事业经费的单位自用的土地;
(3) 宗教寺庙、公园名胜古迹自用的土地;
(4) 市政街道、广场、绿化地带等公共用地;
(5) 直接用于农、林、牧、渔业的生产用地;
(6) 经批准开山填海整治的土地和改造的放弃土地,从使用的月份起免缴土地使用税 5%～10%;
(7) 由财政部另行规定的能源、交通、水利等设施用地和其他用地。

(二)由地方确定的免税

下列几项用地是否免税,由省、自治区、直辖市税务机关确定:

(1) 个人所有的居住房屋及院落用地;
(2) 房产管理部门在房租调整改革前经租的居民住房用地;
(3) 免税单位职工家属的宿舍用地;
(4) 民政部门举办的安置残疾人占一定比例的福利工厂用地;
(5) 集体的个人举办的学校、医院、托儿所、幼儿园用地。

(三)困难性及临时性减免税

纳税人缴纳土地使用税确有困难需要定期减免的,由省、自治区、直辖市税务机关审批,但年减免税额达到或超过 10 万元的,要报经财政部、国家税务总局批准;

对遭受自然灾害需要减免税的企业和单位，省、自治区、直辖市税务机关，可根据受害情况，给予临时性的减税或免税照顾，以支持生产帮助企业和单位渡过难关。

第三节 耕地占用税

耕地占用税是对占用耕地从事非农业生产建设的单位和个人征收的一种税。

一、纳税人

凡占用耕地建房或者从事其他非农业建设的单位和个人，都是耕地占用税的纳税人。包括国家机关、企业、事业单位、乡镇集体企业、事业单位、农村居民和其他居民。对于农民家庭占用耕地建房的，家庭成员除未成年人和没有行为能力的人外，都可为耕地占用税的纳税人。

二、课税对象和征税范围

耕地占用税的征税对象，是占用耕地从事其他非农业建设的行为。耕地占用税范围，包括国家所有和集体所有的耕地，耕地是指用于种植农作物的土地，占用前3年内用于种植农作物的土地，也视为耕地。

三、税率和适用税额

耕地占用税实行定额税率，具体分4个档次：①以县为单位（下同），人均耕地在1亩以下（含1亩）的地区，每平方米为2～10元；②人均耕地在1～2亩（含2亩）的地区，每平方米为1.6～8元；③人均耕地在2～3亩（含3亩）的地区，每平方米为1.3～6.5元；④人均耕地在3亩以上的地区，每平方米为1～5元。

各地适用税额，由省、自治区、直辖市人民政府在规定税额范围内，根据本地区情况具体核定。

为了协调政策，避免毗邻地区征收税额过于悬殊，保证国家税收任务的完成，财政部对各省、自治区、直辖市分别核定了每平方米平均税额：上海市9元；北京市8元；天津市7元；重庆市4.5元；浙江（含宁波市）、福建、江苏、广东（含广州市）4省各6元；湖北（武汉市）、湖南、辽宁（含沈阳、大连市）3省各5元；河北、山东（含青岛市）、江西、安徽、河南、四川6省各4.5元；广西、陕西（含西安市）、贵州、云南4省、区各4元；山西、黑龙江（含哈尔滨市）、吉林3省各3.5元；甘肃、宁夏、内蒙古、青海、新疆5省、区各2.5元。同时还规定，各省、自治区、直辖市应有差别地规定各县（市）郊区的适用税额，但各地平均数不得低于上述规定的平均税额。

四、计税依据

耕地占用税以纳税人实际占用耕地面积为计税依据，按照规定税率一次性计算征收。耕地占用税实行据实征收原则，对于实际占用耕地超过批准占用耕地，以及未经批准而自行占用耕地的，经调查核实后，由财政部门按照实际占用耕地面积，依法征收耕地占用税，并由土地管理部门按有关规定处理。

五、加成征税

根据有关规定，加成征税政策主要有以下二项：

（1）经济特区、经济技术开发区和经济发达、人均耕地特别少的地区，适用税额可以适当提高，但最高不得超过规定税额的50%。

(2) 对单位或者个人获准征用或者占用耕地超过两年不使用的加征按规定税额 2 倍以下的耕地占用税。

六、减税、免税

（一）减税范围

（1）农村居民占用耕地新建住宅，按规定税额减半征收。

（2）一部分农村革命烈士家属、革命残废军人、鳏寡孤独以及边远贫困山区生活困难的农户，在规定用地标准内，新建住宅纳税确有困难的，由纳税人提出申请，经所在地乡（镇）人民政府审核，报经县级人民政府批准后可酌情给予减免照顾，减免税额一般应控制在农村居民新建住宅用地计征税额总额的 10% 以内，少数省区贫困地区较多的，减免比例最高不得超过 15%。

（3）对民政部门所办福利工厂，确属安置残疾人就业的，可按残疾人占工厂人员的比例，酌情给予减税照顾。

（4）国家在"老、少、边、穷"地区采取以工代赈办法修筑的公路，缴税确实困难的，由省、自治区财政厅（局）审查核定，提出具体意见报财政部批准后，可酌情给予照顾。

（5）对定居台胞新建住宅占用耕地，如确属于农业户口，可比照农民建房减半征税。

（6）对不属于直接为农业生产服务的农田水利设施，但确属综合性枢纽工程的，可按为农业服务直接效益占工程总效益的比重确定耕地占用税征收额。

（二）免税范围

（1）部队军事设施用地。

（2）铁路沿线、飞机场跑道和停机坪用地。

（3）炸药库用地。

（4）学校、幼儿园、敬老院、医院、殡仪馆、火葬场用地。

上述免税用地，已经改变用途、不属于免税范围的，应从改变用途之日起补缴税款。

七、纳税环节和纳税期限

耕地占用税的纳税环节，是在各级人民政府依法批准单位和个人占用耕地后，土地管理部门发放征（占）用土地通知书和划拨用地之前，由土地管理部门将批件及时抄送所在地的税务征收机关，由征收机关通知纳税人在规定的时间内到指定地点缴纳税款或办理减免税手续，土地管理部门凭完税收据或减免税凭证发放用地批准文件。用地单位和个人在规定期限内没有纳税的，土地管理部门应暂停其土地使用权。

耕地占用税的纳税期限为 30 天，即纳税人必须在经土地管理部门批准占用耕地之日起 30 日内缴纳耕地占用税。

第四节 契 税

契税是在土地、房屋不动产所有权发生转移，当事人双方订立契约时对产权人征收的一种税。

一、纳税人

在中华人民共和国境内转移土地、房屋权属，承受的单位和个人为纳税人。

转移土地、房屋权属是指下列行为：

(1) 国有土地使用权出让；

(2) 土地使用权转让，包括出售、赠与和交换；

(3) 房屋买卖；

(4) 房屋赠与；

(5) 房屋交换。

下列方式视同为转移土地、房屋权属，予以征税：

(1) 以土地、房屋权属作价投资、入股；

(2) 以土地、房屋权属抵债；

(3) 以获奖方式承受土地、房屋权属；

(4) 以预购方式或者预付集资建房款方式承受土地、房屋权属。

二、课税对象

契税的征税对象是发生产权转移变动的土地、房屋。

三、税率

契税的税率为3%～5%，各地适用税率，由省、自治区、直辖市人民政府在前面规定的幅度内按照本地区的实际情况确定，并报财政部和国家税务总局备案。

四、计税依据

契税的依据是房屋产权转移时双方当事人签订的契约价格。征收契税，一般以契约载明的买价、现值价格作为计税依据。但是，为了保护房屋产权交易双方的合法权益，体现公平交易，避免发生隐价、瞒价等逃税行为，征收机关认为有必要时，也可以直接或委托房地产估价机构对房屋价值进行评估，以评估价格作为计税依据。

房屋产权的转移必然连带着土地权属的变动。房地产"价格"，会因占地面积的大小、所处地理位置等条件的不同或高或低。这也是土地"价格"的一种体现，考虑到实际交易中房产和地产的不可分性，也为防止纳税人通过高估地产"价格"逃避税收和便于操作，在房屋产权交易契约中，无论是否划分房产的价格和土地的"价格"。计税都以房屋产权交易的契约价格总额为依据。土地使用权交换、房屋交换，为所交换的土地使用权、房屋的价格的差额。

五、纳税人环节和纳税期限

契税的纳税环节是在纳税义务发生以后，办理契证或房屋产权证之前。按照《契税暂行条例》，由承受人自转移合同签订之日起10日内办理纳税申报手续，并在征收机关核定的期限内缴纳税款。

六、减税、免税

有下列行为之一的，减征、免征契税：

(1) 国家机关、事业单位、社会团体、军事单位承受土地、房屋用于办公、教学、医疗、科研和军事设施的，免征；

(2) 城镇职工，按规定第一次购买公有住房的，免征；

(3) 因不可抗力灭失住房而重新购买住房的，免征；

(4) 土地、房屋被县级以上人民政府征用、占用后，重新承受土地、房屋权后的，由省、自治区、直辖市人民政府决定是否减征或者免征；

(5)纳税人承受荒山、荒沟、荒滩、荒丘土地使用权,用于农、林、牧、渔业生产的,免征;

(6)依照我国有关法律规定以及我国缔结或参加的双边和多边条约或协定的规定应当予以免税的外国驻华大使馆。领事馆、联合国驻华机构及其外交代表、领事官员和其他外交人员承受土地、房屋权属的,经外交部确认,可以免征。

第五节 土地增值税

土地增值税是对有偿转让国有土地使用权及地上建筑物和其他附着物的单位和个人征收的一种税。

一、纳税人

凡有偿转让国有土地使用权、地上建筑物及其他附着物(以下简称转让房地产)并取得收入的单位和个人为土地增值税的纳税人。

所称的单位是指各类企业单位、事业单位、国家机关和社会团体及其他组织。所称的个人包括个体经营者、外商投资企业、外国企业以及外国驻华机构、以及外国公民、华侨、港澳同胞等均在纳税人范围之内。

二、征税范围

土地增值税的征税范围包括国有土地、地上建筑物及其他附着物。转让房地产是指转让国有土地使用权、地上建筑物和其他附着物产权的行为。不包括通过继承、赠与等方式无偿转让房地产的行为。

三、课税对象和计税依据

土地增值税的课税对象是有偿转让房地产所取得的土地增值额。

土地增值税以纳税人有偿转让房地产所取得的土地增值额为计税依据,土地增值额为纳税人转让房地产所取得的收入减除规定扣除项目金额后的余额。纳税人转让房地产所取得的收入,包括转让房地产的全部价款及相关的经济利益。具体包括货币收入、实物收入和其他收入。

四、税率和应纳税额的计算

土地增值税实行四级超额累进税率:

(1)增值额未超过扣除项目金额50%的部分,税率为30%;

(2)增值额超过扣除项目金额50%,未超过100%的部分,税率为40%;

(3)增值额超过扣除项目金额100%,未超过200%的部分,税率为50%;

(4)增值额超过扣除项目金额200%以上部分,税率为60%。

每级"增值额未超过扣除项目金额"的比例均包括本比例数。

五、扣除项目

土地增值税的扣除项目为:

(1)取得土地使用权时所支付的金额;

(2)土地开发成本、费用;

(3)建房及配套设施的成本、费用,或者旧房及建筑物的评估价格;

(4)与转让房地产有关的税金;

(5)财政部规定的其他扣除项目。

上述扣除项目的具体内容为：

(1)取得土地使用权所支付的金额，是指纳税人为取得土地使用权所支付的地价款和按国家统一规定交纳的有关费用。凡通过行政划拨方式无偿取得土地使用权的企业和单位，则以转让土地使用权时按规定补交的出让金及有关费用，作为取得土地使用权所支付的金额。

(2)开发土地和新建房及配套设施(以下简称房地产开发)的成本，是指纳税人在房地产开发项目实际发生的成本(以下简称房地产开发成本)。包括土地征用及拆迁补偿、前期工程费用、建筑安装工程费、基础设施费、公共配套设施费、开发间接费。

其中：

1)土地征用及拆迁补偿费，包括土地征用费、耕地占用税、劳动力安置费及有关地上、地下附着物拆迁补偿的净支出、安置拆迁用房支出等；

2)前期工程费，包括规划、设计、项目可行性研究、水文、地质、勘察、测绘、"三通一平"等支出；

3)建筑安装工程费，是指以出包方式支付给承包单位的建筑安装工程费和以自营方式发生的建筑安装工程费；

4)基础设施费，包括开发小区内道路、供水、供电、供气、排污、排洪、通讯、照明、环卫、绿化等工程发生的支出；

5)公共配套设施费，包括不能有偿转让的开发小区内公共配套设施发生的支出；

6)开发间接费用，是指直接组织、管理开发项目发生的费用，包括工资、职工福利费、折旧费、修建费、办公费、水电费、劳动保护费、周转房摊销等。

(3)开发土地和新建房及配套设施的费用(以下简称房地产开发费用)，是指与房地产开发项目有关的销售费用、管理费用和财务费用。财务费用中的利息支出，凡能够按转让房地产项目计算分摊并提供金融机构证明的，允许据实扣除，但最高不能超过商业银行同类同期贷款利率计算的金额。其他房地产开发费用，按取得土地使用权所支付的金额和开发土地和新建房及配套设施的成本两项规定计算的金额之和的5%以内计算扣除。凡不能按转让房地产项目计算分摊利息支出或不能提供金融机构证明的，房地产开发费用按取得土地使用权所支付的金额和开发费用(包括开发土地、建造房屋及配套设施的成本)两项之和的10%以内计算扣除。上述计算扣除的具体比例，由省、自治区、直辖市人民政府规定。

(4)旧房及建筑物的评估价格，是指在转让已使用的房屋及建筑物时，由政府批准设立的房地产估价机构评定的重置成本价乘以成新度折扣率后的价格。评估价格须经当地税务机关确认。

(5)与转让房地产有关的税金，是指在转让房地产时已缴纳的营业税、城市维护建设税、印花税。因转让房地产交纳的教育附加也可视同税金予以扣除。

(6)对从事房地产开发的纳税人可按取得土地使用权所支付的金额和开发土地和新建房及配套设施的成本两项规定计算的金额之和，加计20%的扣除。

另外，对纳税人成片受让土地使用权后，分期分批开发、分块转让的，其扣除项目金额的确定，可按转让土地使用权的面积占总面积的比例计算分摊，或按建筑面积计算分摊，也可按税务机关确认的其他方式计算分摊。

土地增值税以纳税人房地产成本核算的最基本的核算项目或核算对象为单位计算。

纳税人有下列情形之一者，按照房地产评估价格计算征收土地增值税：①隐瞒、虚报房地产价格的；②提供扣除项目金额不实的；③转让房地产的成交价格低于房地产评估价，又无正当理由的。

六、应纳税额

应纳税额应按照增值额超过扣除项目金额的比例分别计算后累加。

【例9-1】 某宗房地产交易的增值额为25万元，扣除项目金额为20万元，则应纳增值税额为：

$$10×30\%+10×40\%+5×50\%=9.5 万元$$

为简化计算，应纳税额可按增值额乘以适用税率减去扣除项目金额乘以速算扣除系数的简便方法计算，速算公式如下：

（1）土地增值额未超过扣除项目金额50%的：

$$应纳税额＝土地增值额×30\%$$

（2）土地增值额超过扣除项目金额50%、未超过100%的：

$$应纳税额＝土地增值额×40\%－扣除项目×5\%$$

（3）土地增值额超过扣除项目金额100%、未超过200%的：

$$应纳税额＝土地增值额×50\%－扣除项目×15\%$$

（4）土地增值额超过扣除项目金额200%的：

$$应纳税额＝土地增值额×60\%－扣除项目金额×35\%$$

【例9-2】 某人欲将其临街的一间商铺以80万元的价格转让给别人，已知其在计算土地增值税时的扣除项目为20万元，则该人应缴纳的土地增值税可确定如下：

$$增值额＝80 万元－20 万元＝60 万元$$

增值额超过了扣除项目金额的200%（20万元×200%＝40万元）

故该人应缴纳的土地增值税为：

$$60 万元×60\%－20 万元×35\%＝29 万元$$

七、减税、免税

下列情况免征土地增值税：

（1）纳税人建造普通标准住宅出售，其土地增值额未超过扣除金额20%的。

（2）因国家建设需要而被政府征用的房地产。

其中，普通标准住宅是指按所在地一般民用住宅标准建造的居住用房。普通标准住宅与其他住宅的具体划分界限由各省、自治区、直辖市人民政府规定。纳税人建造普通标准住宅出售，增值额未超过《中华人民共和国土地增值税实施细则》第七条（一）、（二）、（三）、（五）、（六）项扣除项目金额之和20%的，免征土地增值税；增值额超过扣除项目之和的20%的，应就其全部增值额按规定计税。

因国家建设需要依法征用、收回的房地产，是指因城市实施规划、国家建设需要而被政府批准征用的房产或土地使用权。因城市实施规划、国家建设的需要而搬迁，由纳税人自行转让原房地产的，免征土地增值税。

符合上述免税规定的单位和个人，须向房地产所在地税务机关提出免税申请，经税务机关审核后，免征土地增值税。

八、征收管理

土地增值税的纳税人应于转让房地产合同签订之日起7日内，到房地产所在地的主管税务机关办理纳税申报，并向税务机关提交房屋及建筑物产权、土地使用权证书、土地转让、房产买卖合同、房地产评估报告及其他与转让房地产有关的资料。纳税人因经常发生房地产转让而难以在每次转让后申报的，经税务机关审核同意后，可以定期进行纳税申报。具体期限由税务机关根据情况确定。

纳税人在项目全部竣工结算前转让房地产取得的收入，由于涉及成本确定或其他原因，而无法据实计算土地增值税的，可以预征土地增值税，待该项目全部竣工、办理结算后再进行清算，多退少补。具体办法由各省、自治区、直辖市地方税务局根据当地情况制定。

九、其他规定

(1) 1994年1月1日以前签订的房地产转让合同，不论其房地产在何时转让，均免征土地增值税。

(2) 1994年1月1日以前已签订房地产开发合同或已立项，并已按规定投入资金进行开发。其在1994年1月1日以后5年内首次转让房地产的，免征土地增值税。签定合同日期以有偿受让土地合同签订之日为准。

(3) 对于个别由政府审批同意进行成片开发，周期较长的房地产项目，其房地产在上述5年免税期以后首次转让的，经所在地财政、税务部门审核，并报财政部、国家税务总局核准，可以适当延长免税期限，在上述免税期限再次转让房地产以及不符合上述规定的房地产转让，如超过合同范围的房地产或变更合同的，均应按规定征收土地增值税。

个人因工作调动或改善居住条件而转让原自用住房，经向税务机关申报核准，凡居住满5年或5年以上的，免予征收土地增值税；居住满3年未满5年的，减半征收土地增值税。居住未满3年的，按规定计征土地增值税。

第六节 其他相关税收

一、固定资产投资方向调节税

固定资产投资方向调节税是对单位和个人用于固定资产投资的各种资金征收的一种税。

在中国境内进行固定资产投资的单位和个人，为固定资产投资方向调节税的纳税人。

投资方向调节税以在我国境内所有用于固定资产投资的各种资金为课税对象。纳税人用各种资金进行固定资产投资，不论其投资来源渠道如何，都属于征税范围。

投资方向调节税根据国家产业政策和经济规模实行差别税率，具体适用税率为0、5%、10%、15%，30%五个档次。《固定资产投资方向调节税税目税率表》由国务院定期调整。对经济适用房，不论是房地产开发企业还是其他企事业单位的建设投资，一律按零税率项目对待。

投资方向调节税以固定资产投资项目实际完成的投资额为计税依据。

二、营业税、城市维护建设税和教育费附加

营业税是对提供应税劳务、转让无形资产和销售不动产的单位和个人开征的一种税。城市维护建设税(以下简称城建税)是随增值税、消费税和营业税附征并专门用于城市维护建设的一种特别目的税。教育费附加是随增值税、消费税和营业税附征并专门用于教育的一种特别目的税。

销售不动产的营业税税率为5%。

城建税以缴纳增值税、消费税、营业税的单位和个人为纳税人。对外商投资企业的外国企业。暂不征城建税。

城建税在全国范围内征收,包括城市、县城、建制镇,及其以外的地区。即只要缴纳增值税、消费税、营业税的地方,除税法另有规定者外,都属征收城建税的范围。

城建税实行的是地区差别税率,按照纳税人所在地的不同,税率分别规定为7%、5%、1%三个档次,具体是:纳税人所在地在城市市区的,税率为7%;在县城、建制镇的,税率为5%;不在城市市区、县城、建制镇的,税率为1%。

所有纳税人除另有规定外,其缴纳城建税的税率,一律执行纳税人所在地的税率。在同一地区,只能执行同一档次的税率,不能因企业隶属关系、企业规模和行业性质不同,而执行不同的税率。

但是,对下列两种情况,可不执行纳税人所在地的税率,而按缴纳"三税"的所在地的适用税率缴纳城建税:一是受托方代征代扣增值税、消费税、营业税的纳税人;二是流动经营无固定纳税地点的纳税人。

城建税以纳税人实际缴纳的增值税、消费税、营业税(简称"三税")税额为计税依据。"三税"税额仅指"三税"的正税,不包括税务机关对纳税人加收的滞纳金和罚款等非税款项。

教育费附加的税率在城市一般为营业税的3%。

营业税、城市建设维护税和教育费附加通常也称作"两税一费"。

三、企业所得税

企业所得税是对企业在一定期间(通常为1年)内取得的生产经营所得和其他所得征收的一种税。

企业所得税的纳税人为中华人民共和国境内除外商投资企业和外国企业外的实行独立核算的企业或者组织,包括:国有企业、集体企业、私营企业、联营企业、股份制企业,以及有生产、经营所得和其他所得的其他组织。

企业所得税实行33%的比例税率,对年应纳税所得额在3万元以下的企业,暂按18%的税率征收,对年应纳税所得额在3~10万元的企业,暂按27%的税率征收所得税。应纳税所得额的计算公式为:

应纳税所得额=每一纳税年度的收入总额-准予扣除项目的金额

纳税人收入总额包括在中国境内、境外取得的下列收入:

(1)生产、经营收入,指从事主营业务活动取得的收入。包括商品(产品)销售收入、劳动服务收入、营运收入、工程价款结算收入、工业性作业收入及其他业务收入。

(2)财产转让收入,如有偿转让固定资产、有价证券、股权等取得的收入。

(3)利息收入。

(4) 租赁收入，如出租固定资产的收入。

(5) 特许权使用费收入。

(6) 股息收入。

(7) 其他收入。

纳税人可以分期确定的经营收入按权责发生制原则计算，以分期收款方式销售商品的，可按合同约定的购买人应付价款的日期确定销售收入的实现；建筑、安装、装配工程和提供劳务，持续时间超过一年的，可以按完工进度或完成的工作量确定收入的实现。

准予扣除的项目是指与纳税人取得收入有关的成本、费用和损失。成本指纳税人为生产、经营商品和提供劳务等所发生的各项直接费用和各项间接费用。损失指生产、经营过程中的各项营业外支出，已发生的经营亏损和投资损失以及其他损失。此外，还有按规定缴纳的各项税金。

下列项目，按规定的范围、标准扣除：

(1) 在生产、经营期间，向金融机构借款的利息支出，按实际发生额扣除；向非金融机构借款的利息支出，按照不高于金融机构同类、同期贷款利率计算的数额以内的部分，准予扣除，高于的部分，不予扣除。

(2) 支付给职工的工资按计税工资扣除。

(3) 职工工会经费、职工福利费、职工教育经费、分别按计税工资总额的2%、14%、1.5%计算扣除。

(4) 用于公益、救济性的捐赠，在年度应纳税所得额3%以内的部分，准予扣除。

对民族自治地方的企业，需要照顾和鼓励的，经省级人民政府批准，可实行定期减税或者免税；对法律、行政法规和国务院有关规定给予减税或免税。

对纳税人在中国境外的所得，已在境外缴纳的所得税税款，准予扣除，但扣除额不得超过其境外所得依照本条例规定计算的应纳税额。

企业所得税由纳税人向其他所在地主管税务机关缴纳。企业所得税按年计算分月或分季缴纳。月份或者季度终了后15日内预缴，年终后4个月内汇算清缴，多退少补。

四、外商投资企业和外国企业所得税

外商投资企业和外国企业所得税是对中国境内外商投资企业和外国企业的生产、经营所得和其他所得征收的一种税。

外商投资企业和外国企业所得税的纳税人是指在中国境内设立的中外合资经营企业、中外合作经营企业和外资企业，以及在中国境内设立机构、场所。从事生产、经营和虽未设立机构、场所而有来源于中国境内所得的外国公司、企业和其他经济组织。

外商投资企业的总机构设在中国境内，就来源于中国境内的所得缴纳所得税。对外国企业就来源于中国境内的所得缴纳所得税。

外商投资企业和外国企业所得税实行30%的比例税率，另按应纳税所得额征收3%的地方所得税。应纳税所得额为每一纳税年度的收入总额减除成本、费用以及损失后的余额。

收入总额指生产、经营所得和其他所得。生产、经营所得指从事制造业、采掘业、交通运输业、建筑安装业、商业、金融业、服务业、勘探开发作业以及其他行业的生产经营

所得。其他所得指利润（股息）、利息、租金、转让财产收益、提供或者转让专利权、专有技术、商标权、著作权收益以及营业外收益所得。

对纳税人可以分期确定的经营收入计算原则同前述企业所得税。

在计算应纳税所得额时，允许减除的成本、费用以及损失包括：外国企业支付给其总机构的管理费；企业用于生产、经营的正常借款的利息；准于按不高于一般商业贷款的利率所支付的利息列支；合理的交际应酬费；职工的工资和福利费；坏账准备和坏账损失等。

设在经济特区的外商投资企业，在经济特区设立机构、场所从事生产、经营的外国企业和设在经济技术开发区的生产性外商投资企业以及设在沿海经济开放区和经济特区、经济技术开发区所在城市的老市区或者设在国务院规定其他地区的外商投资企业，属于能源、交通、港口、码头或者国家鼓励的其他项目，减按15％的税率征收企业所得税。

设在沿海经济开发区和经济特区、经济技术开发区所在城市的老市区的生产性外商投资企业，减按24％的税率征收企业所得税。

对生产性外商投资企业，经营期在10年以上的，从开始获利的年度起，第1年和第2年免征企业所得税，第3～5年减半征收企业所得税，但是属于石油、天然气、稀有金属、贵重金属等资源开采项目的，由国务院另行规定。外商投资企业实际经营期不满10年的，应当补缴已免征、减征的企业所得税税款。

从事农业、林业、牧业的外商投资企业和设在经济不发达的边远地区的外商投资企业，依照上述规定享受免税、减税待遇期满后，经企业申请，国务院税务主管部门批准，在以后10年内可以继续按应纳税额减征15％～30％的企业所得税。

对鼓励外商投资的行业、项目，省、自治区、直辖市人民政府可以根据实际情况决定，减征地方所得税。

外商投资企业的外国投资者，将从企业取得的利润直接再投资于该企业，增加注册资本，或者作为资本投资开办其他外商投资企业，经营期不少于5年的，经投资者申请，税务机关批准，退还其再投资部分已缴纳所得税的40％税款，国务院另有优惠规定的，依照国务院的规定办理；再投资不满5年撤出的，应当缴回已退的税款。

外商投资企业来源于中国境外的所得，已在境外缴纳的所得税款，准予在汇总纳税时，从其应税额中扣除，但扣除额不得超过其境外所得依规定计算的应纳税额。

外国企业在中国境内未设立机构、场所，而有来源于中国境内的利润、利息、租金、特许权使用费和其他所得，或者虽设立机构、场所，但上述所得与其机构、场所没有实际联系的，都应当缴纳20％的所得税。但对外国投资者从外商投资企业取得的利润，国际金融组织贷款给中国政府和中国国家银行的利息所得，外国银行按照优惠利率贷款给中国国家银行的利息所得，均免征所得税。

对为科学研究、开发能源、发展交通事业、农林牧业生产以及开发重要技术提供专有技术所取得的特许权使用费，经国务院税务主管部门批准，可以按10％的税率征收所得税，其中技术先进或者条件优惠的，可以免征所得税。

缴纳外商投资企业和外国企业所得税和地方所得税，按年计算，分季预缴。季度终了后15日内向当地税务机关预缴；年度终了后5个月内汇算清缴，多退少补。

五、印花税

印花税是对因商事活动、产权转移、权利许可证照授受等行为而书立、领受的应税凭证征收的一种税。

印花税的纳税人为在中国境内书立领受税法规定应税凭证的单位和个人,包括国内各类企业、事业、机关、团体、部队及中外合资企业、中外合作企业、外商独资企业、外国公司和其他经济组织及其在华机构等单位和个人。

印花税的征收范围主要是经济活动中最普遍、最大量的各种商事和产权凭证,具体包括以下几项:

(1) 购销、加工承揽、建设工程勘察设计、建设安装工程承包、财产租赁、货物运输、仓储保管、借款、财产保险、技术等合同或者具有合同性质的凭证;

(2) 产权转移书据;

(3) 营业账簿;

(4) 权利、许可证照;

(5) 经财政部确定征税的其他凭证。

印花税的税率采用比例税率和定额税率两种。

对一些载有金额的凭证,如各类合同、资金账簿等,都采用比例税率。税率共分5档:千分之一、万分之五、万分之三、万分之零点五、万分之零点三。

对一些无法计算金额的凭证,或者虽载有金额,但作为计税依据明显不合理的凭证,采用定额税率,每件缴纳一定数额的税款。

印花税计税依据根据应税凭证的种类,分别规定有以下几种:

(1) 合同或具有合同性质的凭证,以凭证所载金额作为计税依据。具体包括购销金额、加工或承揽收入、收取费用、承包金额、租赁金额、运输费用、仓储保管费用、借款金额、保险费收入等项。

(2) 营业账簿中记载资金的账簿,以固定资产原值和自有流动资金总额作为计税依据。

(3) 不记载金额的营业执照、专利证、专利许可证照,以及企业的日记账簿和各种明细分类账簿辅助性账簿,按凭证或账簿的件数纳税。

对下列情况免征印花税:

(1) 财产所有人将财产捐赠给政府、社会福利单位、学校所书立的书据,免征印花科税。

(2) 已缴纳印花税凭证的副本或抄本,免征印花税。

(3) 外国政府或者国际金融组织向我国政府及国家金融机构提供优惠贷款所立的合同,免征印花税。

(4) 有关部门根据国家政策需要发放的无息、贴息贷款合同,免征印花税。

(5) 经财政部批准免税的其他凭证。

六、房地产有关税费的优惠政策

为了深化住房制度改革,有效启动房地产市场,刺激住房消费,近几年.国家对房地产的有关税费,特别是对住房消费的有关税费出台了一系列的优惠政策,主要包括:

(一) 鼓励个人买卖住房,调整了营业税、契税和土地增值税有关政策为减轻个人买卖普通住房的税费负担,从 1999 年 8 月 1 日起,对个人购买并居住超过一年的普通住房,销售时免征营业税,个人购买并居住不足一年的普通住房,销售时营业税按销售价减去购入价原价后的差额计征;个人自建自用住房,销售时免征营业税;个人购买自用普通住宅,暂减半征收契税。

企业、行政事业单位按房改成本价、标准价出售住房的收入暂免征收营业税。同时,居民个人拥有的普通住宅,在转让时暂免征收土地增值税。

(二) 鼓励换购,个人出售住房所得税负担减轻

个人出售自有住房取得的所得应按照"财产转让所得"项目征收个人所得税,个人出售自有住房的应纳税所得额,按下列原则确定:

(1) 个人出售除已购公有住房以外的其他自有住房,其应纳税所得额按照有关规定确定。

(2) 个人出售已购公有住房,其应纳税所得额为个人出售已购公有住房的销售价,减除住房面积标准的经济适用住房价款、原支付超过住房面积标准的房价款、向财政或原产权单位缴纳的所得收益以及税法规定的合理费用后的余额。

(3) 职工以成本价(或标准价)出资的集资合作建房、安居工程住房、经济适用住房以及拆迁安置住房,按照已购公有住房确定应纳税所得额。

(4) 对出售自有住房并拟在现住房出售后 1 年内按市场价重新购房的纳税人,其出售现住房所应缴纳的个人所得税,视其重新购房的价值可全部或部分予以免税,具体办法为:

1) 个人出售现住房所应缴纳的个人所得税税款,应在办理产权过户手续前,以纳税保证金形式向当地主管税务机关缴纳。税务机关在收取纳税保证金时,应向纳税人正式开具"中华人民共和国纳税保证金收据",并纳入专户存储。

2) 个人出售现住房后 1 年内重新购房的,按照购房金额大小相应退还纳税保证金。购房金额大于或等于原住房销售额(原住房为已购公有住房的,原住房销售额应扣除已按规定向财政或原产权单位缴纳的所得收益。下同)的,全部退还纳税保证金;购房金额小于原住房销售额的,按照购房金额占原住房销售额的比例退还纳税保证金,余额作为个人所得税缴入国库。

3) 个人出售现住房后 1 年内未重新购房的,所缴纳的纳税保证金全部作为个人所得税缴入国库。

4) 个人在申请退还纳税保证金时,应向主管税务机关提供合法、有效的售房、购房合同和主管税务机关要求提供的其他有关证明材料,经主管税务机关审核确认后方可办理纳税保证金退还手续。

5) 跨行政区域售、购住房又符合退还纳税保证金条件的个人,应向纳税保证金缴纳地主管税务机关申请退还纳税保证金。

(5) 对个人转让自用 5 年以上,并且是家庭惟一生活用房取得的所得,继续免征个人所得税。

同时,为了确保有关住房转让的个人所得税政策得到全面、正确的实施,要求各级房地产交易管理部门应与税务机关加强协作、配合,主管税务机关需要有关本地区房地产交易情况的,房地产交易管理部门应及时提供。

（三）支持住房租赁市场发展，调整住房租赁市场税收

(1) 对按政府规定价格出租的公有住房和廉租住房，包括企业和自收自支事业单位向职工出租的单位自有住房；房管部门向居民出租的公有住房；落实私房政策中带户发还产权并以政府规定租金标准向居民出租的私有住房等。暂免征收房产税、营业税。

(2) 对个人按市场价格出租的居民住房，其应缴纳的营业税暂减按3%的税率征收，房产税暂减按4%的税率征收。

(3) 对个人出租房屋取得的所得暂减按10%的税率征收个人所得税。

上述规定自2001年1月1日起执行。凡与之不符的税收政策，一律改按上述规定执行。

（四）明确了已购公有住房和经济适用住房上市出售土地出让金和收益分配管理

(1) 已购公有住房和经济适用住房上市出售时，由购房者按规定缴纳土地出让金或相当于土地出让金的价款。缴纳标准按不低于所购买的已购公有住房或经济适用住房座落位置的标定地价的10%确定。

购房者缴纳土地出让金或相当于土地出让金的价款后，按出让土地使用权的商品住宅办理产权登记。

(2) 职工个人上市出售已购公有住房取得的价款，扣除住房面积标准的经济适用住房价款和原支付超过住房面积标准的房价款以及有关税费后的净收益，按规定缴纳所得收益。其中，住房面积标准内的净收益按超额累进比例或一定比例缴纳；超过住房面积标准的净收益全额缴纳。

职工个人上市出售已购经济适用住房，原则上不再缴纳所得收益。

(3) 土地出让金按规定全额上交财政；相当于土地出让金的价款和所得收益，已购公有住房产权属行政机关的，全额上交财政；属事业单位的，50%上交财政，50%返还事业单位；属企业的，全额返还企业。

(4) 上交财政的相当于土地出让金的价款和所得收益，按已购公有住房原产权单位的财务隶属关系和财政体制，分别上交中央财政和地方财政，专项用于住房补贴；返还给企业和事业单位的相当于土地出让金的价款和所得收益，分别纳入企业和单位住房基金管理，专项用于住房补贴。

(5) 土地出让金，相当于土地出让金的价款和所得收益缴纳和返还的具体办法，由各地财政部门会同土地行政管理部门和房产行政主管部门制定。

复 习 题

1. 税收制度由哪些基本要素构成？
2. 我国现行税率主要有哪几种？
3. 什么是房产税？房产税如何征收？
4. 什么是城镇土地使用税？其纳税人包括哪些？
5. 什么是耕地占用税？耕地占用税采用什么税率？
6. 什么是契税？
7. 什么是土地增值税？其纳税义务人包括哪些？
8. 计算土地增值税时，允许从房地产转让收入总额中扣除哪些项目？

9. 土地增值税税率为多少？
10. 计算增值额的扣除项目中，房地产开发成本包括哪些项目？房地产开发费用包括哪些项目？
11. 什么是固定资产投资方向调节税？
12. 什么是营业税、城市维护建设税和教育费附加？其征收范围是什么？
13. 什么是企业所得税？如何计算应纳税所得额？税率是多少？
14. 什么是外商投资企业和外国企业所得税？其纳税人如何确定？
15. 房地产税收中，哪些税采取比例税率？哪些税采用累进税率？哪些税采用定额税率？

第十章 房地产金融制度与政策

房地产业的发展离不开房地产金融支持,而房地产金融的繁荣和发展又依赖于健全的房地产金融制度与政策。目前我国已逐步建立了权益性融资(如发行股票和吸收国内外直接投资)和负债性融资(如通过向银行借贷等方式融资)并存的房地产金融体系,并出台了相应的政策法规,这对房地产业的发展无疑具有重要意义。本章着重介绍房地产负债性融资方面的相关制度与政策。

第一节 房地产开发融资制度与政策

房地产贷款是银行向房地产开发、经营、流通和消费领域发放的贷款总称。房地产贷款可以按资金性质、贷款对象、贷款用途等多种方式进行分类。按资金性质可以分为自营性房地产贷款和政策性房地产贷款,前者包括房地产开发企业流动资金贷款、房地产开发项目贷款、单位住房贷款和个人住房商业性贷款,后者指个人住房公积金贷款。本节主要介绍房地产开发类贷款、个人住房商业性贷款、住房公积金和个人住房公积金贷款等内容见本章第二、三、四节。

一、房地产开发类贷款

1998年全国房地产开发投资资金来源中,自有资金仅占12.5%,其他资金则大部分来自于银行贷款。因此,加强房地产开发类资金管理,就成为市场经济条件下政府宏观调控房地产业的一种重要的经济手段。为保证房地产市场健康稳定的发展,确保国民经济的平稳运行,国家对房地产开发类贷款作出了相应的管理规定。2003年6月,中央银行发布了121文件《关于进一步加强房地产信贷业务管理的通知》,同年8月国务院18号令发布了《关于促进房地产市场持续健康发展的通知》,2004年3月国务院发布《商业银行房地产贷款风险管理指引》,进一步规范了房地产金融市场。

(1) 房地产开发企业流动资金贷款。房地产开发企业流动资金贷款,是银行向为社会提供房地产产品的房地产开发企业发放的用于生产周转的流动资金贷款。凡经有权机关批准经营城镇土地开发及商品房建设的企业,拥有一定的自有资金,具有健全的管理机构和财务管理制度,能够独立承担民事责任,经上级机关核准登记,取得了法人资格并按规定办理年检手续,均可向银行申请房地产开发企业流动资金贷款。这种贷款为短期贷款。

房地产开发企业流动资金贷款主要用于垫付城市综合开发、商品房开发、土地开发以及旧城改造等项目所需的生产性流动资金。房地产开发企业开发经营周转资金不足的部分,可向银行申请贷款。

房地产开发企业流动资金贷款属于垫支性的生产资金,一般用于以下四个方面:

1) 开发前期所需占用的资金,包括总体规划设计费,可行性研究费,水文、地质勘察测绘费等;

2) 土地开发和基础设施建设所占用的资金,包括土地补偿费、青苗补偿费、安置补助费、拆迁补偿费和道路、供水、供气、供电、排水、通讯、照明等建设资金;

3) 建筑安装工程所需占用的资金;

4) 公共设施配套工程所需占用的资金,包括各种生活小区、公共设施,直接摊入商品房价格中的配套工程等。

(2) 房地产开发项目贷款。房地产开发项目贷款是银行向房地产开发企业开发的房地产项目发放的贷款。由于房地产开发项目开发期长,相应需用资金时间也长,因此这类贷款属于中长期贷款。房地产开发项目贷款用于开发项目的土地使用及拆迁补偿、前期工程、基础设施建设、房屋建筑安装以及公共配套设施等发生的费用支出。

(3) 单位住房贷款包括单位购建房贷款、房管单位贷款、合作建房贷款、商品住房开发贷款、其他住房开发贷款等。

1) 单位购建房贷款是为实施房改的企事业单位建造住房提供的贷款。贷款主要解决单位资金的不足。这部分贷款属于固定资产投资性贷款,管理应当从严。贷款期限一般超过三年。

2) 房管单位贷款是为房管单位及其所属企业进行正常生产或经营所提供的流动资金贷款。贷款主要用于房管部门所属单位进行房屋维修、危旧房改造。

3) 合作建房贷款是为企事业单位(包括住房合作社)和职工共同集资合作建造住房提供的贷款。贷款用于解决各种形式集资建房和住房合作社建房资金的不足。合作建房贷款包括两部分:一部分属于个人购建房贷款,由单位或合作社统借统还。这部分贷款属消费性贷款,贷款的发放与管理可比照个人住房贷款办理;另一部分属于单位或合作社出资部分不足而发生的贷款,由单位或合作社归还。这部分贷款与单位购建房贷款一样,属固定资产投资性贷款,可比照单位购建房贷款进行管理。合作建房贷款应实行先集资后贷款,并应在办妥各项建房手续后再发放贷款。

4) 商品住房开发贷款是为房地产开发企业开发商品住房所提供的流动资金贷款。贷款用于补充商品住房开发所需周转资金的不足,属流动资金类贷款。

5) 其他住房开发贷款是为商品住房配套建设提供的贷款。贷款属于固定资产投资性质的,应从严控制,在确有还款保证的前提下方可发放。

二、房地产开发贷款的特点

1. 按项目贷款

房地产开发类贷款一般是企业按开发项目申请贷款,银行按该项目的生产周期及其资金占用量核定贷款额度,只能用于规定的工程项目,企业不能将银行贷款转移到其他开发项目中使用。

2. 贷款额度大

房地产属于不动产,规划许可、土地征用、拆迁补偿、市政配套、施工建设等开发过程复杂、开发成本高、单位价值较大,决定了房地产项目开发需投入大量资金,企业和个人自有资金有限,银行贷款额度相对较大。

3. 贷款占用时间长

房地产的生产经营活动具有生产环节多、建设周期长、室外作业受季节影响等特点。房地产开发产品的生产,涉及土地征用、前期开发、工程建设、设备配置等各个复杂环节，因此在生产建设阶段资金周转速度慢，在经营销售阶段，资金是分期分批回收的，其速度也较慢，这都决定了其占用贷款的时间较长。

三、各类贷款的相关规定

（一）房地产开发类贷款的申请

1. 贷款对象

房地产开发类贷款是指用于房屋建造、土地开发过程中所需建设资金的贷款，包括房地产开发贷款和房地产开发企业流动资金贷款。

房地产开发类贷款的对象是经工商行政管理机关（或主管机关）核准登记的房地产开发企业和利用单位国有土地建设经济适用住房的企（事）业法人。

2. 申请贷款的条件

借款人申请房地产开发类贷款应具备以下条件：

（1）具有独立的法人资格；

（2）实行独立核算，有健全的管理机构和经营管理制度，财务状况良好；

（3）信用良好，具有按期偿还贷款本息的意愿和能力；

（4）按规定办理各类证件的年检手续，并持有中国人民银行颁发的年审合格的《贷款卡》或《贷款证》；

（5）在贷款银行开立基本结算户或一般存款户，办理全部或部分结算业务；

（6）借款人为房地产开发企业，应具有建设行政主管部门核准的房地产开发企业资质证书；

（7）开发项目经过可行性论证，符合当地房地产市场需求，销售前景良好；

（8）开发项目已纳入国家或地方房地产开发建设计划，有关文件完整、真实、有效，能够进行实质性开发建设；

（9）借款人对外的股本权益性投资总额不超过其资产净值的50%；

（10）借款人投入贷款项目的自有资金不少于总投资的30%；单位职工集资建房，集资额达到项目总投资的30%以上并存入贷款行专户；

（11）有贷款银行认可的足值有效的抵（质）押物或具有符合条件的第三方保证人提供贷款担保；

（12）贷款银行规定的其他条件。

3. 借款人应报送的主要材料

银行在受理房地产开发类贷款申请时，要求借款人必须提供下列材料：

（1）企（事）业法人营业执照、法人代码证；

（2）法定代表人或其授权代理人的证明文件；

（3）公司或单位简介，有限责任公司、股份有限公司、合资合作企业，必须提供公司成立批文、合同、公司章程、董事会借款决议；

（4）财政部门或会计（审计）事务所核准或年审通过的申请借款前三个年度的会计报表（主要包括资产负债表、损益表及财务情况说明书）和上一个月的会计报表；

（5）税务部门核准的税务登记证及上年度利税清算表；

（6）所有开户银行名称及存、贷款余额情况；

（7）中国人民银行颁发的《贷款卡》或《贷款证》；

(8) 自有资金落实的证明文件、资料;

(9) 房地产开发企业的资质证明文件;

(10) 申请贷款项目的有关材料。主要包括项目建议书、可行性研究报告及批准文件、项目年度投资计划、扩初设计及批准文件、《建设用地规划许可证》、《建设工程规划许可证》、《拆迁许可证》、《建设工程开工证》、《商品房(预)销售许可证》等;

(11) 担保人出具的担保意向书,有限责任公司、股份有限公司、合资合作企业,须由董事会出具担保意向书;

(12) 担保人的与以上第(1)、(2)、(3)、(4)、(5)、(7)、(8)、(9)项内容相同的有关文件;

(13) 抵(质)押物权属证明及有处分权人同意抵(质)押的书面文件。抵(质)押单位为有限责任公司、股份有限公司、合资合作企业的,须经董事会决议通过;

(14) 贷款行要求提供的其他文件资料。

(二)房地产开发类贷款的审批与发放

1. 审批原则

房地产开发类贷款实行审贷分离制度,审批管理坚持严谨、科学、高效的原则。信贷经营部门负责开拓市场、发展客户、受理贷款申请、调查评估、信贷发放与回收等前台业务,不参加贷款的审批决策;信贷审批部门专职负责贷款审批、督促贷款相关条件落实等后台业务。

2. 审批程序

房地产开发类贷款实行分级审批管理。贷款额度在信贷授权权限以内的,信贷业务由受理行审批;超越授权权限的信贷业务,报上一级行审批。

3. 审批方式

贷款一般通过贷款审批人全体会议的方式进行审批。特殊情况下也可采取文件会签的形式进行审批。

4. 贷款发放

根据最终审批意见,落实有关条件,按照规定签订合同后,方可发放贷款。

(三)房地产开发类贷款的回收与展期

1. 贷款回收

房地产开发类贷款回收包括贷款本金回收和贷款利息回收,借款人应按借款合同约定的还款计划、还款方式偿还贷款本息。

2. 贷款展期

借款人因故不能按期归还贷款,需要银行给予原借款一定宽限期时,可以提出借款展期申请。房地产开发类贷款展期期限不得超过原贷款期限的一半;展期贷款利率按展期贷款期限加上原贷款期限所达到的利率档次计算;每笔贷款只能办理一次展期。

(四)经济适用住房(国家安居工程)贷款

为推进住房制度改革,加快城镇住房商品化和社会化进程,建立新的城镇住房供应体系,解决城镇中低收入家庭的住房问题,国家在1995年开始实施安居工程建设。随着经济适用房建设逐渐替代了原来的国家安居工程建设,1998年起,银行承办的安居工程贷款也演变为经济适用住房贷款。经济适用住房是指已列入国家计划,由城市政府组织房地产，开发企业或集资建房单位建造，以微利价向城镇中低收入家庭出售的住房。经济适用住房贷款属于房地产开发贷款，是指银行运用信贷资金向开发经济适用住房项目的房地产开发企业或单位发放的房地产开发贷款。

经济适用住房贷款的特定要求：

(1) 贷款对象。经济适用住房贷款对象必须是取得房地产开发资质的企业和组织职工集资建没经济适用房的独立法人。

(2) 贷款担保。经济适用住房贷款一律实行抵押担保方式。开发建设单位可以用有效资产进行抵押，也可以自有资金占总投资30％以上的在建工程进行抵押。

(3) 贷款期限和利率。贷款期限由借贷双方根据经济适用房的建设周期协商确定，最长不超过3年。贷款利率按人民银行规定的同期间档次法定利率执行，不上浮。

(4) 贷款条件。第一，项目已纳入国家建设计划和信贷指导性计划；第二，已取得建设用地或所需建设用地已纳入年度土地供应计划，且手续齐备；第三，借款人投入建设项目的自筹资金不低于规定的比例，并在贷款使用前投入项目建设。

第二节 个人住房商业性贷款

一、贷款的对象和条件

贷款对象为具有完全民事行为能力的中国自然人及在中国大陆有居留权的境外、国外自然人。

借款人必须同时具备下列贷款条件：

(1) 有合法的身份；

(2) 有稳定的经济收入、信用良好，有偿还贷款本息的能力；

(3) 有合法有效的购买、建造、大修住房的合同、协议以及贷款行要求提供的其他证明文件；

(4) 有所购(建、大修)住房全部价款20％以上的自筹资金，并保证用于支付所购(建、大修)住房的首付款；

(5) 有贷款行认可的资产进行抵押或质押，或(和)有足够代偿能力的法人、其他经济组织或自然人作为保证人；

(6) 贷款行规定的其他条件。

二、贷款的额度、期限和利率

贷款额度最高为所购(建、大修)住房全部价款或评估价值的80％，贷款期限最长为30年。贷款利率按照中国人民银行有关规定执行。现行贷款利率标准为：贷款期限为5年以下(含5年)的，贷款年利率为4.77％；贷款期限为5年以上的，贷款年利率为5.04％(2002年2月21日起执行)。

三、贷款程序

(1) 提出申请。客户向银行提出书面借款申请，并提交有关资料。

(2) 签订合同。借款申请人在接到银行有关贷款批准的通知后，要到贷款行签订借款合同及担保合同，并视情况办理公证、抵押登记、保险等相关手续。

(3) 开立账户。选用委托扣款方式还款的客户需与银行签订委托扣款协议，并在贷行指定的营业网点开立还款专用的储蓄存折账户或储蓄卡、信用卡账户。同时,售房人要在贷款行开立售房结算账户或存款专户。

(4) 支用贷款。经贷款行同意发放的贷款,办妥有关手续后,贷款行按照借款合同约定,将贷款直接转入借款人在贷款行开立的存款账户内,或将贷款一次或分次划入售房人在贷款行开立的存款账户内。

(5) 按期还款。借款人按借款合同约定的还款计划、还款方式偿还贷款本息。

(6) 贷款结清。贷款结清包括提前结清和正常结清两种。提前结清是指贷款到期日(一次性还本付息类贷款)或贷款最后一期(分期偿还类贷款)前结清贷款;正常结清指在贷款到期日(一次性还本付息类)或贷款最后一期(分期偿还类贷款)结清贷款。贷款结清后,借款人从贷款行取回房地产权属抵押登记证明文件及保险单正本,并持贷款行出具的"贷款结清证明"到原抵押登记部门办理抵押登记注销手续。

四、贷款担保

个人住房贷款实行抵押、质押、保证等担保方式。贷款银行可根据借款人的具体情况,采用上述一种或同时采用几种贷款担保方式。

抵押贷款指贷款行以借款人或第三人提供的,经贷款行认可的符合规定条件的财产作为抵押物而向借款人发放的贷款。贷款的抵押物必须是贷款行认可的、能够进行抵押登记的借款人所购房屋或其他符合法律规定的财产。抵押物价值按照抵押物的市场成交价或评估价确定。借款人以所购住房作为贷款抵押物的,必须将住房价值全额用于贷款抵押,其贷款额度不得超过所购住房价值的80%;若以贷款行认可的其他财产作为抵押物,其贷款额度不得超过抵押物价值的70%。贷款行与抵押人签订抵押合同后,双方必须依照法律规定办理抵押登记。抵押权设定后,所有能够证明抵押物权属的证明文件(原件),均应由贷款行保管并承担保管责任。贷款行收到上述文件后,应向抵押人出具保管证明。抵押终止后,当事人应按合同的约定,到原登记部门办理抵押注销登记手续,解除抵押权。

质押贷款指贷款行以借款人或第三人提供的,贷款行认可的符合规定条件的权利凭证作为质押权利而向借款人发放的贷款。

保证贷款指贷款行以借款人提供的、贷款行认可的具有代为清偿债务能力的法人、其他经济组织或自然人作为保证人而向借款人发放的贷款。

五、贷款偿还

借款人应按借款合同约定的还款计划、还款方式偿还贷款本息。借款人可采取委托扣款方式偿还贷款本息,即借款人委托贷款行在其于建设银行开立的信用卡、储蓄卡或储蓄存折账户中直接扣划还款。也可以采取柜面还款方式即借款人直接以现金、支票或信用卡、储蓄卡到贷款行规定的营业柜台还款。

贷款期限在1年以内(含1年)的,实行到期本息一次性清偿的还款方法。贷款期限在1年以上的,可采用等额本息还款法和等额本金还款法。

1. 等额本息还款法

借款人每期以相等的金额(分期还款额)偿还贷款,其中每月归还的金额包括每期应还利息、本金,按还款间隔逐期归还,在贷款截止日期前全部还清本息。

设贷款总额为 Y,贷款期数为 n,贷款利率为 i,已还至第 k 期,则可列公式如式(10-1)、式(10-2):

$$\text{分期还款额} = Yi/[1-1/(1+i)^n] \tag{10-1}$$

$$\text{贷款余额} = Y[(1+i)^n-(1+i)^k]/[(1+i)^n-1] \tag{10-2}$$

注:"分期还款额"又称"每期还款额";"贷款余额"又称"贷款剩余本金"。

【例 10-1】 某人申请住房贷款 10 万元,贷款期限为 2 年,贷款月利率为 0.42%,采取每月等额本息还款法归还,每月应归还之贷款本息为:

$$Yi/[1-1/(1+i)^n]$$
$$=100000\times 0.0042\div [1-1/(1+0.0042)^{24}]$$
$$=4389 \text{ 元}$$

2. 等额本金还款法

借款人每期须偿还等额本金,同时付清本期应付的贷款利息,而每期归还的本金等于贷款总额除以贷款期数。

设贷款总额为 Y,贷款期数为 n,贷款利率为 i,已还至第 k 期,则可列公式如式(10-3)、式(10-4)、式(10-5)

$$\text{分期还本额} = Y/n \tag{10-3}$$

$$\text{第 } k \text{ 期还款额} = Y/n + Yi\left[1-\frac{k-1}{n}\right] \tag{10-4}$$

$$\text{贷款余额} = Y(1-Y/n) \tag{10-5}$$

六、个人住房贷款的违约责任及处置

违约是指借款合同当事人不履行合同义务或者履行合同义务不符合约定,违约一方应承担相应的违约责任。个人住房贷款的违约方可能为贷款人、借款人或保证人。

(一)违约情形

(1)贷款人未按合同约定的时间、数额和方式向借款人提供借款;

(2)借款到期,借款人未按合同约定清偿全部贷款本息;

(3)借款人擅自改变贷款用途,挪用贷款;

(4)借款期间,借款人未按约定的分期还款计划按时、足额归还贷款本息;

(5)借款人擅自将抵押物拆除、转让、出租或重复抵押等;

(6)借款人拒绝或妨碍贷款行对贷款使用情况和抵押物使用情况实施监督检查;

(7)借款人提供的文件、资料不实,已经或者可能造成贷款损失;

(8)借款人与他人签订有损贷款行权益的合同或协议;

(9)保证人违反保证条款或丧失承担连带担保责任能力,抵押物因意外毁损不足以清偿贷款本息或质押权利价值明显减少影响贷款行实现质权,而借款人未按要求落实新保证或新抵(质)押;

(10)借款人在合同履行期间死亡、宣告失踪或丧失民事行为能力后,其遗产或财产继承人、受遗赠人、监护人、财产代管人拒绝继续履行原借款合同;

(11)借款人在合同履行期间中断或撤消保险;

(12)借款人其他违反借款合同的行为。

(二)违约的处置方式

违约发生后,根据违约原因和违约性质采取不同的处置方式,一般的方法有催收、延长贷款期限、停止发放或提前收回已发放贷款本息、收取违约金、要求保证人承担保证责

任、处置抵（质）押物。

（三）抵押物和质押权利的处置

1. 抵押物的处置方式

贷款行根据实际情况可以通过与借款人协商处置抵押物或依法处置抵押物：

（1）与借款人协商处置抵押物时，通过变卖、拍卖方式或以协议处置抵押物，所得款项用于清偿借款人所欠银行的本息，余额归借款人。并签订书面协议，使贷款行取得抵押物的处置权。

（2）贷款行依法处置抵押物时，贷款行与借款人无法达成一致意见时，可通过申请强制执行公证（借款合同已含强制执行公证条款）或通过法院诉讼程序依法取得抵押物处置权，并采取公开拍卖、再交易等方式对抵押物进行处置。

2. 质押权利的处置方式

贷款行根据实际情况通过出质人以现金清偿、协议处理质物受偿、申请法院拍卖质物受偿、采取兑现、提货措施受偿等方式处置质押物。

第三节　住房公积金制度与政策

为了加强对住房公积金的管理，维护住房公积金所有者的合法权益，促进城镇住房建设，提高城镇居民的居住水平，我国以中华人民共和国国务院令的形式于1999年4月3日发布了《住房公积金管理条例》，并根据2002年3月24日《国务院关于修改〈住房公积金管理条例〉的决定》进行了修订。目前，以住房公积金制度为基础，我国建立了政策性的住房金融，初步形成商业性和政策性并存的住房金融体系。

一、住房公积金的性质和特点

（一）住房公积金的性质

住房公积金是指国家机关、国有企业、城镇集体企业、外商投资企业、城镇私营企业及其他城镇企业、事业单位、民办非企业单位、社会团体及其在职职工缴存的长期住房储金。住房公积金必须用于职工建造、购买、翻建、大修自住住房。

住房公积金的性质是工资，与直接提高工资和增发住房补贴等都属于按劳分配为主的货币工资分配方式，因此住房公积金全部归职工个人所有，记入职工个人的住房公积金账户。

（二）住房公积金的特点

（1）强制性是指凡在职职工及其所在单位都需按规定的缴存基数、缴交比例建立并按月缴存住房公积金。目的是使职工逐步确立住房商品意识和自住其力观念，提高购房的支付能力。

（2）限制性是指职工对公积金的占有、使用、收益和处分四项权能的行使受到一定程度的限制。住房公积金专项用于住房方面的支出，在符合规定的情况下才允许提取。住房公积金未被提取之前，职工不能实际占有，由所在单位缴存到住房公积金管理中心，在受委托银行设立的专户内统一管理。住房公积金按国家政策规定，由公积金管理机构统一运作，实现保值和增值，个人不能直接决定保值方法和收益率。住房公积金是个人专项资金，处分权受法律限制，在未被所有人以现金形式提取前，所有人除可用于住房支出外，处分权暂时不能实现。

（3）互助性是指住房公积金具有储备和融通的特性，可集中全社会职工的力量，把个人较少的钱集中起来，形成规模效应，并且缴存住房公积金的人都具有使用住房公积金的权利，有房的人帮助无房的人，或者所有职工互帮互助，达到提高或改善居住条件的目的。

（4）保障性是指住房公积金定向用于职工住房，并可通过安全运作实现合理增值，增值收益也全部用于职工住房。住房公积金应当用于职工购买、建造、翻建、大修自住住房；管理中心在保证公积金提取和贷款的前提下，可以将公积金用于购买国债；公积金的增值收益除了提取贷款风险准备金和中心的管理费用之外，用于补充城市廉租住房建设资金的不足。

二、住房公积金的管理

住房公积金管理的基本原则是"住房公积金管理委员会决策、住房公积金管理中心运作、银行专户、财政监督"。

1. 住房公积金管理委员会决策

住房公积金管理委员会决策是指住房公积金管理委员会作为住房公积金管理的决策机构，对住房公积金管理的有关问题进行管理研究，依法做出决策。住房公积金管理委员会以住房公积金缴存人代表为主组成，其中：人民政府负责人和建设、财政、人民银行等有关部门负责人以及有关专家占1/3，工会代表和职工代表占1/3，单位代表占1/3。住房公积金管理委员会委员由社区城市人民政府聘任，主任应当由具有社会公信力的人士担任。住房公积金管理委员会通过建立严格、规范的会议制度（每季度至少召开一次会议），实行民主决策。住房公积金管理委员会履行以下职责：依据有关法律、法规和政策，制定和调整住房公积金的具体管理办法，并监督实施；拟订住房公积金的具体缴存比例；确定住房公积金最高贷款额度；审批住房公积金归集、使用计划；审议住房公积金增值收益分配方案；审批住房公积金归集、使用计划执行情况的报告。此外，住房公积金购买国债比例的确定，以及住房公积金年度公报的公布事宜，也由住房公积金管理委员会审议批准。

2. 住房公积金管理中心运作

住房公积金管理中心是直属城市人民政府的不以营利为目的的独立的事业单位，是公积金委员会各项决策的执行机构，是住房公积金运作管理部门，是运作管理住房公积金的主体。其承担具体的住房公积金管理运作职责为：编制、执行住房公积金的归集、使用计划；负责记载职工住房公积金的缴存、提取、使用等情况；负责住房公积金的核算；审批住房公积金的提取、使用负责住房公积金的保值和归还；编制住房公积金归集、使用计划执行情况的报告；承办住房公积金管理委员会决定的其他事项。

3. 银行专户存储

这是指住房公积金管理中心在住房公积金管理委员会指定的受委托银行设立住房公积金专用账户、专项存储住房公积金，并委托银行办理住房公积金贷款、结算等金融业务和住房公积金账户的设立、缴存、归还等手续。

4. 财政监督

财政监督是以财政监督为代表的公积金监督体系，其目的是保证住房公积金的安全性和专项使用性，规范住房公积金的管理行为。具体而言，住房公积金管理委员会在编制和审批住房公积金归集、使用计划和计划执行情况的报告时,以及住房公积金管理中心编制的住房公积金年度预算、决算时,均必须经财政部门审核。住房公积金管理中心应当依法接受审计部门的审计监督。住房公积金管理中心和职工有权督促单位按时履行缴存公积金的义务。住房公积金管理中心应当督促受委托银行及时办理委托合同约定的业务。

另外,职工、单位有权查询本人、本单位住房公积金的缴存、提取情况。目前个人住房公积金有效凭证是凭条、存折或磁卡。职工个人可以直接到管理中心或商业银行查询个人的住房公积金缴存情况,也可以通过住房公积金磁卡、电话、网络查询系统查询。每年6月30日结息后,管理中心要向职工发送住房公积金对账单,与单位和职工对账,职工对缴存情况有异议的,可以向管理中心和受委托银行申请复议。

三、住房公积金的归集

（一）住房公积金归集的含义

住房公积金归集是指住房公积金管理中心作为住房公积金管理的法定机构,依据《住房公积金管理条例》和省、市政府授予的职权,将职工个人按照规定比例缴存的住房公积金及其所在单位按照规定比例资助职工缴存的住房公积金,全部归集于管理中心在受委托银行开立住房公积金专户内的职工个人惟一的账户里,并集中管理运用的行为。

（二）住房公积金归集的主要内容

(1) 缴存住房公积金的对象。包括:国家机关、国有企业、城镇集体企业、外商投资企业、城镇私营企业及其他城镇企业、事业单位民办非企业单位和社会团体及其在职职工,这些缴存对象都要按月缴存住房公积金。

(2) 缴存住房公积金的工资基数,缴存基数是职工工资总额,即职工本人上一年度月平均工资,共由6部分组成:计时工资、计件工资、奖金、津贴和补贴、加班加点工资、特殊情况下支付的工资。

(3) 缴存比例。缴存比例是指职工个人缴存(或职工单位资助职工缴存)住房公积金的数额占职工上一年月平均工资的比例。目前,我国的住房公积金缴存比例实行动态调整机制,具体缴存比例由城市住房公积金管理委员会拟订,经本级政府审核后,报省、自治区、自辖市人民政府批准后执行,一般不得低于5%。

(4) 住房公积金月缴存额,为职工本人上一年月平均工资分别乘以职工住房公积金缴存比例和单位住房公积金缴存比例后相加,即:

住房公积金月缴存额=(职工本人上一年度月平均工资×职工住房公积金缴存比例)+(职工本人上一年度月平均工资×单位住房公积金缴存比例)

新参加工作的职工从参加工作的第二个月开始缴存住房公积金,月缴存额为职工本人当月工资乘以职工住房公积金缴存比例;单位新调入的职工从调入单位发放工资之日起缴存住房公积金,月缴存额为职工本人当月工资乘以职工住房公积金缴存比例。

职工住房公积金的月缴存额由所在单位于每月发放职工工资之日起5日内从其工资中代扣代缴。

四、住房公积金的提取和使用

（一）住房公积金提取的限制条件

职工有下列情形之一的,职工可以凭所在单位出具的提取证明提取住房公积金账户内的存储余额:

(1) 购买、建造、翻建、大修自住住房的；
(2) 离休、退休的；
(3) 完全丧失劳动能力，并与单位终止劳动关系的；
(4) 出境定居的；
(5) 偿还购房贷款本息的；
(6) 房租超出家庭工资收入的规定比例的。

第2、3、4种情形下，提取职工住房公积金的，应当同时注销职工住房公积金账户。

职工死亡或者被宣告死亡的，职工的继承人、受遗赠人可以提取职工住房公积金账户内的存储余额；无继承人也无受遗赠人的，职工住房公积金账户内的存储余额纳入住房公积金的增值收益。

(二) 住房公积金提取的程序

(三) 住房公积金的使用

住房公积金的使用主要包括职工个人公积金贷款和管理中心公积金运用两个方面。

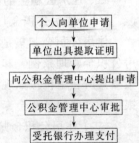

1. 职工个人公积金贷款

根据《住房公积金管理条例》，在提供担保的前提下，缴存住房公积金的职工，在购买、建造、翻建、大修自住住房时，可以向住房公积金管理中心申请住房公积金贷款，这是住房公积金使用的中心内容和主要形式。住房公积金管理中心应当自受理申请之日起15日内做出准予贷款或者不准贷款的决定，并通知申请人；准予贷款的，由受委托银行办理贷款手续。

2. 管理中心公积金运作

管理中心公积金运作是指管理中心以归集的公积金为基础，在保证职工提取和贷款的前提下，依法运用住房公积金的行为。

住房公积金通常只能用于职工个人住房贷款，但在保证职工住房公积金提取和贷款的前提下，经住房公积金管理委员会批准，管理中心也可将住房公积金余额用于购买国债，通过这种风险最小的投资，实现住房公积金的保值、增值。

五、住房公积金税收政策及存、贷款利率政策

1. 税收政策

根据国家有关规定，企业和个人按照国家和地方政府规定的比例提取并向指定金融机构实际缴付的住房公积金，不计入个人当期的工资、薪金收入，免予征收个人所得税。个人提取存储的住房公积金及其利息，亦免予征收个人所得税。

管理中心用住房公积金在指定的委托银行发放个人住房贷款取得的收入，免征营业税；管理中心用住房公积金购买国债、在指定的委托银行发放个人住房贷款取得的利息收入，免征企业所得税。

2. 存、贷款利率政策

我国住房公积制度实行低存低贷的利率政策，最大限度地支持职工贷款购房。职工个人住房公积金存款利率，遇法定利率调整，分段计息，2002年2月21日之后的个人住房公积金存款利率水平分别为：当年归集的为0.72%，上年结转的为1.71%。从2002年2月21日开始，降低个人住房公积金贷款利率水平，5年以下(含5年)的下调为3.6%，5

年以上的下调为 4.05％。上述公积金存贷款利率均低于同期商业性住房贷款利率。

第四节 个人住房公积金贷款

个人住房公积金贷款，是指公积金管理中心运用住房公积金，委托经住房公积金管理委员会指定的商业银行，向住房公积金缴存人发放的，用于购买、建造、翻建、大修自住住房的贷款。

一、个人住房公积金贷款的特点

1. 专项消费性贷款

按照规定个人住房公积金贷款只能用于住房公积金缴存人购买、建造、翻建、大修自住住房，是为了解决居民住房即期购买力与长期性消费需求之间的矛盾的一种贷款形式。

2. 政策性贷款

个人住房公积金贷款在利率、首付款、贷款期限等方面享受信贷优惠，目的是减轻购房者的经济负担，降低购房费用。

3. 委托贷款

住房公积余贷款管理中心作为委托人提供所归集的住房公积金，贷款人（受委托商业银行）根据委托确定的贷款对象、用途、金额、期限、利率等代为发放、监督使用并协助收回。

4. 抵押贷款

申请个人住房贷款必须提供担保，而抵押是住房公积金贷款的主要担保形式。抵押贷款是指按照规定的抵押方式以借款人或第三人的住房作为抵押物发放的贷款。

二、个人住房公积金贷款有关规定

（1）贷款用途：建设银行接受住房公积金管理部门委托，用住房公积金发放的个人住房贷款。用于支持借款人在中国大陆境内城镇购买各类型住房。

（2）贷款对象：具有完全民事行为能力且按时足额缴存住房公积金的职工。

（3）贷款条件：申请个人住房公积金贷款必须符合住房公积金管理部门有关住房公积金贷款的规定。应具备的基本条件为：①有合法的身份；②按时足额缴存住房公积金；③有稳定的经济收入，信用良好，有偿还贷款本息的能力；④有合法有效的购买、大修住房的合同、协议以及贷款行要求提供的其他证明文件；⑤有当地住房公积金管理部门规定的最低额度以上的自筹资金，并保证用于支付所购（大修）住房的首付款；⑥有符合要求的资产进行抵押或质押，或（和）有足够代偿能力的法人、其他经济组织或自然人作为保证人；⑦符合当地住房公积金管理部门规定的其他借款条件。

（4）贷款额度：最高额度按照当地住房公积金管理部门的有关规定执行。

（5）贷款期限：在中国人民银行规定的最长贷款期限内由住房公积金管理部门根据借款人的实际情况确定贷款期限。

（6）贷款利率：按照中国人民银行规定的个人住房公积金贷款利率执行，2002年2月21日以后执行利率情况为：贷款期限5年以下（含5年）的：贷款年利率为3.6％；贷款期限5年以上（不含5年）的：贷款年利率为4.05％。

（7）申请贷款应提交的材料：

借款人提出借款申请时，需提交以下资料：

1）住房公积金个人借款申请书；
2）身份证件（居民身份证、户口簿或其他身份证件）；
3）所在单位出具的借款人稳定经济收入证明或其他偿债能力证明资料；
4）合法的购买住房的合同、协议及批准文件；
5）抵押物或质押权利清单及权属证明文件，有处分权人出具的同意抵押或质押的证明；
6）住房公积金管理部门认可的评估机构出具的抵押物估价报告书；
7）保证人出具的同意提供担保的书面承诺及保证人的资信证明；
8）借款人用于购买住房的自筹资金的有关证明；
9）住房公积金管理部门规定的其他文件和资料。

（8）客户贷款流程：

1）提出申请。借款申请人需提出书面贷款申请，并提交有关资料，由建设银行负责受理后交住房公积金管理部门或直接向住房公积金管理部门申请，等待住房公积金管理部门审批。

2）签订合同、开立存款账户。借款申请经住房公积金管理部门审批通过后，由建设银行通知借款人签订借款合同和担保合同。选用委托扣款方式还款的借款人须在建设银行开立储蓄卡或信用卡扣款账户。

3）办理抵押登记、投保住房保险。签订合同后，应根据国家和当地法律、法规，办理抵押登记及其他必须的手续，抵押登记费用由借款人负担，抵押期间保险单正本由贷款银行保管。

4）支用款项。借款人在建设银行填制贷款转存凭据，建设银行按借款合同约定，将贷款资金一次或分次划入售房人在建设银行开立的售房款账户内，或将贷款资金直接转入借款人在建设银行开立的存款账户内。

5）按期还款。借款人按借款合同约定的还款计划和还款方式，委托建设银行分期扣款或到建设银行柜面，按期归还个人公积金住房贷款本息。

6）贷款结清。在贷款到期日前，借款人如提前结清贷款，须按借款合同约定，提前向建设银行或住房公积金管理部门提出申请，由住房公积金管理部门审批。

贷款结清后，借款人从建设银行领取"贷款结清证明"，取回抵押登记证明文件及保险单正本，并持建设银行出具的"贷款结清证明"到原抵押登记部门办理抵押登记注销手续。

三、组合贷款

当个人通过住房公积金贷款不足以支付购房款时，可以向受委托办理住房公积金贷款的经办银行申请组合贷款。组合贷款是指管理中心运用住房公积金、商业银行利用信贷资金向同一借款人发放的，用于购买同一套自住住房的个人住房贷款，是公积金贷款和商业性贷款组合的总称。两部分贷款要同时办理申请和审批手续，两部分贷款审批完成后，经办银行将两笔资金同时拨付到售房单位账户。在组合贷款中，住房公积金贷款和商业性贷款的贷款期限、借（还）款日期和还款方式都应是相同的，但执行不同的贷款利率。一般，组合贷款的贷款总额不得超过借款人所购房屋价款的80%。组合贷款要分别签署住房公积金贷款和商业性贷款两份借款(担保)合同。

【例 10-2】 李某现有购房资金 20 万元,为购一套 50 万元的住宅而向银行申请了 20 年还款期的组合贷款,按照有关规定,他可以申请的公积金贷款额最高为 18 万元,若 20 年期的公积金贷款利率和住房商业性贷款利率分别为 3.375% 和 4.2%,则在采取等额本息还款法的还款方式下,求李某每个月应归还之贷款本息总额。

公积金贷款部分月还款额:
$$180000 \times 0.003375 \div [1-1/(1+0.003375)^{240}] = 1096 \text{ 元}$$

商业性贷款部分月还款额:
$$120000 \times 0.0042 \div [1-1/(1+0.0042)^{240}] = 795 \text{ 元}$$

故李某每个月应归还贷款本息总额为 1096+795=1891 元。

复 习 题

1. 试述房地产贷款的种类。
2. 房地产开发类贷款的申请条件有哪些?
3. 试述个人商业性贷款的程序。
4. 偿还贷款的方式有哪些?
5. 个人住房贷款的违约责任有哪些?
6. 住房公积金的性质和特点是什么?
7. 试述住房公积金管理的基本原则。
8. 简述住房公积金提取的程序。
9. 什么是组合贷款?

附录一

中华人民共和国城市房地产管理法

(1994年7月5日第八届全国人民代表大会常务委员会第八次会议通过)

第一章 总 则

第一条 为了加强对城市房地产的管理，维护房地产市场秩序，保障房地产权利人的合法权益，促进房地产业的健康发展，制定本法。

第二条 在中华人民共和国城市规划区国有土地（以下简称国有土地）范围内取得房地产开发用地的土地使用权，从事房地产开发、房地产交易，实施房地产管理，应当遵守本法。

本法所称房屋，是指土地上的房屋等建筑物及构筑物。

本法所称房地产开发，是指在依据本法取得国有土地使用权的土地上进行基础设施、房屋建设的行为。

本法所称房地产交易，包括房地产转让、房地产抵押和房屋租赁。

第三条 国家依法实行国有土地有偿、有限期使用制度。但是，国家在本法规定的范围内划拨国有土地使用权的除外。

第四条 国家根据社会、经济发展水平，扶持发展居民住宅建设，逐步改善居民的居住条件。

第五条 房地产权利人应当遵守法律和行政法规，依法纳税。房地产权利人的合法权益受法律保护，任何单位和个人不得侵犯。

第六条 国务院建设行政主管部门、土地管理部门依照国务院规定的职权划分，各司其职，密切配合，管理全国房地产工作。

县级以上地方人民政府房产管理、土地管理部门的机构设置及其职权由省、自治区、直辖市人民政府确定。

第二章 房地产开发用地

第一节 土地使用权出让

第七条 土地使用权出让，是指国家将国有土地使用权（以下简称土地使用权）在一定年限内出让给土地使用者，由土地使用者向国家支付土地使用权出让金的行为。

第八条 城市规划区内的集体所有的土地，经依法征用转为国有土地后，该幅国有土地的使用权方可有偿出让。

第九条 土地使用权出让，必须符合土地利用总体规划、城市规划和年度建设用地计划。

第十条 县级以上地方人民政府出让土地使用权用于房地产开发的，须根据省级以上人民政府下达的控制指标拟订年度出让土地使用权总面积方案，按照国务院规定，报国务院或者省级人民政府批准。

第十一条 土地使用权出让，由市、县人民政府有计划、有步骤地进行。出让的每幅地块、用途、年限和其他条件，由市、县人民政府土地管理部门会同城市规划、建设、房产管理部门共同拟定方案，按照国务院规定，报经有批准权的人民政府批准后，由市、县人民政府土地管理部门实施。

直辖市的县人民政府及其有关部门行使前款规定的权限，由直辖市人民政府规定。

第十二条 土地使用权出让，可以采取拍卖、招标或者双方协议的方式。

商业、旅游、娱乐和豪华住宅用地，有条件的，必须采取拍卖、招标方式；没有条件，不能采取拍卖、招标方式的，可以采取双方协议的方式。

采取双方协议方式出让土地使用权的出让金不得低于按国家规定所确定的最低价。

第十三条 土地使用权出让最高年限由国务院规定。

第十四条 土地使用权出让，应当签订书面出让合同。

土地使用权出让合同由市、县人民政府土地管理部门与土地使用者签订。

第十五条 土地使用者必须按照出让合同约定，支付土地使用权出让金；未按照出让合同约定支付土地使用权出让金的，土地管理部门有权解除合同，并可以请求违约赔偿。

第十六条 土地使用者按照出让合同约定支付土地使用权出让金的，市、县人民政府土地管理部门必须按照出让合同约定，提供出让的土地；未按照出让合同约定提供出让的土地的，土地使用者有权解除合同，由土地管理部门返还土地使用权出让金，土地使用者并可以请求违约赔偿。

第十七条 土地使用者需要改变土地使用权出让合同约定的土地用途的，必须取得出让方和市、县人民政府城市规划行政主管部门的同意，签订土地使用权出让合同变更协议或者重新签订土地使用权出让合同，相应调整土地使用权出让金。

第十八条 土地使用权出让金应当全部上缴财政，列入预算，用于城市基础设施建设和土地开发。土地使用权出让金上缴和使用的具体办法由国务院规定。

第十九条 国家对土地使用者依法取得的土地使用权，在出让合同约定的使用年限届满前不收回；在特殊情况下，根据社会公共利益的需要，可以依照法律程序提前收回，并根据土地使用者使用土地的实际年限和开发土地的实际情况给予相应的补偿。

第二十条 土地使用权因土地灭失而终止。

第二十一条 土地使用权出让合同约定的使用年限届满，土地使用者需要继续使用土地的，应当至迟于届满前一年申请续期，除根据社会公共利益需要收回该幅土地的，应当予以批准。经批准准予续期的，应当重新签订土地使用权出让合同，依照规定支付土地使用权出让金。

土地使用权出让合同约定的使用年限届满，土地使用者未申请续期或者虽申请续期但依照前款规定未获批准的，土地使用权由国家无偿收回。

第二节 土地使用权划拨

第二十二条 土地使用权划拨，是指县级以上人民政府依法批准，在土地使用者缴纳补偿、安置等费用后将该幅土地交付其使用，或者将土地使用权无偿交付给土地使用者使用的行为。

依照本法规定以划拨方式取得土地使用权的，除法律、行政法规另有规定外，没有使用期限的限制。

第二十三条 下列建设用地的土地使用权，确属必需的，可以由县级以上人民政府依法批准划拨：

（一）国家机关用地和军事用地；
（二）城市基础设施用地和公益事业用地；
（三）国家重点扶持的能源、交通、水利等项目用地；
（四）法律、行政法规规定的其他用地。

第三章 房地产开发

第二十四条 房地产开发必须严格执行城市规划，按照经济效益、社会效益、环境效益相统一的原则，实行全面规划、合理布局、综合开发、配套建设。

第二十五条 以出让方式取得土地使用权进行房地产开发的，必须按照土地使用权出让合同约定的土地用途、动工开发期限开发土地。超过出让合同约定的动工开发日期满一年未动工开发的，可以征收相当于土地使用权出让金百分之二十以下的土地闲置费；满二年未动工开发的，可以无偿收回土地使用权；但是，因不可抗力或者政府、政府有关部门的行为或者动工开发必需的前期工作造成动工开发迟延的除外。

第二十六条 房地产开发项目的设计、施工，必须符合国家的有关标准和规范。
房地产开发项目竣工，经验收合格后，方可交付使用。

第二十七条 依法取得的土地使用权，可以依照本法和有关法律、行政法规的规定，作价入股，合资、合作开发经营房地产。

第二十八条 国家采取税收等方面的优惠措施鼓励和扶持房地产开发企业开发建设居民住宅。

第二十九条 房地产开发企业是以营利为目的，从事房地产开发和经营的企业。设立房地产开发企业，应当具备下列条件：

（一）有自己的名称和组织机构；
（二）有固定的经营场所；
（三）有符合国务院规定的注册资本；
（四）有足够的专业技术人员；
（五）法律、行政法规规定的其他条件。

设立房地产开发企业，应当向工商行政管理部门申请设立登记。工商行政管理部门对符合本法规定条件的，应当予以登记，发给营业执照；对不符合本法规定条件的，不予登记。

设立有限责任公司、股份有限公司，从事房地产开发经营的，还应当执行公司法的有关规定。

房地产开发企业在领取营业执照后的一个月内，应当到登记机关所在地的县级以上地方人民政府规定的部门备案。

第三十条 房地产开发企业的注册资本与投资总额的比例应当符合国家有关规定。
房地产开发企业分期开发房地产的，分期投资额应当与项目规模相适应，并按照土地使用权出让合同的约定,按期投入资金,用于项目建设。

第四章 房 地 产 交 易

第一节 一 般 规 定

第三十一条 房地产转让、抵押时,房屋的所有权和该房屋占用范围内的土地使用权同时转让、抵押。

第三十二条 基准地价、标定地价和各类房屋的重置价格应当定期确定并公布。具体办法由国务院规定。

第三十三条 国家实行房地产价格评估制度。

房地产价格评估,应当遵循公正、公平、公开的原则,按照国家规定的技术标准和评估程序,以基准地价、标定地价和各类房屋的重置价格为基础,参照当地的市场价格进行评估。

第三十四条 国家实行房地产成交价格申报制度。

房地产权利人转让房地产,应当向县级以上地方人民政府规定的部门如实申报成交价,不得瞒报或者作不实的申报。

第三十五条 房地产转让、抵押,当事人应当依照本法第五章的规定办理权属登记。

第二节 房 地 产 转 让

第三十六条 房地产转让,是指房地产权利人通过买卖、赠与或者其他合法方式将其房地产转移给他人的行为。

第三十七条 下列房地产,不得转让:

(一)以出让方式取得土地使用权的,不符合本法第三十八条规定的条件的;

(二)司法机关和行政机关依法裁定、决定查封或者以其他形式限制房地产权利的;

(三)依法收回土地使用权的;

(四)共有房地产,未经其他共有人书面同意的;

(五)权属有争议的;

(六)未依法登记领取权属证书的;

(七)法律、行政法规规定禁止转让的其他情形。

第三十八条 以出让方式取得土地使用权的,转让房地产时,应当符合下列条件:

(一)按照出让合同约定已经支付全部土地使用权出让金,并取得土地使用权证书;

(二)按照出让合同约定进行投资开发,属于房屋建设工程的,完成开发投资总额的百分之二十五以上,属于成片开发土地的,形成工业用地或者其他建设用地条件。

转让房地产时房屋已经建成的,还应当持有房屋所有权证书。

第三十九条 以划拨方式取得土地使用权的,转让房地产时,应当按照国务院规定,报有批准权的人民政府审批。有批准权的人民政府准予转让的,应当由受让方办理土地使用权出让手续,并依照国家有关规定缴纳土地使用权出让金。

以划拨方式取得土地使用权的,转让房地产报批时,有批准权的人民政府按照国务院规定决定可以不办理土地使用权出让手续的,转让方应当按照国务院规定将转让房地产所获收益中的土地收益上缴国家或者作其他处理。

第四十条 房地产转让,应当签订书面转让合同,合同中应当载明土地使用权取得的方式。

第四十一条 房地产转让时,土地使用权出让合同载明的权利、义务随之转移。

第四十二条 以出让方式取得土地使用权的,转让房地产后,其土地使用权的使用年限为原土地使用权出让合同约定的使用年限减去原土地使用者已经使用年限后的剩余年限。

第四十三条 以出让方式取得土地使用权的,转让房地产后,受让人改变原土地使用权出让合同约定的土地用途的,必须取得原出让方和市、县人民政府城市规划行政主管部门的同意,签订土地使用权出让合同变更协议或者重新签订土地使用权出让合同,相应调整土地使用权出让金。

第四十四条 商品房预售,应当符合下列条件:

(一)已交付全部土地使用权出让金,取得土地使用权证书;

(二)持有建设工程规划许可证;

(三)按提供预售的商品房计算,投入开发建设的资金达到工程建设总投资的百分之二十五以上,并已经确定施工进度和竣工交付日期;

(四)向县级以上人民政府房产管理部门办理预售登记,取得商品房预售许可证明。

商品房预售人应当按照国家有关规定将预售合同报县级以上人民政府房产管理部门和土地管理部门登记备案。

商品房预售所得款项,必须用于有关的工程建设。

第四十五条 商品房预售的,商品房预购人将购买的未竣工的预售商品房再行转让的问题,由国务院规定。

第三节 房地产抵押

第四十六条 房地产抵押,是指抵押人以其合法的房地产以不转移占有的方式向抵押权人提供债务履行担保的行为。债务人不覆行债务时,抵押权人有权依法以抵押的房地产拍卖所得的价款优先受偿。

第四十七条 依法取得的房屋所有权连同该房屋占用范围内的土地使用权,可以设定抵押权。

以出让方式取得的土地使用权,可以设定抵押权。

第四十八条 房地产抵押,应当凭土地使用权证书、房屋所有权证书办理。

第四十九条 房地产抵押,抵押人和抵押权人应当签订书面抵押合同。

第五十条 设定房地产抵押权的土地使用权是以划拨方式取得的,依法拍卖该房地产后,应当从拍卖所得的价款中缴纳相当于应缴纳的土地使用权出让金的款额后,抵押权人方可优先受偿。

第五十一条 房地产抵押合同签订后,土地上新增的房屋不属于抵押财产。需要拍卖该抵押的房地产时,可以依法将土地上新增的房屋与抵押财产一同拍卖,但对拍卖新增房屋所得,抵押权人无权优先受偿。

第四节 房屋租赁

第五十二条 房屋租赁,是指房屋所有权人作为出租人将其房屋出租给承租人使用,由承租人向出租人支付租金的行为。

第五十三条 房屋租赁，出租人和承租人应当签订书面租赁合同，约定租赁期限、租赁用途、租赁价格、修缮责任等条款，以及双方的其他权利和义务，并向房产管理部门登记备案。

第五十四条 住宅用房的租赁，应当执行国家和房屋所在城市人民政府规定的租赁政策。租用房屋从事生产、经营活动的，由租赁双方协商议定租金和其他租赁条款。

第五十五条 以营利为目的，房屋所有权人将以划拨方式取得使用权的国有土地上建成的房屋出租的，应当将租金中所含土地收益上缴国家。具体办法由国务院规定。

第五节 中介服务机构

第五十六条 房地产中介服务机构包括房地产咨询机构、房地产价格评估机构、房地产经纪机构等。

第五十七条 房地产中介服务机构应当具备下列条件：

（一）有自己的名称和组织机构；

（二）有固定的服务场所；

（三）有必要的财产和经费；

（四）有足够数量的专业人员；

（五）法律、行政法规规定的其他条件。

设立房地产中介服务机构，应当向工商行政管理部门申请设立登记，领取营业执照后，方可开业。

第五十八条 国家实行房地产价格评估人员资格认证制度。

第五章 房地产权属登记管理

第五十九条 国家实行土地使用权和房屋所有权登记发证制度。

第六十条 以出让或者划拨方式取得土地使用权，应当向县级以上地方人民政府土地管理部门申请登记，经县级以上地方人民政府土地管理部门核实，由同级人民政府颁发土地使用权证书。

在依法取得的房地产开发用地上建成房屋的，应当凭土地使用权证书向县级以上地方人民政府房产管理部门申请登记，由县级以上地方人民政府房产管理部门核实并颁发房屋所有权证书。

房地产转让或者变更时，应当向县级以上地方人民政府房产管理部门申请房产变更登记，并凭变更后的房屋所有权证书向同级人民政府土地管理部门申请土地使用权变更登记，经同级人民政府土地管理部门核实，由同级人民政府更换或者更改土地使用权证书。

法律另有规定的，依照有关法律的规定办理。

第六十一条 房地产抵押时，应当向县级以上地方人民政府规定的部门办理抵押登记。

因处分抵押房地产而取得土地使用权和房屋所有权的，应当依照本章规定办理过户登记。

第六十二条 经省、自治区、直辖市人民政府确定，县级以上地方人民政府由一个部门统一负责房产管理和土地管理工作的，可以制作、颁发统一的房地产权证书，依照本法

第六十条的规定，将房屋的所有权和该房屋占用范围内的土地使用权的确认和变更，分别载入房地产权证书。

第六章 法律责任

第六十三条 违反本法第十条、第十一条的规定，擅自批准出让或者擅自出让土地使用权用于房地产开发的，由上级机关或者所在单位给予有关责任人员行政处分。

第六十四条 违反本法第二十九条的规定，未取得营业执照擅自从事房地产开发业务的，由县级以上人民政府工商行政管理部门责令停止房地产开发业务活动，没收违法所得，可以并处罚款。

第六十五条 违反本法第三十八条第一款的规定转让土地使用权的，由县级以上人民政府土地管理部门没收违法所得，可以并处罚款。

第六十六条 违反本法第三十九条第一款的规定转让房地产的，由县级以上人民政府土地管理部门责令缴纳土地使用权出让金，没收违法所得，可以并处罚款。

第六十七条 违反本法第四十四条第一款的规定预售商品房的，由县级以上人民政府房产管理部门责令停止预售活动，没收违法所得，可以并处罚款。

第六十八条 违反本法第五十七条的规定，未取得营业执照擅自从事房地产中介服务业务的，由县级以上人民政府工商行政管理部门责令停止房地产中介服务业务活动，没收违法所得，可以并处罚款。

第六十九条 没有法律、法规的依据，向房地产开发企业收费的，上级机关应当责令退回所收取的钱款；情节严重的，由上级机关或者所在单位给予直接责任人员行政处分。

第七十条 房产管理部门、土地管理部门工作人员玩忽职守、滥用职权，构成犯罪的，依法追究刑事责任；不构成犯罪的，给予行政处分。

房产管理部门、土地管理部门工作人员利用职务上的便利，索取他人财物，或者非法收受他人财物为他人谋取利益，构成犯罪的，依照惩治贪污罪贿赂罪的补充规定追究刑事责任；不构成犯罪的，给予行政处分。

第七章 附则

第七十一条 在城市规划区外的国有土地范围内取得房地产开发用地的土地使用权，从事房地产开发、交易活动以及实施房地产管理，参照本法。

第七十二条 本法自1995年1月1日起施行。

附录二

中华人民共和国土地管理法

（1986年6月25日第六届全国人民代表大会常务委员会第十六次会议通过，根据1988年12月29日第七届全国人民代表大会常务委员会第五次会议《关于修改〈中华人民共和国土地管理法〉的决定》修正，1998年8月29日第九届全国人民代表大会常务委员会第四次会议修订）

第一章 总 则

第一条 为了加强土地管理，维护土地的社会主义公有制，保护、开发土地资源，合理利用土地，切实保护耕地，促进社会经济的可持续发展，根据宪法，制定本法。

第二条 中华人民共和国实行土地的社会主义公有制，即全民所有制和劳动群众集体所有制。

全民所有，即国家所有土地的所有权由国务院代表国家行使。

任何单位和个人不得侵占、买卖或者以其他形式非法转让土地。土地使用权可以依法转让。

国家为公共利益的需要，可以依法对集体所有的土地实行征用。

国家依法实行国有土地有偿使用制度。但是，国家在法律规定的范围内划拨国有土地使用权的除外。

第三条 十分珍惜、合理利用土地和切实保护耕地是我国的基本国策。各级人民政府应当采取措施，全面规划，严格管理，保护、开发土地资源，制止非法占用土地的行为。

第四条 国家实行土地用途管制制度。

国家编制土地利用总体规划，规定土地用途，将土地分为农用地、建设用地和未利用地。严格限制农用地转为建设用地，控制建设用地总量，对耕地实行特殊保护。

前款所称农用地是指直接用于农业生产的土地，包括耕地、林地、草地、农田水利用地、养殖水面等；建设用地是指建造建筑物、构筑物的土地，包括城乡住宅和公共设施用地、工矿用地、交通水利设施用地、旅游用地、军事设施用地等；未利用地是指农用地和建设用地以外的土地。

使用土地的单位和个人必须严格按照土地利用总体规划确定的用途使用土地。

第五条 国务院土地行政主管部门统一负责全国土地的管理和监督工作。

县级以上地方人民政府土地行政主管部门的设置及其职责，由省、自治区、直辖市人民政府根据国务院有关规定确定。

第六条 任何单位和个人都有遵守土地管理法律、法规的义务，并有权对违反土地管理法律、法规的行为提出检举和控告。

第七条 在保护和开发土地资源、合理利用土地以及进行有关的科学研究等方面成绩显著的单位和个人，由人民政府给予奖励。

第二章 土地的所有权和使用权

第八条 城市市区的土地属于国家所有。

农村和城市郊区的土地,除由法律规定属于国家所有的以外,属于农民集体所有;宅基地和自留地、自留山,属于农民集体所有。

第九条 国有土地和农民集体所有的土地,可以依法确定给单位或者个人使用。使用土地的单位和个人,有保护、管理和合理利用土地的义务。

第十条 农民集体所有的土地依法属于村农民集体所有的,由村集体经济组织或者村民委员会经营、管理;已经分别属于村内两个以上农村集体经济组织的农民集体所有的,由村内各该农村集体经济组织或者村民小组经营、管理;已经属于乡(镇)农民集体所有的,由乡(镇)农村集体经济组织经营、管理。

第十一条 农民集体所有的土地,由县级人民政府登记造册,核发证书,确认所有权。

农民集体所有的土地依法用于非农业建设的,由县级人民政府登记造册,核发证书,确认建设用地使用权。

单位和个人依法使用的国有土地,由县级以上人民政府登记造册,核发证书,确认使用权;其中,中央国家机关使用的国有土地的具体登记发证机关,由国务院确定。

确认林地、草原的所有权或者使用权,确认水面、滩涂的养殖使用权,分别依照《中华人民共和国森林法》、《中华人民共和国草原法》和《中华人民共和国渔业法》的有关规定办理。

第十二条 依法改变土地权属和用途的,应当办理土地变更登记手续。

第十三条 依法登记的土地的所有权和使用权受法律保护,任何单位和个人不得侵犯。

第十四条 农民集体所有的土地由本集体经济组织的成员承包经营,从事种植业、林业、畜牧业、渔业生产。土地承包经营期限为三十年。发包方和承包方应当订立承包合同,约定双方的权利和义务。承包经营土地的农民有保护和按照承包合同约定的用途合理利用土地的义务。农民的土地承包经营权受法律保护。

在土地承包经营期限内,对个别承包经营者之间承包的土地进行适当调整的,必须经村民会议三分之二以上成员或者三分之二以上村民代表的同意,并报乡(镇)人民政府和县级人民政府农业行政主管部门批准。

第十五条 国有土地可以由单位或者个人承包经营,从事种植业、林业、畜牧业、渔业生产。农民集体所有的土地,可以由本集体经济组织以外的单位或者个人承包经营,从事种植业、林业、畜牧业、渔业生产。发包方和承包方应当订立承包合同,约定双方的权利和义务。土地承包经营的期限由承包合同约定。承包经营土地的单位和个人,有保护和按照承包合同约定的用途合理利用土地的义务。

农民集体所有的土地由本集体经济组织以外的单位或者个人承包经营的,必须经村民会议三分之二以上成员或者三分之二以上村民代表的同意,并报乡(镇)人民政府批准。

第十六条 土地所有权和使用权争议,由当事人协商解决;协商不成的,由人民政府处理。

单位之间的争议，由县级以上人民政府处理；个人之间、个人与单位之间的争议，由乡级人民政府或者县级以上人民政府处理。

当事人对有关人民政府的处理决定不服的，可以自接到处理决定通知之日起三十日内，向人民法院起诉。

在土地所有权和使用权争议解决前，任何一方不得改变土地利用现状。

第三章 土地利用总体规划

第十七条 各级人民政府应当依据国民经济和社会发展规划、国土整治和资源环境保护的要求、土地供给能力以及各项建设对土地的需求，组织编制土地利用总体规划。

土地利用总体规划的规划期限由国务院规定。

第十八条 下级土地利用总体规划应当依据上一级土地利用总体规划编制。

地方各级人民政府编制的土地利用总体规划中的建设用地总量不得超过上一级土地利用总体规划确定的控制指标，耕地保有量不得低于上一级土地利用总体规划确定的控制指标。

省、自治区、直辖市人民政府编制的土地利用总体规划，应当确保本行政区域内耕地总量不减少。

第十九条 土地利用总体规划按照下列原则编制：

（一）严格保护基本农田，控制非农业建设占用农用地；

（二）提高土地利用率；

（三）统筹安排各类、各区域用地；

（四）保护和改善生态环境，保障土地的可持续利用；

（五）占用耕地与开发复垦耕地相平衡。

第二十条 县级土地利用总体规划应当划分土地利用区，明确土地用途。

乡（镇）土地利用总体规划应当划分土地利用区，根据土地使用条件，确定每一块土地的用途，并予以公告。

第二十一条 土地利用总体规划实行分级审批。

省、自治区、直辖市的土地利用总体规划，报国务院批准。

省、自治区人民政府所在地的市、人口在一百万以上的城市以及国务院指定的城市的土地利用总体规划，经省、自治区人民政府审查同意后，报国务院批准。

本条第二款、第三款规定以外的土地利用总体规划，逐级上报省、自治区、直辖市人民政府批准；其中，乡（镇）土地利用总体规划可以由省级人民政府授权的设区的市、自治州人民政府批准。

土地利用总体规划一经批准，必须严格执行。

第二十二条 城市建设用地规模应当符合国家规定的标准，充分利用现有建设用地，不占或者尽量少占农用地。

城市总体规划、村庄和集镇规划，应当与土地利用总体规划相衔接，城市总体规划、村庄和集镇规划中建设用地规模不得超过土地利用总体规划确定的城市和村庄、集镇建设用地规模。

在城市规划区内、村庄和集镇规划区内，城市和村庄、集镇建设用地应当符合城市规划、村庄和集镇规划。

第二十三条　江河、湖泊综合治理和开发利用规划，应当与土地利用总体规划相衔接。在江河、湖泊、水库的管理和保护范围以及蓄洪滞洪区内，土地利用应当符合江河、湖泊综合治理和开发利用规划，符合河道、湖泊行洪、蓄洪和输水的要求。

第二十四条　各级人民政府应当加强土地利用计划管理，实行建设用地总量控制。

土地利用年度计划，根据国民经济和社会发展计划、国家产业政策、土地利用总体规划以及建设用地和土地利用的实际状况编制。土地利用年度计划的编制审批程序与土地利用总体规划的编制审批程序相同，一经审批下达，必须严格执行。

第二十五条　省、自治区、直辖市人民政府应当将土地利用年度计划的执行情况列为国民经济和社会发展计划执行情况的内容，向同级人民代表大会报告。

第二十六条　经批准的土地利用总体规划的修改，须经原批准机关批准；未经批准，不得改变土地利用总体规划确定的土地用途。

经国务院批准的大型能源、交通、水利等基础设施建设用地，需要改变土地利用总体规划的，根据国务院的批准文件修改土地利用总体规划。

经省、自治区、直辖市人民政府批准的能源、交通、水利等基础设施建设用地，需要改变土地利用总体规划的，属于省级人民政府土地利用总体规划批准权限内的，根据省级人民政府的批准文件修改土地利用总体规划。

第二十七条　国家建立土地调查制度。

县级以上人民政府土地行政主管部门会同同级有关部门进行土地调查。土地所有者或者使用者应当配合调查，并提供有关资料。

第二十八条　县级以上人民政府土地行政主管部门会同同级有关部门根据土地调查成果、规划土地用途和国家制定的统一标准，评定土地等级。

第二十九条　国家建立土地统计制度。

县级以上人民政府土地行政主管部门和同级统计部门共同制定统计调查方案，依法进行土地统计，定期发布土地统计资料。土地所有者或者使用者应当提供有关资料，不得虚报、瞒报、拒报、迟报。

土地行政主管部门和统计部门共同发布的土地面积统计资料是各级人民政府编制土地利用总体规划的依据。

第三十条　国家建立全国土地管理信息系统，对土地利用状况进行动态监测。

第四章　耕　地　保　护

第三十一条　国家保护耕地，严格控制耕地转为非耕地。

国家实行占用耕地补偿制度。非农业建设经批准占用耕地的，按照"占多少，垦多少"的原则，由占用耕地的单位负责开垦与所占用耕地的数量和质量相当的耕地；没有条件开垦或者开垦的耕地不符合要求的，应当按照省、自治区、直辖市的规定缴纳耕地开垦费，专款用于开垦新的耕地。

省、自治区、直辖市人民政府应当制定开垦耕地计划，监督占用耕地的单位按照计划开垦耕地或者按照计划组织开垦耕地，并进行验收。

第三十二条 县级以上地方人民政府可以要求占用耕地的单位将所占用耕地耕作层的土壤用于新开垦耕地、劣质地或者其他耕地的土壤改良。

第三十三条 省、自治区、直辖市人民政府应当严格执行土地利用总体规划和土地利用年度计划，采取措施，确保本行政区域内耕地总量不减少；耕地总量减少的，由国务院责令在规定期限内组织开垦与所减少耕地的数量与质量相当的耕地，并由国务院土地行政主管部门会同农业行政主管部门验收。个别省、直辖市确因土地后备资源匮乏，新增建设用地后，新开垦耕地的数量不足以补偿所占用耕地的数量的，必须报经国务院批准减免本行政区域内开垦耕地的数量，进行易地开垦。

第三十四条 国家实行基本农田保护制度。下列耕地应当根据土地利用总体规划划入基本农田保护区，严格管理：

（一）经国务院有关主管部门或者县级以上地方人民政府批准确定的粮、棉、油生产基地内的耕地；

（二）有良好的水利与水土保持设施的耕地，正在实施改造计划以及可以改造的中、低产田；

（三）蔬菜生产基地；

（四）农业科研、教学试验田；

（五）国务院规定应当划入基本农田保护区的其他耕地。

各省、自治区、直辖市划定的基本农田应当占本行政区域内耕地的百分之八十以上。

基本农田保护区以乡（镇）为单位进行划区定界，由县级人民政府土地行政主管部门会同同级农业行政主管部门组织实施。

第三十五条 各级人民政府应当采取措施，维护排灌工程设施，改良土壤，提高地力，防止土地荒漠化、盐渍化、水土流失和污染土地。

第三十六条 非农业建设必须节约使用土地，可以利用荒地的，不得占用耕地；可以利用劣地的，不得占用好地。

禁止占用耕地建窑、建坟或者擅自在耕地上建房、挖砂、采石、采矿、取土等。

禁止占用基本农田发展林果业和挖塘养鱼。

第三十七条 禁止任何单位和个人闲置、荒芜耕地。已经办理审批手续的非农业建设占用耕地，一年内不用而又可以耕种并收获的，应当由原耕种该幅耕地的集体或者个人恢复耕种，也可以由用地单位组织耕种；一年以上未动工建设的，应当按照省、自治区、直辖市的规定缴纳闲置费；连续二年未使用的，经原批准机关批准，由县级以上人民政府无偿收回用地单位的土地使用权；该幅土地原为农民集体所有的，应当交由原农村集体经济组织恢复耕种。

在城市规划区范围内，以出让方式取得土地使用权进行房地产开发的闲置土地，依照《中华人民共和国城市房地产管理法》的有关规定办理。

承包经营耕地的单位或者个人连续二年弃耕抛荒的，原发包单位应当终止承包合同，收回发包的耕地。

第三十八条 国家鼓励单位和个人按照土地利用总体规划，在保护和改善生态环境、防止水土流失和土地荒漠化的前提下,开发未利用的土地;适宜开发为农用地的,应当优先开发成农用地。

国家依法保护开发者的合法权益。

第三十九条　开垦未利用的土地,必须经过科学论证和评估,在土地利用总体规划划定的可开垦的区域内,经依法批准后进行。禁止毁坏森林、草原开垦耕地,禁止围湖造田和侵占江河滩地。

根据土地利用总体规划,对破坏生态环境开垦、围垦的土地,有计划有步骤地退耕还林、还牧、还湖。

第四十条　开发未确定使用权的国有荒山、荒地、荒滩从事种植业、林业、畜牧业、渔业生产的,经县级以上人民政府依法批准,可以确定给开发单位或者个人长期使用。

第四十一条　国家鼓励土地整理。县、乡(镇)人民政府应当组织农村集体经济组织,按照土地利用总体规划,对田、水、路、林、村综合整治,提高耕地质量,增加有效耕地面积,改善农业生产条件和生态环境。

地方各级人民政府应当采取措施,改造中、低产田,整治闲散地和废弃地。

第四十二条　因挖损、塌陷、压占等造成土地破坏,用地单位和个人应当按照国家有关规定负责复垦;没有条件复垦或者复垦不符合要求的,应当缴纳土地复垦费,专项用于土地复垦。复垦的土地应当优先用于农业。

第五章　建　设　用　地

第四十三条　任何单位和个人进行建设,需要使用土地的,必须依法申请使用国有土地;但是,兴办乡镇企业和村民建设住宅经依法批准使用本集体经济组织农民集体所有的土地的,或者乡(镇)村公共设施和公益事业建设经依法批准使用农民集体所有的土地的除外。

前款所称依法申请使用的国有土地包括国家所有的土地和国家征用的原属于农民集体所有的土地。

第四十四条　建设占用土地,涉及农用地转为建设用地的,应当办理农用地转用审批手续。

省、自治区、直辖市人民政府批准的道路、管线工程和大型基础设施建设项目、国务院批准的建设项目占用土地,涉及农用地转为建设用地的,由国务院批准。

在土地利用总体规划确定的城市和村庄、集镇建设用地规模范围内,为实施该规划而将农用地转为建设用地的,按土地利用年度计划分批次由原批准土地利用总体规划的机关批准。在已批准的农用地转用范围内,具体建设项目用地可以由市、县人民政府批准。

本条第二款、第三款规定以外的建设项目占用土地,涉及农用地转为建设用地的,由省、自治区、直辖市人民政府批准。

第四十五条　征用下列土地的,由国务院批准:

(一)基本农田;

(二)基本农田以外的耕地超过三十五公顷的;

(三)其他土地超过七十公顷的。

征用前款规定以外的土地的,由省、自治区、直辖市人民政府批准,并报国务院备案。

征用农用地的,应当依照本法第四十四条的规定先行办理农用地转用审批。其中,经国务院批准农用地转用的,同时办理征地审批手续,不再另行办理征地审批;经省、自治区、直辖市人民政府在征地批准权限内批准农用地转用的,同时办理征地审批手续,不再另行办理征地审批,超过征地批准权限的,应当依照本条第一款的规定另行办理征地审批。

第四十六条　国家征用土地的,依照法定程序批准后,由县级以上地方人民政府予以公告并组织实施。

被征用土地的所有权人、使用权人应当在公告规定期限内,持土地权属证书到当地人民政府土地行政主管部门办理征地补偿登记。

第四十七条　征用土地的,按照被征用土地的原用途给予补偿。

征用耕地的补偿费用包括土地补偿费、安置补助费以及地上附着物和青苗的补偿费。征用耕地的土地补偿费,为该耕地被征用前三年平均年产值的六至十倍。征用耕地的安置补助费,按照需要安置的农业人口数计算。需要安置的农业人口数,按照被征用的耕地数量除以征地前被征用单位平均每人占有耕地的数量计算。每一个需要安置的农业人口的安置补助费标准,为该耕地被征用前三年平均年产值的四至六倍。但是,每公顷被征用耕地的安置补助费,最高不得超过被征用前三年平均年产值的十五倍。

征用其他土地的土地补偿费和安置补助费标准,由省、自治区、直辖市参照征用耕地的土地补偿费和安置补助费的标准规定。

被征用土地上的附着物和青苗的补偿标准,由省、自治区、直辖市规定。

征用城市郊区的菜地,用地单位应当按照国家有关规定缴纳新菜地开发建设基金。

依照本条第二款的规定支付土地补偿费和安置补助费,尚不能使需要安置的农民保持原有生活水平的,经省、自治区、直辖市人民政府批准,可以增加安置补助费。但是,土地补偿费和安置补助费的总和不得超过土地被征用前三年平均年产值的三十倍。

国务院根据社会、经济发展水平,在特殊情况下,可以提高征用耕地的土地补偿费和安置补助费的标准。

第四十八条　征地补偿安置方案确定后,有关地方人民政府应当公告,并听取被征地的农村集体经济组织和农民的意见。

第四十九条　被征地的农村集体经济组织应当将征用土地的补偿费用的收支状况向本集体经济组织的成员公布,接受监督。

禁止侵占、挪用被征用土地单位的征地补偿费用和其他有关费用。

第五十条　地方各级人民政府应当支持被征地的农村集体经济组织和农民从事开发经营,兴办企业。

第五十一条　大中型水利、水电工程建设征用土地的补偿费标准和移民安置办法,由国务院另行规定。

第五十二条　建设项目可行性研究论证时,土地行政主管部门可以根据土地利用总体规划、土地利用年度计划和建设用地标准,对建设用地有关事项进行审查,并提出意见。

第五十三条　经批准的建设项目需要使用国有建设用地的,建设单位应当持法律、行政法规规定的有关文件，向有批准权的县级以上人民政府土地行政主管部门提出建设用地申请，经土地行政主管部门审查，报本级人民政府批准。

第五十四条 建设单位使用国有土地，应当以出让等有偿使用方式取得；但是，下列建设用地，经县级以上人民政府依法批准，可以以划拨方式取得：

（一）国家机关用地和军事用地；

（二）城市基础设施用地和公益事业用地；

（三）国家重点扶持的能源、交通、水利等基础设施用地；

（四）法律、行政法规规定的其他用地。

第五十五条 以出让等有偿使用方式取得国有土地使用权的建设单位，按照国务院规定的标准和办法，缴纳土地使用权出让金等土地有偿使用费和其他费用后，方可使用土地。

自本法施行之日起，新增建设用地的土地有偿使用费，百分之三十上缴中央财政，百分之七十留给有关地方人民政府，都专项用于耕地开发。

第五十六条 建设单位使用国有土地的，应当按照土地使用权出让等有偿使用合同的约定或者土地使用权划拨批准文件的规定使用土地；确需改变该幅土地建设用途的，应当经有关人民政府土地行政主管部门同意，报原批准用地的人民政府批准。其中，在城市规划区内改变土地用途的，在报批前，应当先经有关城市规划行政主管部门同意。

第五十七条 建设项目施工和地质勘查需要临时使用国有土地或者农民集体所有的土地的，由县级以上人民政府土地行政主管部门批准。其中，在城市规划区内的临时用地，在报批前，应当先经有关城市规划行政主管部门同意。土地使用者应当根据土地权属，与有关土地行政主管部门或者农村集体经济组织、村民委员会签订临时使用土地合同，并按照合同的约定支付临时使用土地补偿费。

临时使用土地的使用者应当按照临时使用土地合同约定的用途使用土地，并不得修建永久性建筑物。

临时使用土地期限一般不超过二年。

第五十八条 有下列情形之一的，由有关人民政府土地行政主管部门报经原批准用地的人民政府或者有批准权的人民政府批准，可以收回国有土地使用权：

（一）为公共利益需要使用土地的；

（二）为实施城市规划进行旧城区改建，需要调整使用土地的；

（三）土地出让等有偿使用合同约定的使用期限届满，土地使用者未申请续期或者申请续期未获批准的；

（四）因单位撤销、迁移等原因，停止使用原划拨的国有土地的；

（五）公路、铁路、机场、矿场等经核准报废的。

依照前款第（一）项、第（二）项的规定收回国有土地使用权的，对土地使用权人应当给予适当补偿。

第五十九条 乡镇企业、乡（镇）村公共设施、公益事业、农村村民住宅等乡（镇）村建设，应当按照村庄和集镇规划，合理布局，综合开发，配套建设；建设用地，应当符合乡（镇）土地利用总体规划和土地利用年度计划，并依照本法第四十四条、第六十条、第六十一条、第六十二条的规定办理审批手续。

第六十条 农村集体经济组织使用乡(镇)土地利用总体规划确定的建设用地兴办企业或者与其他单位、个人以土地使用权入股、联营等形式共同举办企业的,应当持有关批准文件,向县级以上地方人民政府土地行政主管部门提出申请,按照省、自治区、直辖市规定的批准权限,由县级以上地方人民政府批准;其中,涉及占用农用地的,依照本法第四十四条的规定办理审批手续。

按照前款规定兴办企业的建设用地,必须严格控制。省、自治区、直辖市可以按照乡镇企业的不同行业和经营规模,分别规定用地标准。

第六十一条 乡(镇)村公共设施、公益事业建设,需要使用土地的,经乡(镇)人民政府审核,向县级以上地方人民政府土地行政主管部门提出申请,按照省、自治区、直辖市规定的批准权限,由县级以上地方人民政府批准;其中,涉及占用农用地的,依照本法第四十四条的规定办理审批手续。

第六十二条 农村村民一户只能拥有一处宅基地,其宅基地的面积不得超过省、自治区、直辖市规定的标准。

农村村民建住宅,应当符合乡(镇)土地利用总体规划,并尽量使用原有的宅基地和村内空闲地。

农村村民住宅用地,经乡(镇)人民政府审核,由县级人民政府批准;其中,涉及占用农用地的,依照本法第四十四条的规定办理审批手续。

农村村民出卖、出租住房后,再申请宅基地的,不予批准。

第六十三条 农民集体所有的土地的使用权不得出让、转让或者出租用于非农业建设;但是,符合土地利用总体规划并依法取得建设用地的企业,因破产、兼并等情形致使土地使用权依法发生转移的除外。

第六十四条 在土地利用总体规划制定前已建的不符合土地利用总体规划确定的用途的建筑物、构筑物,不得重建、扩建。

第六十五条 有下列情形之一的,农村集体经济组织报经原批准用地的人民政府批准,可以收回土地使用权:

(一)为乡(镇)村公共设施和公益事业建设,需要使用土地的;
(二)不按照批准的用途使用土地的;
(三)因撤销、迁移等原因而停止使用土地的。

依照前款第(一)项规定收回农民集体所有的土地的,对土地使用权人应当给予适当补偿。

第六章 监督检查

第六十六条 县级以上人民政府土地行政主管部门对违反土地管理法律、法规的行为进行监督检查。

土地管理监督检查人员应当熟悉土地管理法律、法规,忠于职守、秉公执法。

第六十七条 县级以上人民政府土地行政主管部门履行监督检查职责时,有权采取下列措施:

(一)要求被检查的单位或者个人提供有关土地权利的文件和资料,进行查阅或者予以复制；

（二）要求被检查的单位或者个人就有关土地权利的问题作出说明；

（三）进入被检查单位或者个人非法占用的土地现场进行勘测；

（四）责令非法占用土地的单位或者个人停止违反土地管理法律、法规的行为。

第六十八条 土地管理监督检查人员履行职责，需要进入现场进行勘测、要求有关单位或者个人提供文件、资料和作出说明的，应当出示土地管理监督检查证件。

第六十九条 有关单位和个人对县级以上人民政府土地行政主管部门就土地违法行为进行的监督检查应当支持与配合，并提供工作方便，不得拒绝与阻碍土地管理监督检查人员依法执行职务。

第七十条 县级以上人民政府土地行政主管部门在监督检查工作中发现国家工作人员的违法行为，依法应当给予行政处分的，应当依法予以处理；自己无权处理的，应当向同级或者上级人民政府的行政监察机关提出行政处分建议书，有关行政监察机关应当依法予以处理。

第七十一条 县级以上人民政府土地行政主管部门在监督检查工作中发现土地违法行为构成犯罪的，应当将案件移送有关机关，依法追究刑事责任；不构成犯罪的，应当依法给予行政处罚。

第七十二条 依照本法规定应当给予行政处罚，而有关土地行政主管部门不给予行政处罚的，上级人民政府土地行政主管部门有权责令有关土地行政主管部门作出行政处罚决定或者直接给予行政处罚，并给予有关土地行政主管部门的负责人行政处分。

第七章 法　律　责　任

第七十三条 买卖或者以其他形式非法转让土地的，由县级以上人民政府土地行政主管部门没收违法所得；对违反土地利用总体规划擅自将农用地改为建设用地的，限期拆除在非法转让的土地上新建的建筑物和其他设施，恢复土地原状，对符合土地利用总体规划的，没收在非法转让的土地上新建的建筑物和其他设施；可以并处罚款；对直接负责的主管人员和其他直接责任人员，依法给予行政处分；构成犯罪的，依法追究刑事责任。

第七十四条 违反本法规定，占用耕地建窑、建坟或者擅自在耕地上建房、挖砂、采石、采矿、取土等，破坏种植条件的，或者因开发土地造成土地荒漠化、盐渍化的，由县级以上人民政府土地行政主管部门责令限期改正或者治理，可以并处罚款；构成犯罪的，依法追究刑事责任。

第七十五条 违反本法规定，拒不履行土地复垦义务的，由县级以上人民政府土地行政主管部门责令限期改正；逾期不改正的，责令缴纳复垦费，专项用于土地复垦，可以处以罚款。

第七十六条 未经批准或者采取欺骗手段骗取批准，非法占用土地的，由县级以上人民政府土地行政主管部门责令退还非法占用的土地，对违反土地利用总体规划擅自将农用地改为建设用地的，限期拆除在非法占用的土地上新建的建筑物和其他设施，恢复土地原状，对符合土地利用总体规划的，没收在非法占用的土地上新建的建筑物和其他设施，可以并处罚款；对非法占用土地单位的直接负责的主管人员和其他直接责任人员，依法给予行政处分；构成犯罪的，依法追究刑事责任。

超过批准的数量占用土地，多占的土地以非法占用土地论处。

第七十七条 农村村民未经批准或者采取欺骗手段骗取批准，非法占用土地建住宅的，由县级以上人民政府土地行政主管部门责令退还非法占用的土地，限期拆除在非法占用的土地上新建的房屋。

超过省、自治区、直辖市规定的标准，多占的土地以非法占用土地论处。

第七十八条 无权批准征用、使用土地的单位或者个人非法批准占用土地的，超越批准权限非法批准占用土地的，不按照土地利用总体规划确定的用途批准用地的，或者违反法律规定的程序批准占用、征用土地的，其批准文件无效，对非法批准征用、使用土地的直接负责的主管人员和其他直接责任人员，依法给予行政处分；构成犯罪的，依法追究刑事责任。非法批准、使用的土地应当收回，有关当事人拒不归还的，以非法占用土地论处。

非法批准征用、使用土地，对当事人造成损失的，依法应当承担赔偿责任。

第七十九条 侵占、挪用被征用土地单位的征地补偿费用和其他有关费用，构成犯罪的，依法追究刑事责任；尚不构成犯罪的，依法给予行政处分。

第八十条 依法收回国有土地使用权当事人拒不交出土地的，临时使用土地期满拒不归还的，或者不按照批准的用途使用国有土地的，由县级以上人民政府土地行政主管部门责令交还土地，处以罚款。

第八十一条 擅自将农民集体所有的土地的使用权出让、转让或者出租用于非农业建设的，由县级以上人民政府土地行政主管部门责令限期改正，没收违法所得，并处罚款。

第八十二条 不依照本法规定办理土地变更登记的，由县级以上人民政府土地行政主管部门责令其限期办理。

第八十三条 依照本法规定，责令限期拆除在非法占用的土地上新建的建筑物和其他设施的，建设单位或者个人必须立即停止施工，自行拆除；对继续施工的，作出处罚决定的机关有权制止。建设单位或者个人对责令限期拆除的行政处罚决定不服的，可以在接到责令限期拆除决定之日起十五日内，向人民法院起诉；期满不起诉又不自行拆除的，由作出处罚决定的机关依法申请人民法院强制执行，费用由违法者承担。

第八十四条 土地行政主管部门的工作人员玩忽职守、滥用职权、徇私舞弊，构成犯罪的，依法追究刑事责任；尚不构成犯罪的，依法给予行政处分。

第八章 附 则

第八十五条 中外合资经营企业、中外合作经营企业、外资企业使用土地的，适用本法；法律另有规定的，从其规定。

第八十六条 本法自1999年1月1日起施行。

附录三

中华人民共和国城市规划法

(1989年12月26日第七届全国人民代表大会常务委员会第十一次会议通过)

第一章 总 则

第一条 为了确定城市的规模和发展方向，实现城市的经济和社会发展目标，合理地制定城市规划和进行城市建设，适应社会主义现代化建设的需要，制定本法。

第二条 制定和实施城市规划，在城市规划区内进行建设，必须遵守本法。

第三条 本法所称城市，是指国家按行政建制设立的直辖市、市、镇。

本法所称城市规划区，是指城市市区、近郊区以及城市行政区域内因城市建设和发展需要实行规划控制的区域。城市规划区的具体范围，由城市人民政府在编制的城市总体规划中划定。

第四条 国家实行严格控制大城市规模、合理发展中等城市和小城市的方针，促进生产力和人口的合理布局。

大城市是指市区和近郊区非农业人口五十万以上的城市。

中等城市是指市区和近郊区非农业人口二十万以上、不满五十万的城市。

小城市是指市区和近郊区非农业人口不满二十万的城市。

第五条 城市规划必须符合我国国情，正确处理近期建设和远景发展的关系。

在城市规划区内进行建设，必须坚持适用、经济的原则，贯彻勤俭建国的方针。

第六条 城市规划的编制应当依据国民经济和社会发展规划以及当地的自然环境、资源条件、历史情况、现状特点，统筹兼顾，综合部署。

城市规划确定的城市基础设施建设项目，应当按照国家基本建设程序的规定纳入国民经济和社会发展计划，按计划分步实施。

第七条 城市总体规划应当和国土规划、区域规划、江河流域规划、土地利用总体规划相协调。

第八条 国家鼓励城市规划科学技术研究，推广先进技术，提高城市规划科学技术水平。

第九条 国务院城市规划行政主管部门主管全国的城市规划工作。

县级以上地方人民政府城市规划行政主管部门主管本行政区域内的城市规划工作。

第十条 任何单位和个人都有遵守城市规划的义务，并有权对违反城市规划的行为进行检举和控告。

第二章 城市规划的制定

第十一条 国务院城市规划行政主管部门和省、自治区、直辖市人民政府应当分别组织编制全国和省、自治区、直辖市的城镇体系规划，用以指导城市规划的编制。

第十二条　城市人民政府负责组织编制城市规划。县级人民政府所在地镇的城市规划，由县级人民政府负责组织编制。

第十三条　编制城市规划必须从实际出发，科学预测城市远景发展的需要；应当使城市的发展规模、各项建设标准、定额指标、开发程序同国家和地方的经济技术发展水平相适应。

第十四条　编制城市规划应当注意保护和改善城市生态环境，防止污染和其他公害，加强城市绿化建设和市容环境卫生建设，保护历史文化遗产、城市传统风貌、地方特色和自然景观。

编制民族自治地方的城市规划，应当注意保持民族传统和地方特色。

第十五条　编制城市规划应当贯彻有利生产、方便生活、促进流通、繁荣经济、促进科学技术文化教育事业的原则。

编制城市规划应当符合城市防火、防爆、抗震、防洪、防泥石流和治安、交通管理、人民防空建设等要求；在可能发生强烈地震和严重洪水灾害的地区，必须在规划中采取相应的抗震、防洪措施。

第十六条　编制城市规划应当贯彻合理用地、节约用地的原则。

第十七条　编制城市规划应当具备勘察、测量及其他必要的基础资料。

第十八条　编制城市规划一般分总体规划和详细规划两个阶段进行。大城市、中等城市为了进一步控制和确定不同地段的土地用途、范围和容量，协调各项基础设施和公共设施的建设，在总体规划基础上，可以编制分区规划。

第十九条　城市总体规划应当包括：城市的性质、发展目标和发展规模，城市主要建设标准和定额指标，城市建设用地布局、功能分区和各项建设的总体部署，城市综合交通体系和河湖、绿地系统，各项专业规划，近期建设规划。

设市城市和县级人民政府所在地镇的总体规划，应当包括市或者县的行政区域的城镇体系规划。

第二十条　城市详细规划应当在城市总体规划或者分区规划的基础上，对城市近期建设区域内各项建设作出具体规划。

城市详细规划应当包括：规划地段各项建设的具体用地范围，建筑密度和高度等控制指标，总平面布置、工程管线综合规划和竖向规划。

第二十一条　城市规划实行分级审批。

直辖市的城市总体规划，由直辖市人民政府报国务院审批。

省和自治区人民政府所在地城市，城市人口在一百万以上的城市及国务院指定的其他城市的总体规划，由省、自治区人民政府审查同意后，报国务院审批。

本条第二款和第三款规定以外的设市城市和县级人民政府所在地镇的总体规划，报省、自治区、直辖市人民政府审批，其中市管辖的县级人民政府所在地镇的总体规划，报市人民政府审批。

前款规定以外的其他建制镇的总体规划，报县级人民政府审批。

城市人民政府和县级人民政府在向上级人民政府报请审批城市总体规划前，须经同级人民代表大会或者其常务委员会审查同意。

城市分区规划由城市人民政府审批。

城市详细规划由城市人民政府审批；编制分区规划的城市的详细规划，除重要的详细规划由城市人民政府审批外，由城市人民政府城市规划行政主管部门审批。

第二十二条　城市人民政府可以根据城市经济和社会发展需要，对城市总体规划进行局部调整，报同级人民代表大会常务委员会和原批准机关备案；但涉及城市性质、规模、发展方向和总体布局重大变更的，须经同级人民代表大会或者其常务委员会审查同意后报原批准机关审批。

第三章　城市新区开发和旧区改建

第二十三条　城市新区开发和旧区改建必须坚持统一规划、合理布局、因地制宜、综合开发、配套建设的原则。各项建设工程的选址、定点，不得妨碍城市的发展，危害城市的安全，污染和破坏城市环境，影响城市各项功能的协调。

第二十四条　新建铁路编组站、铁路货运干线、过境公路、机场和重要军事设施等应当避开市区。

港口建设应当兼顾城市岸线的合理分配和利用，保障城市生活岸线用地。

第二十五条　城市新区开发应当具备水资源、能源、交通、防灾等建设条件，并应当避开地下矿藏、地下文物古迹。

第二十六条　城市新区开发应当合理利用城市现有设施。

第二十七条　城市旧区改建应当遵循加强维护、合理利用、调整布局、逐步改善的原则，统一规划，分期实施，并逐步改善居住和交通运输条件，加强基础设施和公共设施建设，提高城市的综合功能。

第四章　城市规划的实施

第二十八条　城市规划经批准后，城市人民政府应当公布。

第二十九条　城市规划区内的土地利用和各项建设必须符合城市规划，服从规划管理。

第三十条　城市规划区内的建设工程的选址和布局必须符合城市规划。设计任务书报请批准时，必须附有城市规划行政主管部门的选址意见书。

第三十一条　在城市规划区内进行建设需要申请用地的，必须持国家批准建设项目的有关文件，向城市规划行政主管部门申请定点，由城市规划行政主管部门核定其用地位置和界限，提供规划设计条件，核发建设用地规划许可证。建设单位或者个人在取得建设用地规划许可证后，方可向县级以上地方人民政府土地管理部门申请用地，经县级以上人民政府审查批准后，由土地管理部门划拨土地。

第三十二条　在城市规划区内新建、扩建和改建建筑物、构筑物、道路、管线和其他工程设施，必须持有关批准文件向城市规划行政主管部门提出申请，由城市规划行政主管部门根据城市规划提出的规划设计要求，核发建设工程规划许可证件。建设单位或者个人在取得建设工程规划许可证件和其他有关批准文件后，方可申请办理开工手续。

第三十三条　在城市规划区内进行临时建设，必须在批准的使用期限内拆除。临时建设和临时用地的具体规划管理办法由省、自治区、直辖市人民政府制定。

禁止在批准临时使用的土地上建设永久性建筑物、构筑物和其他设施。

第三十四条　任何单位和个人必须服从城市人民政府根据城市规划作出的调整用地决定。

第三十五条　任何单位和个人不得占用道路、广场、绿地、高压供电走廊和压占地下管线进行建设。

第三十六条　在城市规划区内进行挖取砂石、土方等活动，须经有关主管部门批准，不得破坏城市环境，影响城市规划的实施。

第三十七条　城市规划行政主管部门有权对城市规划区内的建设工程是否符合规划要求进行检查。被检查者应当如实提供情况和必要的资料，检查者有责任为被检查者保守技术秘密和业务秘密。

第三十八条　城市规划行政主管部门可以参加城市规划区内重要建设工程的竣工验收。城市规划区内的建设工程，建设单位应当在竣工验收后六个月内向城市规划行政主管部门报送有关竣工资料。

第五章　法　律　责　任

第三十九条　在城市规划区内，未取得建设用地规划许可证而取得建设用地批准文件、占用土地的，批准文件无效，占用的土地由县级以上人民政府责令退回。

第四十条　在城市规划区内，未取得建设工程规划许可证件或者违反建设工程规划许可证件的规定进行建设，严重影响城市规划的，由县级以上地方人民政府城市规划行政主管部门责令停止建设，限期拆除或者没收违法建筑物、构筑物或者其他设施；影响城市规划，尚可采取改正措施的，由县级以上地方人民政府城市规划行政主管部门责令限期改正，并处罚款。

第四十一条　对未取得建设工程规划许可证件或者违反建设工程规划许可证件的规定进行建设的单位的有关责任人员，可以由其所在单位或者上级主管机关给予行政处分。

第四十二条　当事人对行政处罚决定不服的，可以在接到处罚通知之日起十五日内，向作出处罚决定的机关的上一级机关申请复议；对复议决定不服的，可以在接到复议决定之日起十五日内，向人民法院起诉。当事人也可以在接到处罚通知之日起十五日内，直接向人民法院起诉。当事人逾期不申请复议、也不向人民法院起诉、又不履行处罚决定的，由作出处罚决定的机关申请人民法院强制执行。

第四十三条　城市规划行政主管部门工作人员玩忽职守、滥用职权、徇私舞弊的，由其所在单位或者上级主管机关给予行政处分；构成犯罪的，依法追究刑事责任。

第六章　附　　则

第四十四条　未设镇建制的工矿区的居民点，参照本法执行。

第四十五条　国务院城市规划行政主管部门根据本法制定实施条例，报国务院批准后施行。

省、自治区、直辖市人民代表大会常务委员会可以根据本法制定实施办法。

第四十六条　本法自1990年4月1日起施行。国务院发布的《城市规划条例》同时废止。

附录四

城市房屋拆迁管理条例

第一章 总 则

第一条 为了加强对城市房屋拆迁的管理，维护拆迁当事人的合法权益，保障建设项目顺利进行，制定本条例。

第二条 在城市规划区内国有土地上实施房屋拆迁，并需要对被拆迁人补偿、安置的，适用本条例。

第三条 城市房屋拆迁必须符合城市规划，有利于城市旧区改造和生态环境改善，保护文物古迹。

第四条 拆迁人应当依照本条例的规定，对被拆迁人给予补偿、安置；被拆迁人应当在搬迁期限内完成搬迁。

本条例所称拆迁人，是指取得房屋拆迁许可证的单位。

本条例所称被拆迁人，是指被拆迁房屋的所有人。

第五条 国务院建设行政主管部门对全国城市房屋拆迁工作实施监督管理。

县级以上地方人民政府负责管理房屋拆迁工作的部门（以下简称房屋拆迁管理部门）对本行政区域内的城市房屋拆迁工作实施监督管理。县级以上地方人民政府有关部门应当依照本条例的规定，互相配合，保证房屋拆迁管理工作的顺利进行。

县级以上人民政府土地行政主管部门依照有关法律、行政法规的规定，负责与城市房屋拆迁有关的土地管理工作。

第二章 拆 迁 管 理

第六条 拆迁房屋的单位取得房屋拆迁许可证后，方可实施拆迁。

第七条 申请领取房屋拆迁许可证的，应当向房屋所在地的市、县人民政府房屋拆迁管理部门提交下列资料：

（一）建设项目批准文件；

（二）建设用地规划许可证；

（三）国有土地使用权批准文件；

（四）拆迁计划和拆迁方案；

（五）办理存款业务的金融机构出具的拆迁补偿安置资金证明。

市、县人民政府房屋拆迁管理部门应当自收到申请之日起30日内，对申请事项进行审查；经审查，对符合条件的，颁发房屋拆迁许可证。

第八条 房屋拆迁管理部门在发放房屋拆迁许可证的同时，应当将房屋拆迁许可证中载明的拆迁人、拆迁范围、拆迁期限等事项，以房屋拆迁公告的形式予以公布。

房屋拆迁管理部门和拆迁人应当及时向被拆迁人做好宣传、解释工作。

第九条　拆迁人应当在房屋拆迁许可证确定的拆迁范围和拆迁期限内，实施房屋拆迁。

需要延长拆迁期限的，拆迁人应当在拆迁期限届满15日前，向房屋拆迁管理部门提出延期拆迁申请；房屋拆迁管理部门应当自收到延期拆迁申请之日起10日内给予答复。

第十条　拆迁人可以自行拆迁，也可以委托具有拆迁资格的单位实施拆迁。

房屋拆迁管理部门不得作为拆迁人，不得接受拆迁委托。

第十一条　拆迁人委托拆迁的，应当向被委托的拆迁单位出具委托书，并订立拆迁委托合同。拆迁人应当自拆迁委托合同订立之日起15日内，将拆迁委托合同报房屋拆迁管理部门备案。

被委托的拆迁单位不得转让拆迁业务。

第十二条　拆迁范围确定后，拆迁范围内的单位和个人，不得进行下列活动：

（一）新建、扩建、改建房屋；

（二）改变房屋和土地用途；

（三）租赁房屋。

房屋拆迁管理部门应当就前款所列事项，书面通知有关部门暂停办理相关手续。暂停办理的书面通知应当载明暂停期限。暂停期限最长不得超过1年；拆迁人需要延长暂停期限的，必须经房屋拆迁管理部门批准，延长暂停期限不得超过1年。

第十三条　拆迁人与被拆迁人应当依照本条例的规定，就补偿方式和补偿金额、安置用房面积和安置地点、搬迁期限、搬迁过渡方式和过渡期限等事项，订立拆迁补偿安置协议。

拆迁租赁房屋的，拆迁人应当与被拆迁人、房屋承租人订立拆迁补偿安置协议。

第十四条　房屋拆迁管理部门代管的房屋需要拆迁的，拆迁补偿安置协议必须经公证机关公证，并办理证据保全。

第十五条　拆迁补偿安置协议订立后，被拆迁人或者房屋承租人在搬迁期限内拒绝搬迁的，拆迁人可以依法向仲裁委员会申请仲裁，也可以依法向人民法院起诉。诉讼期间，拆迁人可以依法申请人民法院先予执行。

第十六条　拆迁人与被拆迁人或者拆迁人、被拆迁人与房屋承租人达不成拆迁补偿安置协议的，经当事人申请，由房屋拆迁管理部门裁决。房屋拆迁管理部门是被拆迁人的，由同级人民政府裁决。裁决应当自收到申请之日起30日内作出。

当事人对裁决不服的，可以自裁决书送达之日起3个月内向人民法院起诉。拆迁人依照本条例规定已对被拆迁人给予货币补偿或者提供拆迁安置用房、周转用房的，诉讼期间不停止拆迁的执行。

第十七条　被拆迁人或者房屋承租人在裁决规定的搬迁期限内未搬迁的，由房屋所在地的市、县人民政府责成有关部门强制拆迁，或者由房屋拆迁管理部门依法申请人民法院强制拆迁。

实施强制拆迁前，拆迁人应当就被拆除房屋的有关事项，向公证机关办理证据保全。

第十八条　拆迁中涉及军事设施、教堂、寺庙、文物古迹以及外国驻华使（领）馆房屋的，依照有关法律、法规的规定办理。

第十九条　尚未完成拆迁补偿安置的建设项目转让的,应当经房屋拆迁管理部门同意,原拆迁补偿安置协议中有关权利、义务随之转移给受让人。项目转让人和受让人应当书面通知被拆迁人,并自转让合同签订之日起 30 日内予以公告。

第二十条　拆迁人实施房屋拆迁的补偿安置资金应当全部用于房屋拆迁的补偿安置,不得挪作他用。

县级以上地方人民政府房屋拆迁管理部门应当加强对拆迁补偿安置资金使用的监督。

第二十一条　房屋拆迁管理部门应当建立、健全拆迁档案管理制度,加强对拆迁档案资料的管理。

第三章　拆迁补偿与安置

第二十二条　拆迁人应当依照本条例规定,对被拆迁人给予补偿。

拆除违章建筑和超过批准期限的临时建筑,不予补偿;拆除未超过批准期限的临时建筑,应当给予适当补偿。

第二十三条　拆迁补偿的方式可以实行货币补偿,也可以实行房屋产权调换。

除本条例第二十五条第二款、第二十七条第二款规定的外,被拆迁人可以选择拆迁补偿方式。

第二十四条　货币补偿的金额,根据被拆迁房屋的区位、用途、建筑面积等因素,以房地产市场评估价格确定。具体办法由省、自治区、直辖市人民政府制定。

第二十五条　实行房屋产权调换的,拆迁人与被拆迁人应当依照本条例第二十四条的规定,计算被拆迁房屋的补偿金额和所调换房屋的价格,结清产权调换的差价。

拆迁非公益事业房屋的附属物,不作产权调换,由拆迁人给予货币补偿。

第二十六条　拆迁公益事业用房的,拆迁人应当依照有关法律、法规的规定和城市规划的要求予以重建,或者给予货币补偿。

第二十七条　拆迁租赁房屋,被拆迁人与房屋承租人解除租赁关系的,或者被拆迁人对房屋承租人进行安置的,拆迁人对被拆迁人给予补偿。

被拆迁人与房屋承租人对解除租赁关系达不成协议的,拆迁人应当对被拆迁人实行房屋产权调换。产权调换的房屋由原房屋承租人承租,被拆迁人应当与原房屋承租人重新订立房屋租赁合同。

第二十八条　拆迁人应当提供符合国家质量安全标准的房屋,用于拆迁安置。

第二十九条　拆迁产权不明确的房屋,拆迁人应当提出补偿安置方案,报房屋拆迁管理部门审核同意后实施拆迁。拆迁前,拆迁人应当就被拆迁房屋的有关事项向公证机关办理证据保全。

第三十条　拆迁设有抵押权的房屋,依照国家有关担保的法律执行。

第三十一条　拆迁人应当对被拆迁人或者房屋承租人支付搬迁补助费。

在过渡期限内,被拆迁人或者房屋承租人自行安排住处的,拆迁人应当支付临时安置补助费;被拆迁人或者房屋承租人使用拆迁人提供的周转房的,拆迁人不支付临时安置补助费。

搬迁补助费和临时安置补助费的标准,由省、自治区、直辖市人民政府规定。

第三十二条 拆迁人不得擅自延长过渡期限,周转房的使用人应当按时腾退周转房。

因拆迁人的责任延长过渡期限的,对自行安排住处的被拆迁人或者房屋承租人,应当自逾期之月起增加临时安置补助费;对周转房的使用人,应当自逾期之月起付给临时安置补助费。

第三十三条 因拆迁非住宅房屋造成停产、停业的,拆迁人应当给予适当补偿。

第四章 罚 则

第三十四条 违反本条例规定,未取得房屋拆迁许可证,擅自实施拆迁的,由房屋拆迁管理部门责令停止拆迁,给予警告,并处已经拆迁房屋建筑面积每平方米20元以上50元以下的罚款。

第三十五条 拆迁人违反本条例的规定,以欺骗手段取得房屋拆迁许可证的,由房屋拆迁管理部门吊销房屋拆迁许可证,并处拆迁补偿安置资金1%以上3%以下的罚款。

第三十六条 拆迁人违反本条例的规定,有下列行为之一的,由房屋拆迁管理部门责令停止拆迁,给予警告,可以并处拆迁补偿安置资金3%以下的罚款;情节严重的,吊销房屋拆迁许可证:

(一)未按房屋拆迁许可证确定的拆迁范围实施房屋拆迁的;

(二)委托不具有拆迁资格的单位实施拆迁的;

(三)擅自延长拆迁期限的。

第三十七条 接受委托的拆迁单位违反本条例的规定,转让拆迁业务的,由房屋拆迁管理部门责令改正,没收违法所得,并处合同约定的拆迁服务费25%以上50%以下的罚款。

第三十八条 县级以上地方人民政府房屋拆迁管理部门违反本条例规定核发房屋拆迁许可证以及其他批准文件的,核发房屋拆迁许可证以及其他批准文件后不履行监督管理职责的,或者对违法行为不予查处的,对直接负责的主管人员和其他直接责任人员依法给予行政处分;情节严重,致使公共财产、国家和人民利益遭受重大损失,构成犯罪的,依法追究刑事责任。

第五章 附 则

第三十九条 在城市规划区外国有土地上实施房屋拆迁,并需要对被拆迁人补偿、安置的,参照本条例执行。

第四十条 本条例自2001年11月1日起施行。1991年3月22日国务院公布的《城市房屋拆迁管理条例》同时废止。

附录五

城市房屋拆迁估价指导意见

第一条 为规范城市房屋拆迁估价行为，维护拆迁当事人的合法权益，根据《中华人民共和国城市房地产管理法》、《城市房屋拆迁管理条例》的有关规定和国家标准《房地产估价规范》，制定本意见。

第二条 城市规划区内国有土地上房屋拆迁涉及的房地产估价活动，适用本意见。

第三条 本意见所称城市房屋拆迁估价（以下简称拆迁估价），是指为确定被拆迁房屋货币补偿金额，根据被拆迁房屋的区位、用途、建筑面积等因素，对其房地产市场价格进行的评估。

房屋拆迁评估价格为被拆迁房屋的房地产市场价格，不包含搬迁补助费、临时安置补助费和拆迁非住宅房屋造成停产、停业的补偿费，以及被拆迁房屋室内自行装修装饰的补偿金额。搬迁补助费、临时安置补助费和拆迁非住宅房屋造成停产、停业的补偿费，按照省、自治区、直辖市人民政府规定的标准执行。被拆迁房屋室内自行装修装饰的补偿金额，由拆迁人和被拆迁人协商确定；协商不成的，可以通过委托评估确定。

第四条 拆迁估价由具有房地产价格评估资格的估价机构（以下简称估价机构）承担，估价报告必须由专职注册房地产估价师签字。

第五条 拆迁估价应当坚持独立、客观、公正、合法的原则。任何组织或者个人不得非法干预拆迁估价活动和估价结果。

第六条 市、县房地产管理部门应当向社会公示一批资质等级高、综合实力强、社会信誉好的估价机构，供拆迁当事人选择。

拆迁估价机构的确定应当公开、透明，采取被拆迁人投票或拆迁当事人抽签等方式。

房屋拆迁许可证确定的同一拆迁范围内的被拆迁房屋，原则上由一家估价机构评估。需要由两家或者两家以上估价机构评估的，估价机构之间应当就拆迁估价的依据、原则、程序、方法、参数选取等进行协调并执行共同的标准。

第七条 拆迁估价机构确定后，一般由拆迁人委托。委托人应当与估价机构签订书面拆迁估价委托合同。

第八条 受托估价机构不得转让、变相转让受托的估价业务。

估价机构和估价人员与拆迁当事人有利害关系或者是拆迁当事人的，应当回避。

第九条 拆迁当事人有义务向估价机构如实提供拆迁估价所必需的资料，协助估价机构进行实地查勘。

第十条 受托估价机构和估价人员需要查阅被拆迁房屋的房地产权属档案和相关房地产交易信息的，房地产管理部门应当允许查阅。

第十一条 拆迁估价目的统一表述为："为确定被拆迁房屋货币补偿金额而评估其房地产市场价格。"

拆迁估价时点一般为房屋拆迁许可证颁发之日。拆迁规模大、分期分段实施的，以当期（段）房屋拆迁实施之日为估价时点。

拆迁估价的价值标准为公开市场价值，不考虑房屋租赁、抵押、查封等因素的影响。

第十二条 委托拆迁估价的，拆迁当事人应当明确被拆迁房屋的性质（包括用途，下同）和面积。

被拆迁房屋的性质和面积一般以房屋权属证书及权属档案的记载为准；各地对被拆迁房屋的性质和面积认定有特别规定的，从其规定；拆迁人与被拆迁人对被拆迁房屋的性质或者面积协商一致的，可以按照协商结果进行评估。

对被拆迁房屋的性质不能协商一致的，应当向城市规划行政主管部门申请确认。对被拆迁房屋的面积不能协商一致的，可以向依照《房产测绘管理办法》设立的房屋面积鉴定机构申请鉴定；没有设立房屋面积鉴定机构的，可以委托具有房产测绘资格的房产测绘单位测算。

对拆迁中涉及的被拆迁房屋的性质和面积认定的具体问题，由市、县规划行政主管部门和房地产管理部门制定办法予以解决。

第十三条 市、县人民政府或者其授权的部门应当根据当地房地产市场交易价格，至少每年定期公布一次不同区域、不同用途、不同建筑结构的各类房屋的房地产市场价格。

第十四条 拆迁估价应当参照类似房地产的市场交易价格和市、县人民政府或者其授权部门定期公布的房地产市场价格，结合被拆迁房屋的房地产状况进行。

第十五条 拆迁估价人员应当对被拆迁房屋进行实地查勘，做好实地查勘记录，拍摄反映被拆迁房屋外观和内部状况的影像资料。

实地查勘记录由实地查勘的估价人员、拆迁人、被拆迁人签字认可。

因被拆迁人的原因不能对被拆迁房屋进行实地查勘、拍摄影像资料或者被拆迁人不同意在实地查勘记录上签字的，应当由除拆迁人和估价机构以外的无利害关系的第三人见证，并在估价报告中作出相应说明。

第十六条 拆迁估价一般应当采用市场比较法。不具备采用市场比较法条件的，可以采用其他估价方法，并在估价报告中充分说明原因。

第十七条 拆迁评估价格应当以人民币为计价的货币单位，精确到元。

第十八条 估价机构应当将分户的初步估价结果向被拆迁人公示7日，并进行现场说明，听取有关意见。

公示期满后，估价机构应当向委托人提供委托范围内被拆迁房屋的整体估价报告和分户估价报告。委托人应当向被拆迁人转交分户估价报告。

第十九条 拆迁人或被拆迁人对估价报告有疑问的，可以向估价机构咨询。估价机构应当向其解释拆迁估价的依据、原则、程序、方法、参数选取和估价结果产生的过程。

第二十条 拆迁当事人对估价结果有异议的，自收到估价报告之日起5日内，可以向原估价机构书面申请复核估价，也可以另行委托估价机构评估。

第二十一条 拆迁当事人向原估价机构申请复核估价的，该估价机构应当自收到书面复核估价申请之日起5日内给予答复。估价结果改变的，应当重新出具估价报告；估价结果没有改变的，出具书面通知。

拆迁当事人另行委托估价机构评估的，受托估价机构应当在10日内出具估价报告。

第二十二条 拆迁当事人对原估价机构的复核结果有异议或者另行委托估价的结果与原估价结果有差异且协商达不成一致意见的，自收到复核结果或者另行委托估价机构出具的估价报告之日起 5 日内,可以向被拆迁房屋所在地的房地产价格评估专家委员会(以下简称估价专家委员会)申请技术鉴定。

第二十三条 估价专家委员会应当自收到申请之日起 10 日内,对申请鉴定的估价报告的估价依据、估价技术路线、估价方法选用、参数选取、估价结果确定方式等估价技术问题出具书面鉴定意见。

估价报告不存在技术问题的,应维持估价报告;估价报告存在技术问题的,估价机构应当改正错误,重新出具估价报告。

第二十四条 省、自治区建设行政主管部门和设区城市的市房地产管理部门或者其授权的房地产估价行业自律性组织,应当成立由资深专职注册房地产估价师及房地产、城市规划、法律等方面专家组成的估价专家委员会,对拆迁估价进行技术指导,受理拆迁估价技术鉴定。

第二十五条 受理拆迁估价技术鉴定后,估价专家委员会应当指派 3 人以上(含 3 人)单数成员组成鉴定组,处理拆迁估价技术鉴定事宜。

鉴定组成员与原估价机构、拆迁当事人有利害关系或者是拆迁当事人的,应当回避。

原估价机构应当配合估价专家委员会做好鉴定工作。

第二十六条 估价专家委员会成员、估价机构、估价人员应当回避而未回避的,其鉴定意见或者估价结果无效。

拆迁当事人不如实提供有关资料或者不协助估价机构实地查勘而造成估价失实或者其他后果的,应当承担相应责任。

第二十七条 对有下列行为之一的估价机构和估价人员,依据《城市房地产中介服务管理规定》、《房地产估价师注册管理办法》等规定进行处罚,或记入其信用档案:

(一)出具不实估价报告的;

(二)与拆迁当事人一方串通,损害对方合法权益的;

(三)以回扣等不正当竞争手段获取拆迁估价业务的;

(四)允许他人借用自己名义从事拆迁估价活动或者转让、变相转让受托的拆迁估价业务的;

(五)多次被申请鉴定,经查证,确实存在问题的;

(六)违反国家标准《房地产估价规范》和本意见其他规定的;

(七)法律、法规规定的其他情形。

第二十八条 以产权调换作为房屋拆迁补偿、安置方式的,对所调换房屋的房地产市场价格进行的评估,参照本意见执行。

城市规划区外国有土地上房屋拆迁涉及的房地产估价活动,参照本意见执行。

第二十九条 本意见自 2004 年 1 月 1 日起施行。此前已颁发房屋拆迁许可证的拆迁项目,其拆迁估价不适用本意见。

附录六

城市房屋拆迁行政裁决工作规程

第一条 为了规范城市房屋拆迁行政裁决行为，维护拆迁当事人的合法权益，根据《城市房屋拆迁管理条例》，制定本工作规程。

第二条 按照《城市房屋拆迁管理条例》的规定，因拆迁人与被拆迁人就搬迁期限、补偿方式、补偿标准以及搬迁过渡方式、过渡期限等原因达不成协议，当事人申请裁决的，适用本规程。

第三条 市、县人民政府城市房屋拆迁管理部门负责本行政区域内城市房屋拆迁行政裁决工作。房屋拆迁管理部门及其工作人员应当按照有关法律、法规规定，依法履行行政裁决职责。

第四条 行政裁决应当以事实为依据、以法律为准绳，坚持公平、公正、及时的原则。

第五条 拆迁人申请行政裁决，应当提交下列资料：

（一）裁决申请书；

（二）法定代表人的身份证明；

（三）被拆迁房屋权属证明材料；

（四）被拆迁房屋的估价报告；

（五）对被申请人的补偿安置方案；

（六）申请人与被申请人的协商记录；

（七）未达成协议的被拆迁人比例及原因；

（八）其他与裁决有关的资料。

第六条 被拆迁人申请行政裁决，应当提交下列资料：

（一）裁决申请书；

（二）申请人的身份证明；

（三）被拆迁房屋的权属证明；

（四）申请裁决的理由及相关证明材料；

（五）房屋拆迁管理部门认为应当提供的与行政裁决有关的其他材料。

第七条 未达成拆迁补偿安置协议户数较多或比例较高的，房屋拆迁管理部门在受理裁决申请前，应当进行听证。具体标准、程序由省、自治区、直辖市人民政府房屋拆迁管理部门规定。

第八条 有下列情形之一的，房屋拆迁管理部门不予受理行政裁决申请：

（一）对拆迁许可证合法性提出行政裁决的；

（二）申请人或者被申请人不是拆迁当事人的；

（三）拆迁当事人达成补偿安置协议后发生合同纠纷，或者行政裁决做出后，当事人就同一事由再次申请裁决的；

（四）房屋已经灭失的；

（五）房屋拆迁管理部门认为依法不予受理的其他情形。

对裁决申请不予受理的,房屋拆迁管理部门应当自收到申请之日起5个工作日内书面通知申请人。

第九条 房屋拆迁管理部门受理房屋拆迁裁决申请后,经审核,资料齐全、符合受理条件的,应当在收到申请之日起5个工作日内向申请人发出裁决受理通知书;申请裁决资料不齐全、需要补充资料的,应当在5个工作日内一次性书面告知申请人,可以当场补正的,应当当场补正。受理时间从申请人补齐资料的次日起计算。

第十条 房屋拆迁管理部门受理房屋拆迁裁决申请后,应当按照下列程序进行:

(一)向被申请人送达房屋拆迁裁决申请书副本及答辩通知书,并告知被申请人的权利。

(二)审核相关资料、程序的合法性。

(三)组织当事人调解。房屋拆迁管理部门必须充分听取当事人的意见,对当事人提出的事实、理由和证据进行复核;对当事人提出的合理要求应当采纳。房屋拆迁管理部门不得因当事人申辩而做出损害申辩人合法权益的裁决。

拆迁当事人拒绝调解的,房屋拆迁管理部门应依法作出裁决。

(四)核实补偿安置标准。当事人对评估结果有异议,且未经房屋所在地房地产专家评估委员会鉴定的,房屋拆迁管理部门应当委托专家评估委员会进行鉴定,并以鉴定后的估价结果作为裁决依据。鉴定时间不计入裁决时限。

(五)经调解,达成一致意见的,出具裁决终结书;达不成一致意见的,房屋拆迁管理部门应当作出书面裁决。部分事项达成一致意见的,裁决时应当予以确认。书面裁决必须经房屋拆迁管理部门领导班子集体讨论决定。

第十一条 行政裁决工作人员与当事人有利害关系或者有其他关系可能影响公正裁决的,应当回避。

第十二条 有下列情形之一的,中止裁决并书面告知当事人:

(一)发现新的需要查证的事实;

(二)裁决需要以相关裁决或法院判决结果为依据的,而相关案件未结案的;

(三)作为自然人的申请人死亡,需等待其近亲属表明是否参加裁决的;

(四)因不可抗力或者其他特殊情况需要中止的情况。

中止裁决的因素消除后,恢复裁决。中止时间不计入裁决时限。

第十三条 有下列情形之一的,终结裁决并书面告知当事人:

(一)受理裁决申请后,当事人自行达成协议的;

(二)发现申请人或者被申请人不是裁决当事人的;

(三)作为自然人的申请人死亡,15日之内没有近亲属或者近亲属未表示参加裁决或放弃参加裁决的;

(四)申请人撤回裁决申请的。

第十四条 行政裁决应当自收到申请之日起30日内做出。房屋拆迁管理部门做出裁决,应当出具裁决书。

裁决书应当包括下列内容:

(一)申请人与被申请人的基本情况;

(二)争议的主要事实和理由;

(三)裁决的依据、理由;

（四）根据行政裁决申请需要裁决的补偿方式、补偿金额、安置用房面积和安置地点、搬迁期限、搬迁过渡方式和过渡期限等；

（五）告知当事人行政复议、行政诉讼的权利及申请复议期限、起诉期限；

（六）房屋拆迁管理部门的名称、裁决日期并加盖公章。

行政裁决规定的搬迁期限不得少于 15 日。

第十五条 裁决书应当通过直接送达、留置送达、委托送达或邮寄送达等方式送达。

第十六条 当事人对行政裁决不服的，可以依法申请行政复议或者向人民法院起诉。

第十七条 被拆迁人或者房屋承租人在裁决规定的搬迁期限内未搬迁的，由市、县人民政府责成有关部门行政强制拆迁，或者由房屋拆迁管理部门依法申请人民法院强制拆迁。

第十八条 房屋拆迁管理部门申请行政强制拆迁前，应当邀请有关管理部门、拆迁当事人代表以及具有社会公信力的代表等，对行政强制拆迁的依据、程序、补偿安置标准的测算依据等内容，进行听证。

房屋拆迁管理部门申请行政强制拆迁，必须经领导班子集体讨论决定后，方可向政府提出行政强制拆迁申请。未经行政裁决，不得实施行政强制拆迁。

第十九条 拆迁人未按裁决意见向被拆迁人提供拆迁补偿资金或者符合国家质量安全标准的安置用房、周转用房的，不得实施强制拆迁。

第二十条 房屋拆迁管理部门申请行政强制拆迁，应当提交下列资料：

（一）行政强制拆迁申请书；

（二）裁决调解记录和裁决书；

（三）被拆迁人不同意拆迁的理由；

（四）被拆迁房屋的证据保全公证书；

（五）拆迁人提供的安置用房、周转用房权属证明或者补偿资金证明；

（六）被拆迁人拒绝接收补偿资金的，应当提交补偿资金的提存证明；

（七）市、县人民政府房屋拆迁管理部门规定的其他材料。

第二十一条 依据强制拆迁决定实施行政强制拆迁，房屋拆迁管理部门应当提前 15 日通知被拆迁人，并认真做好宣传解释工作，动员被拆迁人自行搬迁。

第二十二条 行政强制拆迁应当严格依法进行。强制拆迁时，应当组织街道办事处（居委会）、被拆迁人单位代表到现场作为强制拆迁证明人，并由公证部门对被拆迁房屋及其房屋内物品进行证据保全。

第二十三条 房屋拆迁管理部门工作人员或者行政强制拆迁执行人员违反本规程的，由所在单位给予警告；造成错案的，按照有关规定追究错案责任；触犯刑律的，依法追究刑事责任。

第二十四条 拆迁人、接受委托的拆迁单位在实施拆迁中采用恐吓、胁迫以及停水、停电、停止供气、供热等手段，强迫被拆迁人搬迁或者擅自组织强制拆迁的，由所在市、县房屋拆迁管理部门责令停止拆迁，并依法予以处罚；触犯刑律的，依法追究刑事责任。

第二十五条 房屋拆迁管理部门是被拆迁人的，由同级人民政府裁决。

第二十六条 在城市规划区外国有土地上实施房屋拆迁申请行政裁决的，可参照本规程执行。

第二十七条 本规程自 2004 年 3 月 1 日起施行。

附录七

城市房地产开发经营管理条例

中华人民共和国国务院 1998 年 7 月 20 日颁布

第一章 总 则

第一条 为了规范房地产开发经营行为,加强对城市房地产开发经营活动的监督管理,促进和保障房地产业的健康发展,根据《中华人民共和国城市房地产管理法》的有关规定,制定本条例。

第二条 本条例所称房地产开发经营,是指房地产开发企业在城市规划区内国有土地上进行基础设施建设、房屋建设,并转让房地产开发项目或者销售、出租商品房的行为。

第三条 房地产开发经营应当按照经济效益、社会效益、环境效益相统一的原则,实行全面规划、合理布局、综合开发、配套建设。

第四条 国务院建设行政主管部门负责全国房地产开发经营活动的监督管理工作。

县级以上地方人民政府房地产开发主管部门负责本行政区域内房地产开发经营活动的监督管理工作。县级以上人民政府负责土地管理工作的部门依照有关法律、行政法规的规定,负责与房地产开发经营有关的土地管理工作。

第二章 房地产开发企业

第五条 设立房地产开发企业,除应当符合有关法律、行政法规规定的企业设立条件外,还应当具备下列条件:

(一)有 100 万元以上的注册资本;

(二)有 4 名以上持有资格证书的房地产专业、建筑工程专业的专职技术人员,2 名以上持有资格证书的专职会计人员。省、自治区、直辖市人民政府可以根据本地方的实际情况,对设立房地产开发企业的注册资本和专业技术人员的条件作出高于前款的规定。

第六条 外商投资设立房地产开发企业的,除应当符合本条例第五条的规定外,还应当依照外商投资企业法律、行政法规的规定,办理有关审批手续。

第七条 设立房地产开发企业,应当向县级以上人民政府工商行政管理部门申请登记。工商行政管理部门对符合本条例第五条规定条件的,应当自收到申请之日起 30 日内予以登记;对不符合条件不予登记的,应当说明理由。

工商行政管理部门在对设立房地产开发企业申请登记进行审查时,应当听取同级房地产开发主管部门的意见。

第八条 房地产开发企业应当自领取营业执照之日起 30 日内,持下列文件到登记机关所在地的房地产开发主管部门备案:

(一)营业执照复印件;

（二）企业章程；

（三）验资证明；

（四）企业法定代表人的身份证明；

（五）专业技术人员的资格证书和聘用合同。

第九条　房地产开发主管部门应当根据房地产开发企业的资产、专业技术人员和开发经营业绩等，对备案的房地产开发企业核定资质等级。房地产开发企业应当按照核定的资质等级，承担相应的房地产开发项目。具体办法由国务院建设行政主管部门制定。

第三章　房地产开发建设

第十条　确定房地产开发项目，应当符合土地利用总体规划、年度建设用地计划和城市规划、房地产开发年度计划的要求；按照国家有关规定需要经计划主管部门批准的，还应当报计划主管部门批准，并纳入年度固定资产投资计划。

第十一条　确定房地产开发项目，应当坚持旧区改建和新区建设相结合的原则，注重开发基础设施薄弱、交通拥挤、环境污染严重以及危旧房屋集中的区域，保护和改善城市生态环境，保护历史文化遗产。

第十二条　房地产开发用地应当以出让方式取得；但是，法律和国务院规定可以采用划拨方式的除外。

土地使用权出让或者划拨前，县级以上地方人民政府城市规划行政主管部门和房地产开发主管部门应当对下列事项提出书面意见，作为土地使用权出让或者划拨的依据之一：

（一）房地产开发项目的性质、规模和开发期限；

（二）城市规划设计条件；

（三）基础设施和公共设施的建设要求；

（四）基础设施建成后的产权界定；

（五）项目拆迁补偿、安置要求。

第十三条　房地产开发项目应当建立资本金制度，资本金占项目总投资的比例不得低于20%。

第十四条　房地产开发项目的开发建设应当统筹安排配套基础设施，并根据先地下、后地上的原则实施。

第十五条　房地产开发企业应当按照土地使用权出让合同约定的土地用途、动工开发期限进行项目开发建设。出让合同约定的动工开发期限满1年未动工开发的，可以征收相当于土地使用权出让金20%以下的土地闲置费；满2年未动工开发的，可以无偿收回土地使用权。但是，因不可抗力或者政府、政府有关部门的行为或者动工开发必需的前期工作造成动工迟延的除外。

第十六条　房地产开发企业开发建设的房地产项目，应当符合有关法律、法规的规定和建筑工程质量、安全标准、建筑工程勘察、设计、施工的技术规范以及合同的约定。

房地产开发企业应当对其开发建设的房地产开发项目的质量承担责任。

勘察、设计、施工、监理等单位应当依照有关法律、法规的规定或者合同的约定，承担相应的责任。

第十七条　房地产开发项目竣工，经验收合格后，方可交付使用；未经验收或者验收不合格的，不得交付使用。

房地产开发项目竣工后，房地产开发企业应当向项目所在地的县级以上地方人民政府房地产开发主管部门提出竣工验收申请。房地产开发主管部门应当自收到竣工验收申请之日起30日内，对涉及公共安全的内容，组织工程质量监督、规划、消防、人防等有关部门或者单位进行验收。

第十八条　住宅小区等群体房地产开发项目竣工，应当依照本条例第十七条的规定和下列要求进行综合验收：

（一）城市规划设计条件的落实情况；

（二）城市规划要求配套的基础设施和公共设施的建设情况；

（三）单项工程的工程质量验收情况；

（四）拆迁安置方案的落实情况；

（五）物业管理的落实情况。

住宅小区等群体房地产开发项目实行分期开发的，可以分期验收。

第十九条　房地产开发企业应当将房地产开发项目建设过程中的主要事项记录在房地产开发项目手册中，并定期送房地产开发主管部门备案。

第四章　房地产经营

第二十条　转让房地产开发项目，应当符合《中华人民共和国城市房地产管理法》第三十八条、第三十九条规定的条件。

第二十一条　转让房地产开发项目，转让人和受让人应当自土地使用权变更登记手续办理完毕之日起30日内，持房地产开发项目转让合同到房地产开发主管部门备案。

第二十二条　房地产开发企业转让房地产开发项目时，尚未完成拆迁补偿安置的，原拆迁补偿安置合同中有关的权利、义务随之转移给受让人。项目转让人应当书面通知被拆迁人。

第二十三条　房地产开发企业预售商品房，应当符合下列条件：

（一）已交付全部土地使用权出让金，取得土地使用权证书；

（二）持有建设工程规划许可证和施工许可证；

（三）按提供的预售商品房计算，投入开发建设的资金达到工程建设总投资的25％以上，并已确定施工进度和竣工交付日期；

（四）已办理预售登记，取得商品房预售许可证明。

第二十四条　房地产开发企业申请办理商品房预售登记，应当提交下列文件：

（一）本条例第二十三条第（一）项至第（三）项规定的证明材料；

（二）营业执照和资质等级证书；

（三）工程施工合同；

（四）预售商品房分层平面图；

（五）商品房预售方案。

第二十五条　房地产开发主管部门应当自收到商品房预售申请之日起10日内，作出同意预售或者不同意预售的答复。同意预售的,应当核发商品房预售许可证明;不同意预售的,应当说明理由。

第二十六条 房地产开发企业不得进行虚假广告宣传,商品房预售广告中应当载明商品房预售许可证明的文号。

第二十七条 房地产开发企业预售商品房时,应当向预购人出示商品房预售许可证明。

房地产开发企业应当自商品房预售合同签订之日起30日内,到商品房所在地的县级以上人民政府房地产开发主管部门和负责土地管理工作的部门备案。

第二十八条 商品房销售,当事人双方应当签订书面合同。合同应当载明商品房的建筑面积和使用面积、价格、交付日期、质量要求、物业管理方式以及双方的违约责任。

第二十九条 房地产开发企业委托中介机构代理销售商品房的,应当向中介机构出具委托书。中介机构销售商品房时,应当向商品房购买人出示商品房的有关证明文件和商品房销售委托书。

第三十条 房地产开发项目转让和商品房销售价格,由当事人协商议定;但是,享受国家优惠政策的居民住宅价格,应当实行政府指导价或者政府定价。

第三十一条 房地产开发企业应当在商品房交付使用时,向购买人提供住宅质量保证书和住宅使用说明书。

住宅质量保证书应当列明工程质量监督部门核验的质量等级、保修范围、保修期和保修单位等内容。房地产开发企业应当按照住宅质量保证书的约定,承担商品房保修责任。

保修期内,因房地产开发企业对商品房进行维修,致使房屋原使用功能受到影响,给购买人造成损失的,应当依法承担赔偿责任。

第三十二条 商品房交付使用后,购买人认为主体结构质量不合格的,可以向工程质量监督单位申请重新核验。

经核验,确属主体结构质量不合格的,购买人有权退房;给购买人造成损失的,房地产开发企业应当依法承担赔偿责任。

第三十三条 预售商品房的购买人应当自商品房交付使用之日起90日内,办理土地使用权变更和房屋所有权登记手续;现售商品房的购买人应当自销售合同签订之日起90日内,办理土地使用权变更和房屋所有权登记手续。房地产开发企业应当协助商品房购买人办理土地使用权变更和房屋所有权登记手续,并提供必要的证明文件。

第五章 法 律 责 任

第三十四条 违反本条例规定,未取得营业执照,擅自从事房地产开发经营的,由县级以上人民政府工商行政管理部门责令停止房地产开发经营活动,没收违法所得,并处违法所得5倍以下的罚款。

第三十五条 违反本条例规定,未取得资质等级证书或者超越资质等级从事房地产开发经营的,由县级以上人民政府房地产开发主管部门责令限期改正,处5万元以上10万元以下的罚款;逾期不改正的,由工商行政管理部门吊销营业执照。

第三十六条 违反本条例规定,将未经验收的房屋交付使用的,由县级以上人民政府房地产开发主管部门责令限期补办验收手续；逾期不补办验收手续的，由县级以上人民政府房地产开发主管部门组织有关部门和单位进行验收，并处10万元以上30万元以下的罚款。经验收不合格的，依照本条例第三十七条的规定处理。

第三十七条　违反本条例规定，将验收不合格的房屋交付使用的，由县级以上人民政府房地产开发主管部门责令限期返修，并处交付使用的房屋总造价2％以下的罚款；情节严重的，由工商行政管理部门吊销营业执照；给购买人造成损失的，应当依法承担赔偿责任；造成重大伤亡事故或者其他严重后果，构成犯罪的，依法追究刑事责任。

第三十八条　违反本条例规定，擅自转让房地产开发项目的，由县级以上人民政府负责土地管理工作的部门责令停止违法行为，没收违法所得，可以并处违法所得5倍以下的罚款。

第三十九条　违反本条例规定，擅自预售商品房的，由县级以上人民政府房地产开发主管部门责令停止违法行为，没收违法所得，可以并处已收取的预付款百分之一以下的罚款。

第四十条　国家工作人员在房地产开发经营监督管理工作中玩忽职守、徇私舞弊、滥用职权，构成犯罪的，依法追究刑事责任；尚不构成犯罪的，依法给予行政处分。

附则

第四十一条　在城市规划区外国有土地上从事房地产开发经营，实施房地产开发经营监督管理，参照本条例执行。

第四十二条　城市规划区内集体所有的土地，经依法征用转为国有土地后，方可用于房地产开发经营。

第四十三条　本条例自发布之日起施行。

附录八

房地产开发企业资质管理规定

第一条 为了加强房地产开发企业资质管理,规范房地产开发企业经营行为,根据《中华人民共和国城市房地产管理法》、《城市房地产开发经营管理条例》,制定本规定。

第二条 本规定所称房地产开发企业是指依法设立、具有企业法人资格的经济实体。

第三条 房地产开发企业应当按照本规定申请核定企业资质等级。

未取得房地产开发资质等级证书(以下简称资质证书)的企业,不得从事房地产开发经营业务。

第四条 国务院建设行政主管部门负责全国房地产开发企业的资质管理工作;县级以上地方人民政府房地产开发主管部门负责本行政区域内房地产开发企业的资质管理工作。

第五条 房地产开发企业按照企业条件分为一、二、三、四四个资质等级。

各资质等级企业的条件如下:

(一) 一级资质:

1. 注册资本不低于5000万元;

2. 从事房地产开发经营5年以上;

3. 近3年房屋建筑面积累计竣工30万平方米以上,或者累计完成与此相当的房地产开发投资额;

4. 连续5年建筑工程质量合格率达100%;

5. 上一年房屋建筑施工面积15万平方米以上,或者完成与此相当的房地产开发投资额;

6. 有职称的建筑、结构、财务、房地产及有关经济类的专业管理人员不少于40人,其中具有中级以上职称的管理人员不少于20人,持有资格证书的专职会计人员不少于4人;

7. 工程技术、财务、统计等业务负责人具有相应专业中级以上职称;

8. 具有完善的质量保证体系,商品住宅销售中实行了《住宅质量保证书》和《住宅使用说明书》制度;

9. 未发生过重大工程质量事故。

(二) 二级资质:

1. 注册资本不低于2000万元;

2. 从事房地产开发经营3年以上;

3. 近3年房屋建筑面积累计竣工15万平方米以上,或者累计完成与此相当的房地产开发投资额;

4. 连续3年建筑工程质量合格率达100%;

5. 上一年房屋建筑施工面积10万平方米以上,或者完成与此相当的房地产开发投资额;

6. 有职称的建筑、结构、财务、房地产及有关经济类的专业管理人员不少于20人,其中具有中级以上职称的管理人员不少于 10 人，持有资格证书的专职会计人员不少于 3 人；

7. 工程技术、财务、统计等业务负责人具有相应专业中级以上职称；

8. 具有完善的质量保证体系，商品住宅销售中实行了《住宅质量保证书》和《住宅使用说明书》制度；

9. 未发生过重大工程质量事故。

（三）三级资质：

1. 注册资本不低于 800 万元；

2. 从事房地产开发经营 2 年以上；

3. 房屋建筑面积累计竣工 5 万平方米以上，或者累计完成与此相当的房地产开发投资额；

4. 连续 2 年建筑工程质量合格率达 100%；

5. 有职称的建筑、结构、财务、房地产及有关经济类的专业管理人员不少于 10 人，其中具有中级以上职称的管理人员不少于 5 人，持有资格证书的专职会计人员不少于 2 人；

6. 工程技术、财务等业务负责人具有相应专业中级以上职称，统计等其他业务负责人具有相应专业初级以上职称；

7. 具有完善的质量保证体系，商品住宅销售中实行了《住宅质量保证书》和《住宅使用说明书》制度；

8. 未发生过重大工程质量事故。

（四）四级资质：

1. 注册资本不低于 100 万元；

2. 从事房地产开发经营 1 年以上；

3. 已竣工的建筑工程质量合格率达 100%；

4. 有职称的建筑、结构、财务、房地产及有关经济类的专业管理人员不少于 5 人，持有资格证书的专职会计人员不少于 2 人；

5. 工程技术负责人具有相应专业中级以上职称，财务负责人具有相应专业初级以上职称，配有专业统计人员；

6. 商品住宅销售中实行了《住宅质量保证书》和《住宅使用说明书》制度；

7. 未发生过重大工程质量事故。

第六条 新设立的房地产开发企业应当自领取营业执照之日起 30 日内，持下列文件到房地产开发主管部门备案：

（一）营业执照复印件；

（二）企业章程；

（三）验资证明；

（四）企业法定代表人的身份证明；

（五）专业技术人员的资格证书和劳动合同；

（六）房地产开发主管部门认为需要出示的其他文件。

房地产开发主管部门应当在收到备案申请后 30 日内向符合条件的企业核发《暂定资

质证书》。

《暂定资质证书》有效期 1 年。房地产开发主管部门可以视企业经营情况延长《暂定资质证书》有效期，但延长期限不得超过 2 年。

自领取《暂定资质证书》之日起 1 年内无开发项目的，《暂定资质证书》有效期不得延长。

第七条 房地产开发企业应当在《暂定资质证书》有效期满前 1 个月内向房地产开发主管部门申请核定资质等级。房地产开发主管部门应当根据其开发经营业绩核定相应的资质等级。

第八条 申请《暂定资质证书》的条件不得低于四级资质企业的条件。

第九条 临时聘用或者兼职的管理、技术人员不得计入企业管理、技术人员总数。

第十条 申请核定资质等级的房地产开发企业，应当提交下列证明文件：

（一）企业资质等级申报表；

（二）房地产开发企业资质证书（正、副本）；

（三）企业资产负债表和验资报告；

（四）企业法定代表人和经济、技术、财务负责人的职称证件；

（五）已开发经营项目的有关证明材料；

（六）房地产开发项目手册及《住宅质量保证书》、《住宅使用说明书》执行情况报告；

（七）其他有关文件、证明。

第十一条 房地产开发企业资质等级实行分级审批。

一级资质由省、自治区、直辖市人民政府建设行政主管部门初审，报国务院建设行政主管部门审批。

二级资质及二级资质以下企业的审批办法由省、自治区、直辖市人民政府建设行政主管部门制定。

经资质审查合格的企业，由资质审批部门发给相应等级的资质证书。

第十二条 资质证书由国务院建设行政主管部门统一制作。资质证书分为正本和副本，资质审批部门可以根据需要核发资质证书副本若干份。

第十三条 任何单位和个人不得涂改、出租、出借、转让、出卖资质证书。

企业遗失资质证书，必须在新闻媒体上声明作废后，方可补领。

第十四条 企业发生分立、合并的，应当在向工商行政管理部门办理变更手续后的 30 日内，到原资质审批部门申请办理资质证书注销手续，并重新申请资质等级。

第十五条 企业变更名称、法定代表人和主要管理、技术负责人，应当在变更 30 日内，向原资质审批部门办理变更手续。

第十六条 企业破产、歇业或者因其他原因终止业务时，应当在向工商行政管理部门办理注销营业执照后的 15 日内，到原资质审批部门注销资质证书。

第十七条 房地产开发企业的资质实行年检制度。对于不符合原定资质条件或者有不良经营行为的企业，由原资质审批部门予以降级或者注销资质证书。

一级资质房地产开发企业的资质年检由国务院建设行政主管部门或者其委托的机构负责。

二级资质及二级资质以下房地产开发企业的资质年检由省、自治区、直辖市人民政府建设行政主管部门制定办法。

房地产开发企业无正当理由不参加资质年检的，视为年检不合格，由原资质审批部门注销资质证书。

房地产开发主管部门应当将房地产开发企业资质年检结果向社会公布。

第十八条　一级资质的房地产开发企业承担房地产项目的建设规模不受限制，可以在全国范围承揽房地产开发项目。

二级资质及二级资质以下的房地产开发企业可以承担建筑面积25万平方米以下的开发建设项目，承担业务的具体范围由省、自治区、直辖市人民政府建设行政主管部门确定。

各资质等级企业应当在规定的业务范围内从事房地产开发经营业务，不得越级承担任务。

第十九条　企业未取得资质证书从事房地产开发经营的，由县级以上地方人民政府房地产开发主管部门责令限期改正，处5万元以上10万元以下的罚款；逾期不改正的，由房地产开发主管部门提请工商行政管理部门吊销营业执照。

第二十条　企业超越资质等级从事房地产开发经营的，由县级以上地方人民政府房地产开发主管部门责令限期改正，处5万元以上10万元以下的罚款；逾期不改正的，由原资质审批部门吊销资质证书，并提请工商行政管理部门吊销营业执照。

第二十一条　企业有下列行为之一的，由原资质审批部门公告资质证书作废，收回证书，并可处以1万元以上3万元以下的罚款：

（一）隐瞒真实情况、弄虚作假骗取资质证书的；

（二）涂改、出租、出借、转让、出卖资质证书的。

第二十二条　企业开发建设的项目工程质量低劣，发生重大工程质量事故的，由原资质审批部门降低资质等级；情节严重的吊销资质证书，并提请工商行政管理部门吊销营业执照。

第二十三条　企业在商品住宅销售中不按照规定发放《住宅质量保证书》和《住宅使用说明书》的，由原资质审批部门予以警告、责令限期改正、降低资质等级，并可处以1万元以上2万元以下的罚款。

第二十四条　企业不按照规定办理变更手续的，由原资质审批部门予以警告、责令限期改正，并可处以5000元以上1万元以下的罚款。

第二十五条　各级建设行政主管部门工作人员在资质审批和管理中玩忽职守、滥用职权，徇私舞弊的，由其所在单位或者上级主管部门给予行政处分；构成犯罪的，由司法机关依法追究刑事责任。

第二十六条　省、自治区、直辖市人民政府建设行政主管部门可以根据本规定制定实施细则。

第二十七条　本规定由国务院建设行政主管部门负责解释。

第二十八条　本规定自发布之日起施行。1993年11月16日建设部发布的《房地产开发企业资质管理规定》（建设部令第28号）同时废止。

附录九

城市房地产转让管理规定

(1995年8月7日建设部令第45号发布,根据2001年8月15日
《建设部关于修改〈城市房地产转让管理规定〉的决定》修订)

第一条 为了加强对城市房地产转让的管理,维护房地产市场秩序,保障房地产转让当事人的合法权益,根据《中华人民共和国城市房地产管理法》,制定本规定。

第二条 凡在城市规划区国有土地范围内从事房地产转让,实施房地产转让管理,均应遵守本规定。

第三条 本规定所称房地产转让,是指房地产权利人通过买卖、赠与或者其他合法方式将其房地产转移给他人的行为。

前款所称其他合法方式,主要包括下列行为:

(一)以房地产作价入股、与他人成立企业法人,房地产权属发生变更的;

(二)一方提供土地使用权,另一方或者多方提供资金,合资、合作开发经营房地产,而使房地产权属发生变更的;

(三)因企业被收购、兼并或合并,房地产权属随之转移的;

(四)以房地产抵债的;

(五)法律、法规规定的其他情形。

第四条 国务院建设行政主管部门归口管理全国城市房地产转让工作。

省、自治区人民政府建设行政主管部门归口管理本行政区域内的城市房地产转让工作。

直辖市、市、县人民政府房地产行政主管部门(以下简称房地产管理部门)负责本行政区域内的城市房地产转让管理工作。

第五条 房地产转让时,房屋所有权和该房屋占用范围内的土地使用权同时转让。

第六条 下列房地产不得转让:

(一)以出让方式取得土地使用权但不符合本规定第十条规定的条件的;

(二)司法机关和行政机关依法裁定、决定查封或者以其他形式限制房地产权利的;

(三)依法收回土地使用权的;

(四)共有房地产,未经其他共有人书面同意的;

(五)权属有争议的;

(六)未依法登记领取权属证书的;

(七)法律、行政法规规定禁止转让的其他情形。

第七条 房地产转让,应当按照下列程序办理:

(一)房地产转让当事人签订书面转让合同;

(二)房地产转让当事人在房地产转让合同签订后90日内持房地产权属证书、当事人的合法证明、转让合同等有关文件向房地产所在地的房地产管理部门提出申请,并申报成交价格;

（三）房地产管理部门对提供的有关文件进行审查，并在7日内作出是否受理申请的书面答复，7日内未作书面答复的，视为同意受理；

（四）房地产管理部门核实申报的成交价格，并根据需要对转让的房地产进行现场查勘和评估；

（五）房地产转让当事人按照规定缴纳有关税费；

（六）房地产管理部门办理房屋权属登记手续，核发房地产权属证书。

第八条 房地产转让合同应当载明下列主要内容：

（一）双方当事人的姓名或者名称、住所；

（二）房地产权属证书名称和编号；

（三）房地产座落位置、面积、四至界限；

（四）土地宗地号、土地使用权取得的方式及年限；

（五）房地产的用途或使用性质；

（六）成交价格及支付方式；

（七）房地产交付使用的时间；

（八）违约责任；

（九）双方约定的其他事项。

第九条 以出让方式取得土地使用权的，房地产转让时，土地使用权出让合同载明的权利、义务随之转移。

第十条 以出让方式取得土地使用权的，转让房地产时，应当符合下列条件：

（一）按照出让合同约定已经支付全部土地使用权出让金，并取得土地使用权证书；

（二）按照出让合同约定进行投资开发，属于房屋建设工程的，应完成开发投资总额的百分之二十五以上；属于成片开发土地的，依照规划对土地进行开发建设，完成供排水、供电、供热、道路交通、通信等市政基础设施、公用设施的建设，达到场地平整，形成工业用地或者其他建设用地条件。

转让房地产时房屋已经建成的，还应当持有房屋所有权证书。

第十一条 以划拨方式取得土地使用权的，转让房地产时，按照国务院的规定，报有批准权的人民政府审批。有批准权的人民政府准予转让的，除符合本规定第十二条所列的可以不办理土地使用权出让手续的情形外，应当由受让方办理土地使用权出让手续，并依照国家有关规定缴纳土地使用权出让金。

第十二条 以划拨方式取得土地使用权的，转让房地产时，属于下列情形之一的，经有批准权的人民政府批准，可以不办理土地使用权出让手续，但应当将转让房地产所获收益中的土地收益上缴国家或者作其他处理。土地收益的缴纳和处理的办法按照国务院规定办理。

（一）经城市规划行政主管部门批准，转让的土地用于建设《中华人民共和国城市房地产管理法》第二十三条规定的项目的；

（二）私有住宅转让后仍用于居住的；

（三）按照国务院住房制度改革有关规定出售公有住宅的；

（四）同一宗土地上部分房屋转让而土地使用权不可分割转让的；

（五）转让的房地产暂时难以确定土地使用权出让用途、年限和其他条件的；

(六)根据城市规划土地使用权不宜出让的;

(七)县级以上人民政府规定暂时无法或不需要采取土地使用权出让方式的其他情形。

依照前款规定缴纳土地收益或作其他处理的,应当在房地产转让合同中注明。

第十三条 依照本规定第十二条规定转让的房地产再转让,需要办理出让手续、补交土地使用权出让金的,应当扣除已经缴纳的土地收益。

第十四条 国家实行房地产成交价格申报制度。

房地产权利人转让房地产,应当如实申报成交价格,不得瞒报或者作不实的申报。

房地产转让应当以申报的房地产成交价格作为缴纳税费的依据。成交价格明显低于正常市场价格的,以评估价格作为缴纳税费的依据。

第十五条 商品房预售按照建设部《城市商品房预售管理办法》执行。

第十六条 房地产管理部门在办理房地产转让时,其收费的项目和标准,必须经有批准权的物价部门和建设行政主管部门批准,不得擅自增加收费项目和提高收费标准。

第十七条 违反本规定第十条第一款和第十一条,未办理土地使用权出让手续,交纳土地使用权出让金的,按照《中华人民共和国城市房地产管理法》的规定进行处罚。

第十八条 房地产管理部门工作人员玩忽职守、滥用职权、徇私舞弊、索贿受贿的,依法给予行政处分;构成犯罪的,依法追究刑事责任。

第十九条 在城市规划区外的国有土地范围内进行房地产转让的,参照本规定执行。

第二十条 省、自治区人民政府建设行政主管部门、直辖市房地产行政主管部门可以根据本规定制定实施细则。

第二十一条 本规定由国务院建设行政主管部门负责解释。

第二十二条 本规定自1995年9月1日起施行。

附录十

城市商品房预售管理办法

(1994年11月15日建设部令第40号发布,2001年8月15日根据
《建设部关于修改〈城市商品房预售管理办法〉的决定》修正)

第一条 为加强商品房预售管理,维护商品房交易双方的合法权益,根据《中华人民共和国城市房地产管理法》、《城市房地产开发经营管理条例》,制定本办法。

第二条 本办法所称商品房预售是指房地产开发企业(以下简称开发企业)将正在建设中的房屋预先出售给承购人,由承购人支付定金或房价款的行为。

第三条 本办法适用于城市商品房预售的管理。

第四条 国务院建设行政主管部门归口管理全国城市商品房预售管理;

省、自治区建设行政主管部门归口管理本行政区域内城市商品房预售管理;

城市、县人民政府建设行政主管部门或房地产行政主管部门(以下简称房地产管理部门)负责本行政区域内城市商品房预售管理。

第五条 商品房预售应当符合下列条件:

(一)已交付全部土地使用权出让金,取得土地使用权证书;

(二)持有建设工程规划许可证和施工许可证;

(三)按提供预售的商品房计算,投入开发建设的资金达到工程建设总投资的25%以上,并已经确定施工进度和竣工交付日期。

第六条 商品房预售实行许可证制度。开发企业进行商品房预售,应当向城市、县房地产管理部门办理预售登记,取得《商品房预售许可证》。

第七条 开发企业申请办理《商品房预售许可证》应当提交下列证件(复印件)及资料:

(一)本办法第五条第(一)项至第(三)项规定的证明材料;

(二)开发企业的《营业执照》和资质等级证书;

(三)工程施工合同;

(四)商品房预售方案。预售方案应当说明商品房的位置、装修标准、竣工交付日期、预售总面积、交付使用后的物业管理等内容,并应当附商品房预售总平面图、分层平面图。

第八条 房地产管理部门在接到开发企业申请后,应当详细查验各项证件和资料,并到现场进行查勘。经审查合格的,应在接到申请后的10日内核发《商品房预售许可证》。

第九条 开发企业进行商品房预售,应当向承购人出示《商品房预售许可证》。售楼广告和说明书必须载明《商品房预售许可证》的批准文号。

未取得《商品房预售许可证》的,不得进行商品房预售。

第十条 商品房预售,开发企业应当与承购人签订商品房预售合同。预售人应当在签约之日起30日内持商品房预售合同向县级以上人民政府房地产管理部门和土地管理部门办理登记备案手续。

商品房的预售可以委托代理人办理，但必须有书面委托书。

第十一条　开发企业进行商品房预售所得的款项必须用于有关的工程建设。

城市、县房地产管理部门应当制定对商品房预售款监管的有关制度。

第十二条　预售的商品房交付使用之日起 90 日内，承购人应当持有关凭证到县级以上人民政府房地产管理部门和土地管理部门办理权属登记手续。

第十三条　开发企业未按本办法办理预售登记，取得商品房预售许可证明预售商品房的，责令停止预售、补办手续，没收违法所得，并可处以已收取的预付款 1％ 以下的罚款。

第十四条　开发企业不按规定使用商品房预售款项的，由房地产管理部门责令限期纠正，并可处以违法所得 3 倍以下但不超过 3 万元的罚款。

第十五条　省、自治区建设行政主管部门、直辖市建设行政主管部门或房地产行政管理部门可以根据本办法制定实施细则。

第十六条　本办法由国务院建设行政主管部门负责解释。

第十七条　本办法自 1995 年 1 月 1 日起施行。

附录十一

城市房屋租赁管理办法

第一章 总 则

第一条 为加强城市房屋租赁管理,维护房地产市场秩序,保障房屋租赁当事人的合法权益,根据《中华人民共和国城市房地产管理法》,制定本办法。

第二条 本办法适用于直辖市、市、建制镇的房屋租赁。

第三条 房屋所有权人将房屋出租给承租人居住或提供给他人从事经营活动及以合作方式与他人从事经营活动的,均应遵守本办法。

承租人经出租人同意,可以依照本办法将承租房屋转租。

第四条 公民、法人或其他组织对享有所有权的房屋和国家授权管理和经营的房屋可以依法出租。

第五条 房屋租赁当事人应当遵循自愿、平等、互利的原则。

第六条 有下列情形之一的房屋不得出租:

(一)未依法取得房屋所有权证的;

(二)司法机关和行政机关依法裁定、决定查封或者以其他形式限制房地产权利的;

(三)共有房屋未取得共有人同意的;

(四)权属有争议的;

(五)属于违法建筑的;

(六)不符合安全标准的;

(七)已抵押,未经抵押权人同意的;

(八)不符合公安、环保、卫生等主管部门有关规定的;

(九)有关法律、法规规定禁止出租的其他情形。

第七条 住宅用房的租赁,应当执行国家的房屋所在地城市人民政府规定的租赁政策。

租用房屋从事生产、经营活动的,由租赁双方协商议定租金和其他租赁条款。

第八条 国务院建设行政主管部门主管全国城市房屋租赁管理工作。

省、自治区建设行政主管部门主管本行政区域内城市房屋租赁管理工作。

市、县人民政府房地产行政主管部门(以下简称房地产管理部门)主管本行政区域内的城市房屋租赁管理工作。

第二章 租 赁 合 同

第九条 房屋租赁,当事人应当签订书面租赁合同,租赁合同应当具备以下条款:

(一)当事人姓名或者名称及住所;

（二）房屋的坐落、面积、装修及设施状况；

（三）租赁用途；

（四）租赁期限；

（五）租金及交付方式；

（六）房屋修缮责任；

（七）转租的约定；

（八）变更和解除合同的条件；

（九）违约责任；

（十）当事人约定的其他条款。

第十条 房屋租赁期限届满，租赁合同终止。承租人需要继续租用的，应当在租赁期限届满前3个月提出，并经出租人同意，重新签订租赁合同。

第十一条 租赁期限内，房屋出租人转让房屋所有权的，房屋受让人应当继续履行原租赁合同的规定。

出租人在租赁期限内死亡的，其继承人应当继续履行原租赁合同。

住宅用房承租人在租赁期限内死亡的，其共同居住两年以上的家庭成员可以继续承租。

第十二条 有下列情形之一的，房屋租赁当事人可以变更或者解除租赁合同：

（一）符合法律规定或者合同约定可以变更或解除合同条款的；

（二）因不可抗力致使租赁合同不能继续履行的；

（三）当事人协商一致的。

因变更或者解除租赁合同使一方当事人遭受损失的，除依法可以免除责任的以外，应当由责任方负责赔偿。

第三章 租 赁 登 记

第十三条 房屋租赁实行登记备案制度。

签订、变更、终止租赁合同的，当事人应当向房屋所在地市、县人民政府房地产管理部门登记备案。

第十四条 房屋租赁当事人应当在租赁合同签订后30日内，持本办法第十五条规定的文件到市、县人民政府房地产管理部门办理登记备案手续。

第十五条 申请房屋租赁登记备案应当提交下列文件：

（一）书面租赁合同；

（二）房屋所有权证书；

（三）当事人的合法证件；

（四）城市人民政府规定的其他文件。

出租共有房屋，还须提交其他共有人同意出租的证明。

出租委托代管房屋，还须提交委托代管人授权出租的证明。

第十六条 房屋租赁申请经市、县人民政府房地产管理部门审查合格后，颁发《房屋租赁证》。

县人民政府所在地以外的建制镇的房屋租赁申请，可由市、县人民政府房地产管理部门委托的机构审查，并颁发《房屋租赁证》。

第十七条　《房屋租赁证》系租赁行为合法有效的凭证。租用房屋从事生产、经营活动的，房屋租赁证作为经营场所合法的凭证。租用房屋用于居住的，房屋租赁凭证可作为公安部门办理户口登记的凭证之一。

第十八条　严禁伪造、涂改、转借、转让房屋租赁证。遗失房屋租赁证应当向原发证机关申请补发。

第四章　当事人的权利和义务

第十九条　房屋租赁当事人按照租赁合同的约定，享有权利，并承担相应的义务。

出租人在租赁期限内，确需提前收回房屋时，应当事先商得承租人同意，给承租人造成损失的，应当予以赔偿。

第二十条　出租人应当依照租赁合同约定的期限将房屋交付承租人，不能按期交付的，应当支付违约金，给承租人造成损失的，应当承担赔偿责任。

第二十一条　出租住宅用房的自然损坏或合同约定由出租人修缮的，由出租人负责修复。不及时修复，致使房屋发生破坏性事故，造成承租人财产损失或者人身伤害的，应当承担赔偿责任。

租用房屋从事生产、经营活动的，修缮责任由双方当事人在租赁合同中约定。

第二十二条　承租人必须按期缴纳租金，违约的，应当支付违约金。

第二十三条　承租人应当爱护并合理使用所承租的房屋及附属设施，不得擅自拆改。扩建或增添。确需变动的，必须征得出租人的同意，并签订书面合同。

因承租人过错造成房屋损坏的，由承租人负责修复或者赔偿。

第二十四条　承租人有下列行为之一的，出租人有权终止合同，收回房屋，因此而造成损失的，由承租人赔偿：

（一）将承租的房屋擅自转租的；
（二）将承租的房屋擅自转让、转借他人或擅自调换使用的；
（三）将承租的房屋擅自拆改结构或改变用途的；
（四）拖欠租金累计六个月以上的；
（五）公用住宅用房无正当理由闲置六个月以上的；
（六）租用承租房屋进行违法活动的；
（七）故意损坏承租房屋的；
（八）法律、法规规定其他可以收回的。

第二十五条　以营利为目的，房屋所有权人将以划拨方式取得使用权的国有土地上建成的房屋出租的，应当将租金中所含土地收益上缴国家。土地收益的上缴办法，应当按照财政部《关于国有土地使用权有偿使用收入征收管理的暂行办法》和《关于国有土地使用权有偿使用收入若干财政问题的暂行规定》的规定，由市、县人民政府房地产管理部门代收代缴。国务院颁布有新的规定时，从其规定。

第五章 转 租

第二十六条 房屋转租,是指房屋承租人将承租的房屋再出租的行为。

第二十七条 承租人在租赁期限内,征得出租人同意,可以将承租房屋的部分或全部转租给他人。

出租人可以从转租中获得收益。

第二十八条 房屋转租,应当订立转租合同。转租合同必须经原出租人书面同意,并按照本办法的规定办理登记备案手续。

第二十九条 转租合同的终止日期不得超过原租赁合同规定的终止日期,但出租人与转租双方协商约定的除外。

第三十条 转租合同生效后,转租人享有并承担转租合同规定的出租人的权利和义务,并且应当履行原租赁合同规定的承租人的义务,但出租人与转租双方另有约定的除外。

第三十一条 转租期间,原租赁合同变更、解除或者终止,转租合同也随之相应的变更、解除或者终止。

第六章 法 律 责 任

第三十二条 违反本办法有下列行为之一的,由人民政府房地产管理部门对责任者给予行政处罚:

(一) 伪造、涂改《房屋租赁证》的,注销其证书,并可处以罚款;

(二) 不按期申报、领取《房屋租赁证》的,责令限期补办手续,并可处以罚款;

(三) 未征得出租人同意和未办理登记备案,擅自转租房屋的,其租赁行为无效,没收其非法所得,并可处以罚款。

第三十三条 违反本办法,情节严重,构成犯罪的,由司法机关依法追究刑事责任。

第三十四条 房屋租赁管理工作人员徇私舞弊、贪污受贿的,由所在机关给予行政处分,情节严重、构成犯罪的,由司机机关依法追究刑事责任。

第七章 附 则

第三十五条 未设镇建制的工矿区、国有农场。林场等房屋租赁,参照本办法执行。

第三十六条 省、自治区建设行政主管部门,直辖市人民政府房地产管理部门可以根据本办法制定实施细则。

第三十七条 本办法由建设部负责解释。

第三十八条 本办法自1995年6月1日起施行。

附录十二

城市房地产抵押管理办法

(1997年5月9日建设部令第56号发布,2001年8月15日根据《建设部关于修改〈城市城市房地产抵押管理办法〉的决定》修订)

第一章 总 则

第一条 为了加强房地产抵押管理,维护房地产市场秩序,保障房地产抵押当事人的合法权益,根据《中华人民共和国城市房地产管理法》、《中华人民共和国担保法》,制定本办法。

第二条 凡在城市规划区国有土地范围内从事房地产抵押活动的,应当遵守本办法。地上无房屋(包括建筑物、构筑物及在建工程)的国有土地使用权设定抵押的,不适用本办法。

第三条 本办法所称房地产抵押,是指抵押人以其合法房地产以不转移占有的方式向抵押权人提供债务履行担保的行为。债务人不履行债务时,债权人有权依法以抵押的房地产拍卖所得的价款优先受偿。本办法所称抵押人,是指将依法取得的房地产提供给抵押权人,作为本人或者第三人履行债务担保的公民、法人或者其他组织。本办法所称抵押权人,是指接受房地产抵押作为债务人履行债务担保的公民、法人或者其他组织。本办法所称预购商品房贷款抵押,是指购房人在支付首期规定的房价款后,由贷款银行代其支付其余的购房款,将所购商品房抵押给贷款银行作为偿还贷款履行担保的行为。本办法所称在建工程抵押,是指抵押人为取得在建工程继续建造资金的贷款,以其合法方式取得的土地使用权连同在建工程的投入资产,以不转移占有的方式抵押给贷款银行作为偿还贷款履行担保的行为。

第四条 以依法取得的房屋所有权抵押的,该房屋占用范围内的土地使用权必须同时抵押。

第五条 房地产抵押,应当遵循自愿、互利、公平和诚实信用的原则。依法设定的房地产抵押,受国家法律保护。

第六条 国家实行房地产抵押登记制度。

第七条 国务院建设行政主管部门归口管理全国城市房地产抵押管理工作。省、自治区建设行政主管部门归口管理本行政区域内的城市房地产抵押管理工作。直辖市、市、县人民政府房地产行政主管部门(以下简称房地产管理部门)负责管理本行政区域内的房地产抵押管理工作。

第二章 房地产抵押权的设定

第八条 下列房地产不得设定抵押:

（一）权属有争议的房地产；
（二）用于教育、医疗、市政等公共福利事业的房地产；
（三）列入文物保护的建筑物和有重要纪念意义的其他建筑物；
（四）已依法公告列入拆迁范围的房地产；
（五）被依法查封、扣押、监管或者以其他形式限制的房地产；
（六）依法不得抵押的其他房地产。

第九条　同一房地产设定两个以上抵押权的，抵押人应当将已经设定过的抵押情况告知抵押权人。抵押人所担保的债权不得超出其抵押物的价值。房地产抵押后，该抵押房地产的价值大于所担保债权的余额部分，可以再次抵押，但不得超出余额部分。

第十条　以两宗以上房地产设定同一抵押权的，视为同一抵押房地产。但抵押当事人另有约定的除外。

第十一条　以在建工程已完工部分抵押的，其土地使用权随之抵押。

第十二条　以享受国家优惠政策购买的房地产抵押的，其抵押额以房地产权利人可以处分和收益的份额比例为限。

第十三条　国有企业、事业单位法人以国家授予其经营管理的房地产抵押的，应当符合国有资产管理的有关规定。

第十四条　以集体所有制企业的房地产抵押的，必须经集体所有制企业职工（代表）大会通过，并报其上级主管机关备案。

第十五条　以中外合资企业、合作经营企业和外商独资企业的房地产抵押的，必须经董事会通过，但企业章程另有规定的除外。

第十六条　以有限责任公司、股份有限公司的房地产抵押的，必须经董事会或者股东大会通过，但企业章程另有规定的除外。

第十七条　有经营期限的企业以其所有的房地产抵押的，其设定的抵押期限不应当超过该企业的经营期限。

第十八条　以具有土地使用年限的房地产抵押的，其抵押期限不得超过土地使用权出让合同规定的使用年限减去已经使用年限后的剩余年限。

第十九条　以共有的房地产抵押的，抵押人应当事先征得其他共有人的书面同意。

第二十条　预购商品房贷款抵押的，商品房开发项目必须符合房地产转让条件并取得商品房预售许可证。

第二十一条　以已出租的房地产抵押的，抵押人应当将租赁情况告知抵押权人，并将抵押情况告知承租人。原租赁合同继续有效。

第二十二条　设定房地产抵押时，抵押房地产的价值可以由抵押当事人协商议定，也可以由房地产评估机构评估确定。法律、法规另有规定的除外。

第二十三条　抵押当事人约定对抵押房地产保险的，由抵押人为抵押的房地产投保，保险费由抵押人负担。抵押房地产投保的，抵押人应当将保险单移送抵押权人保管。在抵押期间，抵押权人为保险赔偿的第一受益人。

第二十四条　企业、事业单位法人分立或者合并后，原抵押合同继续有效。其权利和义务由变更后的法人享有和承担。抵押人死亡、依法被宣告死亡或者被宣告失踪时，其房地产合法继承人或者代管人应继续履行原抵押合同。

第三章 房地产抵押合同的订立

第二十五条 房地产抵押，抵押当事人应当签订书面抵押合同。

第二十六条 房地产抵押合同应当载明下列主要内容：

（一）抵押人、抵押权人的名称或者个人姓名、住所；

（二）主债权的种类、数额；

（三）抵押房地产的处所、名称、状况、建筑面积、用地面积以及四至等；

（四）抵押房地产的价值；

（五）抵押房地产的占用管理人、占用管理方式、占用管理责任以及意外损毁、灭失的责任；

（六）抵押期限；

（七）抵押权灭失的条件；

（八）违约责任；

（九）争议解决方式；

（十）抵押合同订立的时间与地点；

（十一）双方约定的其他事项。

第二十七条 以预购商品房贷款抵押的，须提交生效的预购房屋合同。

第二十八条 以在建工程抵押的，抵押合同还应当载明以下内容：

（一）《国有土地使用权证》、《建设用地规划许可证》和《建设工程规划许可证》编号；

（二）已交纳的土地使用权出让金或需交纳的相当于土地使用权出让金的款额；

（三）已投入在建工程的工程款；

（四）施工进度及工程竣工日期；

（五）已完成的工作量和工程量。

第二十九条 抵押权人要求抵押房地产保险的，以及要求在房地产抵押后限制抵押人出租、转让抵押房地产或者改变抵押房地产用途的，抵押当事人应当在抵押合同中载明。

第四章 房地产抵押登记

第三十条 房地产抵押合同自签订之日起三十日内，抵押当事人应当到房地产所在地的房地产管理部门办理房地产抵押登记。

第三十一条 房地产抵押合同自抵押登记之日起生效。

第三十二条 办理房地产抵押登记，应当向登记机关交验下列文件：

（一）抵押当事人的身份证明或法人资格证明；

（二）抵押登记申请书；

（三）抵押合同；

（四）《国有土地使用权证》、《房屋所有权证》或《房地产权证》，共有的房屋还必须提交《房屋共有权证》和其他共有人同意抵押的证明；

（五）可以证明抵押人有权设定抵押权的文件与证明材料；
（六）可以证明抵押房地产价值的资料；
（七）登记机关认为必要的其他文件。

第三十三条　登记机关应当对申请人的申请进行审核，凡权属清楚、证明材料齐全的，应当在受理登记之日起十五日内作出是否准予登记的书面答复。

第三十四条　以依法取得的房屋所有权证书的房地产抵押的，登记机关应当在原《房屋所有权证》上作他项权利记载后，由抵押人收执。并向抵押权人颁发《房屋他项权证》。以预售商品房或者在建工程抵押的，登记机关应不在抵押合同上作记载。抵押的房地产在抵押期间竣工的，当事人应当在抵押人领取房地产权属证书后，重新办理房地产抵押登记。

第三十五条　抵押合同发生变更或者抵押关系终止时，抵押当事人应当在变更或者终止之日起十五日内，到原登记机关办理变更或者注销抵押登记。因依法处分抵押房地产而取得土地使用权和土地建筑物、其他附着物所有权的，抵押当事人应当自处分行为生效之日起三十日内，到县级以上地方人民政府房地产管理部门申请房产变更登记，并凭变更后的房屋所有权证书向同级人民政府土地管理部门申请土地使用权变更登记。

第五章　抵押房地产的占用与管理

第三十六条　已作抵押的房地产，由抵押人占用与管理。抵押人在抵押房地产占用与管理期间应当维护抵押房地产的安全与完好。抵押权人有权按照抵押合同的规定监督、检查抵押房地产的管理情况。

第三十七条　抵押权可以随债权转让。抵押权转让时，应当签订抵押权转让合同，并办理抵押权变更登记。抵押权转让后，原抵押权人应当告知抵押人。经抵押权人同意，抵押房地产可以转让或者出租。抵押房地产转让或者出租所得价款，应当向抵押权人提前清偿所担保的债权。超过债权数额的部分，归抵押人所有，不足部分由债务人清偿。

第三十八条　因国家建设需要，将已设定抵押权的房地产列入拆迁范围的，抵押人应当及时书面通知抵押权人；抵押双方可以重新设定抵押房地产，也可以依法清理债权债务，解除抵押合同。

第三十九条　抵押人占用与管理的房地产发生损毁、灭失的，抵押人应当及时将情况告知抵押权人，并应当采取措施防止损失的扩大。抵押的房地产因抵押人的行为造成损失使抵押房地产价值不足以作为履行债务的担保时，抵押权人有权要求抵押人重新提供或者增加担保以弥补不足，或者直接向保险公司行使求偿权。抵押人对抵押房地产价值减少无过错的，抵押权人只能在抵押人因损害而得到的赔偿的范围内要求提供担保。抵押房地产价值未减少的部分，仍作为债务的担保。

第六章　抵押房地产的处分

第四十条　有下列情况之一的，抵押权人有权要求处分抵押的房地产：
（一）债务履行期满，抵押权人未受清偿的，债务人又未能与抵押权人达成延期履行协议的；

（二）抵押人死亡、或者被宣告死亡而无人代为履行到期债务的；或者抵押人的合法继承人、受遗赠人拒绝履行到期债务的；

（三）抵押人被依法宣告解散或者破产的；

（四）抵押人违反本办法的有关规定，擅自处分抵押房地产的；

（五）抵押合同约定的其他情况。

第四十一条 有本办法第四十条规定情况之一的，经抵押当事人协商可以通过拍卖等合法方式处分抵押房地产。协议不成的，抵押权人可以向人民法院提起诉讼。

第四十二条 抵押权人处分抵押房地产时，应当事先书面通知抵押人；抵押房地产为共有或者出租的，还应当同时书面通知共有人或承租人；在同等条件下，共有人或承租人依法享有优先购买权。

第四十三条 同一房地产设定两个以上抵押权时，以抵押登记的先后顺序受偿。

第四十四条 处分抵押房地产时，可以依法将土地上新增的房屋与抵押财产一同处分，但对处分新增房屋所得，抵押权人无权优先受偿。

第四十五条 以划拨方式取得的土地使用权连同地上建筑物设定的房地产抵押进行处分时，应当从处分所得的价款中缴纳相当于应当缴纳的土地使用权出让金的款额后，抵押权人方可优先受偿。法律、法规另有规定的依照其规定。

第四十六条 抵押权人对抵押房地产的处分，因下列情况而中止：

（一）抵押权人请求中止的；

（二）抵押人申请愿意并证明能够及时履行债务，并经抵押权人同意的；

（三）发现被拍卖抵押物有权属争议的；

（四）诉讼或仲裁中的抵押房地产；

（五）其他应当中止的情况。

第四十七条 处分抵押房地产所得金额，依下列顺序分配：

（一）支付处分抵押房地产的费用；

（二）扣除抵押房地产应缴纳的税款；

（三）偿还抵押权人债权本息及支付违约金；

（四）赔偿由债务人违反合同而对抵押权人造成的损害；

（五）剩余金额交还抵押人。

处分抵押房地产所得金额不足以支付债务和违约金、赔偿金时，抵押权人有权向债务人追索不足部分。

第七章 法 律 责 任

第四十八条 抵押人隐瞒抵押的房地产存在共有、产权争议或者被查封、扣押等情况的，抵押人应当承担由此产生的法律责任。

第四十九条 抵押人擅自以出售、出租、交换、赠与或者以其他方式处理或者处分抵押房地产的，其行为无效；造成第三人损失的，由抵押人予以赔偿。

第五十条 抵押当事人因履行抵押合同或者处分抵押房地产发生争议的，可以协商解决；协商不成的，抵押当事人可以根据双方达成的仲裁协议向仲裁机构申请仲裁；没有仲裁协议的，也可以直接向人民法院提起诉讼。

第五十一条 因国家建设需要，将已设定抵押权的房地产列入拆迁范围时，抵押人违反前述第三十八条的规定，不依法清理债务，也不重新设定抵押房地产的，抵押权人有权向拆迁主管部门申请保留追偿债务权利，并可以向人民法院提起诉讼。经拆迁主管部门批准，拆迁人应当暂缓向抵押人发放拆迁补偿费或者拆迁安置房地产权登记证件，直至法院作出判决为止。拆迁期限届满，若法院尚未作出判决，经县级以上房屋拆迁主管部门批准，拆迁人可以依法实施拆迁，并办理证据保全。

第五十二条 登记机关工作人员玩忽职守、滥用职权，或者利用职务上的便利，索取他人财物，或者非法收受他人财物为他人谋取利益的，由其所在单位或者上级主管部门给予行政处分；构成犯罪的，依法追究刑事责任。

第八章 附 则

第五十三条 在城市规划区外国有土地上进行房地产抵押活动的，参照本办法执行。

第五十四条 本办法由国务院建设行政主管部门负责解释。

第五十五条 本办法自1997年6月1日起施行。

附录十三

经济适用住房管理办法

第一章 总 则

第一条 为规范经济适用住房建设、交易和管理行为，保护当事人合法权益，制定本办法。

第二条 本办法所称经济适用住房，是指政府提供政策优惠，限定建设标准、供应对象和销售价格，具有保障性质的政策性商品住房。

第三条 从事经济适用住房建设、交易，实施经济适用住房管理，应当遵守本办法。

第四条 发展经济适用住房应当坚持"在国家宏观政策指导下，各地区因地制宜、分别决策"的原则，由市、县人民政府根据当地经济社会发展水平、居民住房状况和收入水平等因素，合理确定经济适用住房的政策目标、建设标准、供应范围和供应对象等，并负责组织实施。

第五条 购买经济适用住房实行申请、审批和公示制度。

第六条 国务院建设行政主管部门负责全国经济适用住房指导工作。

省、自治区建设行政主管部门负责本行政区域范围内经济适用住房指导、监督工作。

市、县人民政府建设或房地产行政主管部门（以下简称"经济适用住房主管部门"）负责本行政区域内经济适用住房的实施和管理工作。

县级以上人民政府计划（发展和改革）、国土资源、规划、价格行政主管部门和金融机构根据职责分工，负责经济适用住房有关工作。

第七条 市、县人民政府应当在做好市场需求分析和预测的基础上，编制本地区经济适用住房发展规划。

市、县人民政府经济适用住房主管部门应当会同计划、规划、国土资源行政主管部门根据土地利用总体规划、城市总体规划和经济适用住房发展规划，做好项目储备，为逐年滚动开发创造条件。

第八条 市、县人民政府计划主管部门应当会同建设、规划、国土资源行政主管部门依据经济适用住房发展规划和项目储备情况，编制经济适用住房年度建设投资计划和用地计划。经济适用住房建设用地应当纳入当地年度土地供应计划。

中央和国家机关、直属企事业单位及军队的经济适用住房建设，实行属地化管理。其利用自用土地建设经济适用住房，经所属主管部门批准后，纳入当地经济适用住房建设投资计划，统一管理。

第二章 优 惠 政 策

第九条 经济适用住房建设用地，要按照土地利用总体规划和城市总体规划要求，合理布局，实行行政划拨方式供应。严禁以经济适用住房名义取得划拨土地后，改变土地用途，变相搞商品房开发。

第十条 经济适用住房建设和经营中的行政事业性收费，减半征收；经济适用住房项目小区外基础设施建设费用，由政府负担。

第十一条 购买经济适用住房的个人向商业银行申请贷款，除符合《个人住房贷款管理办法》规定外，还应当提供准予购买经济适用住房的证明。个人住房贷款利率执行中国人民银行公布的贷款利率，不得上浮。

经济适用住房建设单位可以以在建项目作抵押向商业银行申请住房开发贷款。

第十二条 用于个人购房贷款的住房公积金，可优先向购买经济适用住房的个人发放。

第三章 开 发 建 设

第十三条 经济适用住房开发建设应当按照政府组织协调、企业市场运作的原则，实行项目法人招标，参与招标的房地产开发企业必须具有相应资质、资本金、良好的开发业绩和社会信誉。

第十四条 经济适用住房要严格控制在中小套型，中套住房面积控制在 80 平方米左右，小套住房面积控制在 60 平方米左右。市、县人民政府可根据本地区居民的收入和居住水平等因素，合理确定经济适用住房的户型面积和各种户型的比例，并严格进行管理。

第十五条 经济适用住房的规划设计应当坚持标准适度、功能齐全、经济适用、便利节能的原则，并结合全面建设小康社会的目标，优选规划设计方案；经济适用住房建设必须严格执行国家有关技术规范和标准，积极推广应用先进、成熟、适用的新技术、新工艺、新材料、新设备，提高建设水平。

第十六条 经济适用住房建设单位对其开发建设的经济适用住房工程质量负最终责任。

建设单位应当向买受人出具《住宅质量保证书》和《使用说明书》，并承担保修责任。

第四章 价格的确定和公示

第十七条 确定经济适用住房的价格应当以保本微利为原则，其销售基准价格和浮动幅度应当按照《经济适用房价格管理办法》（计价格［2002］2503 号）的规定确定；其租金标准由有定价权的价格主管部门会同经济适用住房主管部门在综合考虑建设、管理成本和不高于 3％利润的基础上确定。

经济适用住房价格确定后应当向社会公示。

第十八条 经济适用住房销售应当实行明码标价，销售价格不得超过公示的基准价格和浮动幅度，不得在标价之外收取任何未予标明的费用。价格主管部门将依法进行监督管理。

第十九条 经济适用住房实行收费卡制度，各有关部门收取费用时，必须填写价格主管部门核发的交费登记卡。任何单位不得以押金、保证金等名义，变相向经济适用住房建设单位收取费用。

第五章 交易和售后管理

第二十条 符合下列条件的家庭可以申请购买或承租一套经济适用住房：

（一）有当地城镇户口（含符合当地安置条件的军队人员）或市、县人民政府确定的供应对象；

（二）无房或现住房面积低于市、县人民政府规定标准的住房困难家庭；

（三）家庭收入符合市、县人民政府划定的收入线标准；

（四）市、县人民政府规定的其他条件。

第二十一条 市、县人民政府应当根据当地商品住房价格、居民家庭可支配收入、居住水平和家庭人口结构等因素，规定享受购买或承租经济适用住房的条件及面积标准，并向社会公布。

第二十二条 申请人应当持家庭户口本、所在单位或街道办事处出具的收入证明和住房证明以及市、县人民政府规定的其他证明材料，向市、县人民政府经济适用住房主管部门提出申请。

第二十三条 市、县人民政府经济适用住房主管部门应当在规定时间内完成核查。符合条件的，应当公示。公示后有投诉的，由经济适用住房主管部门会同有关部门调查、核实；对无投诉或经调查、核实投诉不实的，在经济适用住房申请表上签署核查意见，并注明可以购买的优惠面积或房价总额标准。

第二十四条 符合条件的家庭，可以持核准文件选购一套与核准面积相对应的经济适用住房。购买面积原则上不得超过核准面积。购买面积在核准面积以内的，按核准的价格购买；购买面积超过核准面积的部分，不得享受政府优惠，由购房人补交差价。超面积部分差价款的处理办法，由市、县人民政府制定并公布。

第二十五条 居民个人购买经济适用住房后，应当按照规定办理权属登记。房屋、土地登记部门在办理权属登记时，应当分别注明经济适用住房、划拨土地。

第二十六条 经济适用住房在取得房屋所有权证和土地使用证一定年限后，方可按市场价上市出售；出售时，应当按照届时同地段普通商品住房与经济适用住房差价的一定比例向政府交纳收益。具体年限和比例由市、县人民政府确定。

个人购买的经济适用住房在未向政府补缴收益前不得用于出租经营。

第二十七条 国家鼓励房地产开发企业建设用于出租的经济适用住房，以政府核定的价格向符合条件的家庭出租。

第二十八条 经济适用住房购买人以市场价出售经济适用住房后，不得再购买经济适用住房；如需换购，必须以届时经济适用住房价格出售给取得经济适用住房资格的家庭后，方可再次申请。

第六章 集资建房和合作建房

第二十九条 集资、合作建房是经济适用住房的组成部分，其建设标准、优惠政策、上市条件、供应对象的审核等均按照经济适用住房的有关规定，严格执行。

集资、合作建房应当纳入当地经济适用住房建设计划和用地计划管理。

第三十条　住房困难户较多的工矿区和困难企业，经市、县人民政府批准，可以在符合土地利用总体规划、城市规划和单位发展计划的前提下，利用单位自用土地进行集资、合作建房。参加集资、合作建房的对象，必须限定在本单位无房户和符合市、县人民政府规定的住房困难家庭。

第三十一条　向职工或社员收取的集资、合作建房款项实行专款管理、专项使用，并接受当地财政和经济适用住房主管部门的监督。

第三十二条　凡已经享受房改政策购房、购买了经济适用住房或参加了集资、合作建房的人员，不得再次参加集资、合作建房。严禁任何单位借集资、合作建房名义，变相搞实物分配或商品房开发。

第三十三条　集资、合作建房单位只允许收取规定的管理费用，不得有利润。

第三十四条　市、县人民政府可以根据当地经济发展水平、住房状况、居民收入、房价等情况，确定是否发展集资、合作建房以及建设规模。

第七章　监　督　管　理

第三十五条　各有关部门应当加强对经济适用住房建设、交易中违法违纪行为的查处；对未经批准、擅自改变经济适用住房或集资、合作建房用地用途的，由土地行政主管部门按有关规定处罚。擅自提高经济适用住房或集资、合作建房销售价格，以及不执行政府价格主管部门制定的经济适用住房租金标准等价格违法行为，由价格主管部门依法进行处罚。擅自向未取得资格的家庭出售、出租经济适用住房或组织未取得资格的家庭集资、合作建房的，由经济适用住房主管部门责令建设单位限期收回；不能收回的，由建设单位补缴同地段经济适用住房或集资、合作建房与商品房价格差，并对建设单位的不良行为进行处罚。

第三十六条　对弄虚作假、隐瞒家庭收入和住房条件，骗购经济适用住房或集资、合作建房的个人，由经济适用住房主管部门追回已购住房或者由购买人按市场价补足购房款，并可提请所在单位对申请人进行行政处分；对出具虚假证明的单位，由经济适用住房主管部门提请有关部门追究单位主要领导的责任。

第八章　附　　则

第三十七条　省、自治区、直辖市人民政府经济适用住房主管部门会同计划（发展和改革）、国土资源、价格、金融行政主管部门根据本办法，可以制定实施细则。

第三十八条　本办法由建设部会同国家发展改革委、国土资源部、中国人民银行负责解释。

第三十九条　本办法自通知发布之日起施行。此前已经购买和签订买卖合同或协议的经济适用住房，仍按原有规定执行。

附录十四

城市房屋权属登记管理办法

(1997年10月27日建设部令第57号发布,2001年8月15日根据《建设部关于修改〈城市房地产权属登记管理办法〉的决定》修订)

第一章 总 则

第一条 为加强城市房屋权属管理,维护房地产市场秩序,保障房屋权利人的合法权益,根据《中华人民共和国城市房地产管理法》的规定,制定本办法。

第二条 本办法适用于城市规划区国有土地范围内的房屋权属登记。

第三条 本办法所称房屋权属登记,是指房地产行政主管部门代表政府对房屋所有权以及由上述权利产生的抵押权、典权等房屋他项权利进行登记,并依法确认房屋产权归属关系的行为。

本办法所称房屋权利人(以下简称权利人),是指依法享有房屋所有权和该房屋占用范围内的土地使用权、房地产他项权利的法人、其他组织和自然人。

本办法所称房屋权利申请人(以下简称申请人),是指已获得了房屋并提出房屋登记申请,但尚未取得房屋所有权证书的法人、其他组织和自然人。

第四条 国家实行房屋所有权登记发证制度。

申请人应当按照国家规定到房屋所在地的人民政府房地产行政主管部门(以下简称登记机关)申请房屋权属登记,领取房屋权属证书。

第五条 房屋权属证书是权利人依法拥有房屋所有权并对房屋行使占有、使用、收益和处分权利的惟一合法凭证。

依法登记的房屋权利受国家法律保护。

第六条 房屋权属登记应当遵循房屋的所有权和该房屋占用范围内的土地使用权权利主体一致的原则。

第七条 县级以上地方人民政府由一个部门统一负责房产管理和土地管理工作的,可以制作、颁发统一的房地产权证书,依照《城市房地产管理法》的规定,将房屋的所有权和该房屋占用范围内的土地使用权的确认和变更,分别载入房地产权证书。房地产权证书的式样报国务院建设行政主管部门备案。

第八条 国务院建设行政主管部门负责全国的房屋权属登记管理工作。

省、自治区人民政府建设行政主管部门负责本行政区域内的房屋权属登记管理工作。

直辖市、市、县人民政府房地产行政主管部门负责本行政区域内的房屋权属登记管理工作。

第二章 房屋权属登记

第九条 房屋权属登记分为:

（一）总登记；

（二）初始登记；

（三）转移登记；

（四）变更登记；

（五）他项权利登记；

（六）注销登记。

第十条　房屋权属登记依以下程序进行：

（一）受理登记申请；

（二）权属审核；

（三）公告；

（四）核准登记，颁发房屋权属证书。

本条第(三)项适用于登记机关认为有必要进行公告的登记。

第十一条　房屋权属登记由权利人(申请人)申请。权利人(申请人)为法人、其他组织的，应当使用其法定名称，由其法定代表人申请。

权利人(申请人)为自然人的，应当使用其身份证件上的姓名。

共有的房屋，由共有人共同申请。

房屋他项权利登记，由权利人和他项权利人共同申请。

房地产行政主管部门直管的公房由登记机关直接代为登记。

第十二条　权利人(申请人)可以委托代理人申请房屋权属登记。

第十三条　权利人(申请人)申请登记时，应当向登记机关交验单位或者相关人的有效证件。

代理人申请登记时，除向登记机关交验代理人的有效证件外，还应当向登记机关提交权利人(申请人)的书面委托书。

第十四条　总登记是指县级以上地方人民政府根据需要，在一定期限内对本行政区域内的房屋进行统一的权属登记。

登记机关认为需要时，经县级以上地方人民政府批准，可以对本行政区域内的房屋权属证书进行验证或者换证。

凡列入总登记、验证或者换证范围，无论权利人以往是否领取房屋权属证书，权属状况有无变化，均应当在规定的期限内办理登记。

总登记、验证、换证的期限，由县级以上地方人民政府规定。

第十五条　总登记、验证、换证应当由县级以上地方人民政府在规定期限开始之日30日前发布公告。

公告应当包括以下内容：

（一）登记、验证、换证的区域；

（二）申请期限；

（三）当事人应当提交的有关证件；

（四）受理申请地点；

（五）其他应当公告的事项。

第十六条　新建的房屋，申请人应当在房屋竣工后的3个月内向登记机关申请房屋所有权初始登记,并应当提交用地证明文件或者土地使用权证、建设用地规划许可证、建设工程规划许可证、施工许可证、房屋竣工验收资料以及其他有关的证明文件。

集体土地上的房屋转为国有土地上的房屋,申请人应当自事实发生之日起30日内向登记机关提交用地证明等有关文件,申请房屋所有权初始登记。

第十七条 因房屋买卖、交换、赠与、继承、划拨、转让、分割、合并、裁决等原因致使其权属发生转移的,当事人应当自事实发生之日起90日内申请转移登记。

申请转移登记,权利人应当提交房屋权属证书以及相关的合同、协议、证明等文件。

第十八条 权利人名称变更和房屋现状发生下列情形之一的,权利人应当自事实发生之日起30日内申请变更登记:

(一)房屋坐落的街道、门牌号或者房屋名称发生变更的;

(二)房屋面积增加或者减少的;

(三)房屋翻建的;

(四)法律、法规规定的其他情形。

申请变更登记,权利人应当提交房屋权属证书以及相关的证明文件。

第十九条 设定房屋抵押权、典权等他项权利的,权利人应当自事实发生之日起30日内申请他项权利登记。

申请房屋他项权利登记,权利人应当提交房屋权属证书,设定房屋抵押权、典权等他项权利的合同书以及相关的证明文件。

第二十条 房屋所有权登记应当按照权属单元以房屋的门牌号、幢、套(间)以及有具体权属界限的部分为基本单元进行登记。

第二十一条 有下列情形之一的,由登记机关依法直接代为登记,不颁发房屋权属证书:

(一)依法由房地产行政主管部门代管的房屋;

(二)无人主张权利的房屋;

(三)法律、法规规定的其他情形。

第二十二条 有下列情形之一的,经权利人(申请人)申请可以准予暂缓登记:

(一)因正当理由不能按期提交证明材料的;

(二)按照规定需要补办手续的;

(三)法律、法规规定可以准予暂缓登记的。

第二十三条 有下列情形之一的,登记机关应当作出不予登记的决定:

(一)属于违章建筑的;

(二)属于临时建筑的;

(三)法律、法规规定的其他情形。

第二十四条 因房屋灭失、土地使用年限届满、他项权利终止等,权利人应当自事实发生之日起30日内申请注销登记。

申请注销登记,权利人应当提交原房屋权属证书、他项权利证书,相关的合同、协议、证明等文件。

第二十五条 有下列情形之一的,登记机关有权注销房屋权属证书:

(一)申报不实的;

(二) 涂改房屋权属证书的;

(三) 房屋权利灭失,而权利人未在规定期限内办理房屋权属注销登记的;

(四) 因登记机关的工作人员工作失误造成房屋权属登记不实的。

注销房屋权属证书,登记机关应当作出书面决定,送达当事人,并收回原发放的房屋权属证书或者公告原房屋权属证书作废。

第二十六条 登记机关自受理登记申请之日起 7 日内应当决定是否予以登记,对暂缓登记、不予登记的,应当书面通知权利人(申请人)。

第二十七条 登记机关应当对权利人(申请人)的申请进行审查。凡权属清楚、产权来源资料齐全的,初始登记、转移登记、变更登记、他项权利登记应当在受理登记后的 30 日内核准登记,并颁发房屋权属证书;注销登记应当在受理登记后的 15 日内核准注销,并注销房屋权属证书。

第二十八条 房屋权属登记,权利人(申请人)应当按照国家规定交纳登记费和权属证书工本费。

登记费的收取办法和标准由国家统一制定。在国家统一制定的办法和标准颁布之前,按照各省、自治区、直辖市的办法和标准执行。

第二十九条 权利人(申请人)逾期申请房屋权属登记的,登记机关可以按照规定登记费的 3 倍以下收取登记费。

第三十条 从事房屋权属登记的工作人员必须经过业务培训,持证上岗。

第三章 房屋权属证书

第三十一条 房屋权属证书包括《房屋所有权证》、《房屋共有权证》、《房屋他项权证》或者《房地产权证》、《房地产共有权证》、《房地产他项权证》。

第三十二条 共有的房屋,由权利人推举的持证人收执房屋所有权证书。其余共有人各执房屋共有权证书 1 份。

房屋共有权证书与房屋所有权证书具有同等的法律效力。

第三十三条 房屋他项权证书由他项权利人收执。他项权利人依法凭证行使他项权利,受国家法律保护。

第三十四条 《房屋所有权证》、《房屋共有权证》、《房屋他项权证》的式样由国务院建设行政主管部门统一制定。证书由国务院建设行政主管部门统一监制,市、县房地产行政主管部门颁发。

第三十五条 房屋权属证书破损,经登记机关查验需换领的,予以换证。房屋权属证书遗失的,权利人应当及时登报声明作废,并向登记机关申请补发,由登记机关作出补发公告,经 6 个月无异议的,予以补发。

第四章 法律责任

第三十六条 以虚报、瞒报房屋权属情况等非法手段获得房屋权属证书的,由登记机关收回其房屋权属证书或者公告其房屋权属证书作废,并可对当事人处以 1 千元以下罚款。

涂改、伪造房屋权属证书的，其证书无效，登记机关可对当事人处以1千元以下罚款。

非法印制房屋权属证书的，登记机关应当没收其非法印制的房屋权属证书，并可对当事人处以1万元以上3万元以下的罚款；构成犯罪的，依法追究刑事责任。

第三十七条　因登记机关工作人员工作过失导致登记不当，致使权利人受到经济损失的，登记机关对当事人的直接经济损失负赔偿责任。

第三十八条　登记机关的工作人员玩忽职守、徇私舞弊、贪污受贿的，滥用职权、超越管辖范围颁发房屋权属证书的，依法给予行政处分；构成犯罪的，依法追究刑事责任。

第五章　附　　则

第三十九条　本办法第二条规定范围外的房屋权属登记，参照本办法执行。

第四十条　各省、自治区、直辖市人民政府可以根据本办法制定实施细则。

第四十一条　本办法由国务院建设行政主管部门负责解释。

第四十二条　本办法自1998年1月1日起施行。

附录十五

物业管理条例

第一章 总 则

第一条 为了规范物业管理活动，维护业主和物业管理企业的合法权益，改善人民群众的生活和工作环境，制定本条例。

第二条 本条例所称物业管理，是指业主通过选聘物业管理企业，由业主和物业管理企业按照物业服务合同约定，对房屋及配套的设施设备和相关场地进行维修、养护、管理，维护相关区域内的环境卫生和秩序的活动。

第三条 国家提倡业主通过公开、公平、公正的市场竞争机制选择物业管理企业。

第四条 国家鼓励物业管理采用新技术、新方法，依靠科技进步提高管理和服务水平。

第五条 国务院建设行政主管部门负责全国物业管理活动的监督管理工作。

县级以上地方人民政府房地产行政主管部门负责本行政区域内物业管理活动的监督管理工作。

第二章 业主及业主大会

第六条 房屋的所有权人为业主。

业主在物业管理活动中，享有下列权利：

（一）按照物业服务合同的约定，接受物业管理企业提供的服务；

（二）提议召开业主大会会议，并就物业管理的有关事项提出建议；

（三）提出制定和修改业主公约、业主大会议事规则的建议；

（四）参加业主大会会议，行使投票权；

（五）选举业主委员会委员，并享有被选举权；

（六）监督业主委员会的工作；

（七）监督物业管理企业履行物业服务合同；

（八）对物业共用部位、共用设施设备和相关场地使用情况享有知情权和监督权；

（九）监督物业共用部位、共用设施设备专项维修资金（以下简称专项维修资金）的管理和使用；

（十）法律、法规规定的其他权利。

第七条 业主在物业管理活动中，履行下列义务：

（一）遵守业主公约、业主大会议事规则；

（二）遵守物业管理区域内物业共用部位和共用设施设备的使用、公共秩序和环境卫生的维护等方面的规章制度；

（三）执行业主大会的决定和业主大会授权业主委员会作出的决定；

（四）按照国家有关规定交纳专项维修资金；

（五）按时交纳物业服务费用；

（六）法律、法规规定的其他义务。

第八条　物业管理区域内全体业主组成业主大会。

业主大会应当代表和维护物业管理区域内全体业主在物业管理活动中的合法权益。

第九条　一个物业管理区域成立一个业主大会。

物业管理区域的划分应当考虑物业的共用设施设备、建筑物规模、社区建设等因素。具体办法由省、自治区、直辖市制定。

第十条　同一个物业管理区域内的业主，应当在物业所在地的区、县人民政府房地产行政主管部门的指导下成立业主大会，并选举产生业主委员会。但是，只有一个业主的，或者业主人数较少且经全体业主一致同意，决定不成立业主大会的，由业主共同履行业主大会、业主委员会职责。

业主在首次业主大会会议上的投票权，根据业主拥有物业的建筑面积、住宅套数等因素确定。具体办法由省、自治区、直辖市制定。

第十一条　业主大会履行下列职责：

（一）制定、修改业主公约和业主大会议事规则；

（二）选举、更换业主委员会委员，监督业主委员会的工作；

（三）选聘、解聘物业管理企业；

（四）决定专项维修资金使用、续筹方案，并监督实施；

（五）制定、修改物业管理区域内物业共用部位和共用设施设备的使用、公共秩序和环境卫生的维护等方面的规章制度；

（六）法律、法规或者业主大会议事规则规定的其他有关物业管理的职责。

第十二条　业主大会会议可以采用集体讨论的形式，也可以采用书面征求意见的形式；但应当有物业管理区域内持有 1/2 以上投票权的业主参加。

业主可以委托代理人参加业主大会会议。

业主大会作出决定，必须经与会业主所持投票权 1/2 以上通过。业主大会作出制定和修改业主公约、业主大会议事规则，选聘和解聘物业管理企业，专项维修资金使用和续筹方案的决定，必须经物业管理区域内全体业主所持投票权 2/3 以上通过。

业主大会的决定对物业管理区域内的全体业主具有约束力。

第十三条　业主大会会议分为定期会议和临时会议。

业主大会定期会议应当按照业主大会议事规则的规定召开。经 20% 以上的业主提议，业主委员会应当组织召开业主大会临时会议。

第十四条　召开业主大会会议，应当于会议召开 15 日以前通知全体业主。

住宅小区的业主大会会议，应当同时告知相关的居民委员会。

业主委员会应当做好业主大会会议记录。

第十五条　业主委员会是业主大会的执行机构，履行下列职责：

（一）召集业主大会会议，报告物业管理的实施情况；

（二）代表业主与业主大会选聘的物业管理企业签订物业服务合同；

（三）及时了解业主、物业使用人的意见和建议，监督和协助物业管理企业履行物业服务合同；

（四）监督业主公约的实施；

（五）业主大会赋予的其他职责。

第十六条　业主委员会应当自选举产生之日起30日内，向物业所在地的区、县人民政府房地产行政主管部门备案。

业主委员会委员应当由热心公益事业、责任心强、具有一定组织能力的业主担任。

业主委员会主任、副主任在业主委员会委员中推选产生。

第十七条　业主公约应当对有关物业的使用、维护、管理，业主的共同利益，业主应当履行的义务，违反公约应当承担的责任等事项依法作出约定。

业主公约对全体业主具有约束力。

第十八条　业主大会议事规则应当就业主大会的议事方式、表决程序、业主投票权确定办法、业主委员会的组成和委员任期等事项作出约定。

第十九条　业主大会、业主委员会应当依法履行职责，不得作出与物业管理无关的决定，不得从事与物业管理无关的活动。

业主大会、业主委员会作出的决定违反法律、法规的，物业所在地的区、县人民政府房地产行政主管部门，应当责令限期改正或者撤销其决定，并通告全体业主。

第二十条　业主大会、业主委员会应当配合公安机关，与居民委员会相互协作，共同做好维护物业管理区域内的社会治安等相关工作。

在物业管理区域内，业主大会、业主委员会应当积极配合相关居民委员会依法履行自治管理职责，支持居民委员会开展工作，并接受其指导和监督。

住宅小区的业主大会、业主委员会作出的决定，应当告知相关的居民委员会，并认真听取居民委员会的建议。

第三章　前期物业管理

第二十一条　在业主、业主大会选聘物业管理企业之前，建设单位选聘物业管理企业的，应当签订书面的前期物业服务合同。

第二十二条　建设单位应当在销售物业之前，制定业主临时公约，对有关物业的使用、维护、管理，业主的共同利益，业主应当履行的义务，违反公约应当承担的责任等事项依法作出约定。

建设单位制定的业主临时公约，不得侵害物业买受人的合法权益。

第二十三条　建设单位应当在物业销售前将业主临时公约向物业买受人明示，并予以说明。

物业买受人在与建设单位签订物业买卖合同时，应当对遵守业主临时公约予以书面承诺。

第二十四条　国家提倡建设单位按照房地产开发与物业管理相分离的原则，通过招投标的方式选聘具有相应资质的物业管理企业。

住宅物业的建设单位，应当通过招投标的方式选聘具有相应资质的物业管理企业；投标人少于3个或者住宅规模较小的,经物业所在地的区、县人民政府房地产行政主管部门批准,可以采用协议方式选聘具有相应资质的物业管理企业。

第二十五条　建设单位与物业买受人签订的买卖合同应当包含前期物业服务合同约定的内容。

第二十六条　前期物业服务合同可以约定期限;但是,期限未满、业主委员会与物业管理企业签订的物业服务合同生效的,前期物业服务合同终止。

第二十七条　业主依法享有的物业共用部位、共用设施设备的所有权或者使用权,建设单位不得擅自处分。

第二十八条　物业管理企业承接物业时,应当对物业共用部位、共用设施设备进行查验。

第二十九条　在办理物业承接验收手续时,建设单位应当向物业管理企业移交下列资料:

(一)竣工总平面图,单体建筑、结构、设备竣工图,配套设施、地下管网工程竣工图等竣工验收资料;

(二)设施设备的安装、使用和维护保养等技术资料;

(三)物业质量保修文件和物业使用说明文件;

(四)物业管理所必需的其他资料。

物业管理企业应当在前期物业服务合同终止时将上述资料移交给业主委员会。

第三十条　建设单位应当按照规定在物业管理区域内配置必要的物业管理用房。

第三十一条　建设单位应当按照国家规定的保修期限和保修范围,承担物业的保修责任。

第四章　物业管理服务

第三十二条　从事物业管理活动的企业应当具有独立的法人资格。

国家对从事物业管理活动的企业实行资质管理制度。具体办法由国务院建设行政主管部门制定。

第三十三条　从事物业管理的人员应当按照国家有关规定,取得职业资格证书。

第三十四条　一个物业管理区域由一个物业管理企业实施物业管理。

第三十五条　业主委员会应当与业主大会选聘的物业管理企业订立书面的物业服务合同。

物业服务合同应当对物业管理事项、服务质量、服务费用、双方的权利义务、专项维修资金的管理与使用、物业管理用房、合同期限、违约责任等内容进行约定。

第三十六条　物业管理企业应当按照物业服务合同的约定,提供相应的服务。

物业管理企业未能履行物业服务合同的约定,导致业主人身、财产安全受到损害的,应当依法承担相应的法律责任。

第三十七条　物业管理企业承接物业时,应当与业主委员会办理物业验收手续。

业主委员会应当向物业管理企业移交本条例第二十九条第一款规定的资料。

第三十八条　物业管理用房的所有权依法属于业主。未经业主大会同意,物业管理企业不得改变物业管理用房的用途。

第三十九条 物业服务合同终止时，物业管理企业应当将物业管理用房和本条例第二十九条第一款规定的资料交还给业主委员会。

物业服务合同终止时，业主大会选聘了新的物业管理企业的，物业管理企业之间应当做好交接工作。

第四十条 物业管理企业可以将物业管理区域内的专项服务业务委托给专业性服务企业，但不得将该区域内的全部物业管理一并委托给他人。

第四十一条 物业服务收费应当遵循合理、公开以及费用与服务水平相适应的原则，区别不同物业的性质和特点，由业主和物业管理企业按照国务院价格主管部门会同国务院建设行政主管部门制定的物业服务收费办法，在物业服务合同中约定。

第四十二条 业主应当根据物业服务合同的约定交纳物业服务费用。业主与物业使用人约定由物业使用人交纳物业服务费用的，从其约定，业主负连带交纳责任。

已竣工但尚未出售或者尚未交给物业买受人的物业，物业服务费用由建设单位交纳。

第四十三条 县级以上人民政府价格主管部门会同同级房地产行政主管部门，应当加强对物业服务收费的监督。

第四十四条 物业管理企业可以根据业主的委托提供物业服务合同约定以外的服务项目，服务报酬由双方约定。

第四十五条 物业管理区域内，供水、供电、供气、供热、通讯、有线电视等单位应当向最终用户收取有关费用。

物业管理企业接受委托代收前款费用的，不得向业主收取手续费等额外费用。

第四十六条 对物业管理区域内违反有关治安、环保、物业装饰装修和使用等方面法律、法规规定的行为，物业管理企业应当制止，并及时向有关行政管理部门报告。

有关行政管理部门在接到物业管理企业的报告后，应当依法对违法行为予以制止或者依法处理。

第四十七条 物业管理企业应当协助做好物业管理区域内的安全防范工作。发生安全事故时，物业管理企业在采取应急措施的同时，应当及时向有关行政管理部门报告，协助做好救助工作。

物业管理企业雇请保安人员的，应当遵守国家有关规定。保安人员在维护物业管理区域内的公共秩序时，应当履行职责，不得侵害公民的合法权益。

第四十八条 物业使用人在物业管理活动中的权利义务由业主和物业使用人约定，但不得违反法律、法规和业主公约的有关规定。

物业使用人违反本条例和业主公约的规定，有关业主应当承担连带责任。

第四十九条 县级以上地方人民政府房地产行政主管部门应当及时处理业主、业主委员会、物业使用人和物业管理企业在物业管理活动中的投诉。

第五章 物业的使用与维护

第五十条 物业管理区域内按照规划建设的公共建筑和共用设施，不得改变用途。

业主依法确需改变公共建筑和共用设施用途的,应当在依法办理有关手续后告知物业管理企业;物业管理企业确需改变公共建筑和共用设施用途的,应当提请业主大会讨论决定同意后,由业主依法办理有关手续。

第五十一条　业主、物业管理企业不得擅自占用、挖掘物业管理区域内的道路、场地,损害业主的共同利益。

因维修物业或者公共利益,业主确需临时占用、挖掘道路、场地的,应当征得业主委员会和物业管理企业的同意;物业管理企业确需临时占用、挖掘道路、场地的,应当征得业主委员会的同意。

业主、物业管理企业应当将临时占用、挖掘的道路、场地,在约定期限内恢复原状。

第五十二条　供水、供电、供气、供热、通讯、有线电视等单位,应当依法承担物业管理区域内相关管线和设施设备维修、养护的责任。

前款规定的单位因维修、养护等需要,临时占用、挖掘道路、场地的,应当及时恢复原状。

第五十三条　业主需要装饰装修房屋的,应当事先告知物业管理企业。

物业管理企业应当将房屋装饰装修中的禁止行为和注意事项告知业主。

第五十四条　住宅物业、住宅小区内的非住宅物业或者与单幢住宅楼结构相连的非住宅物业的业主,应当按照国家有关规定交纳专项维修资金。

专项维修资金属业主所有,专项用于物业保修期满后物业共用部位、共用设施设备的维修和更新、改造,不得挪作他用。

专项维修资金收取、使用、管理的办法由国务院建设行政主管部门会同国务院财政部门制定。

第五十五条　利用物业共用部位、共用设施设备进行经营的,应当在征得相关业主、业主大会、物业管理企业的同意后,按照规定办理有关手续。业主所得收益应当主要用于补充专项维修资金,也可以按照业主大会的决定使用。

第五十六条　物业存在安全隐患,危及公共利益及他人合法权益时,责任人应当及时维修养护,有关业主应当给予配合。

责任人不履行维修养护义务的,经业主大会同意,可以由物业管理企业维修养护,费用由责任人承担。

第六章　法　律　责　任

第五十七条　违反本条例的规定,住宅物业的建设单位未通过招投标的方式选聘物业管理企业或者未经批准,擅自采用协议方式选聘物业管理企业的,由县级以上地方人民政府房地产行政主管部门责令限期改正,给予警告,可以并处10万元以下的罚款。

第五十八条　违反本条例的规定,建设单位擅自处分属于业主的物业共用部位、共用设施设备的所有权或者使用权的,由县级以上地方人民政府房地产行政主管部门处5万元以上20万元以下的罚款;给业主造成损失的,依法承担赔偿责任。

第五十九条　违反本条例的规定,不移交有关资料的,由县级以上地方人民政府房地产行政主管部门责令限期改正；逾期仍不移交有关资料的，对建设单位、物业管理企业予以通报，处1万元以上10万元以下的罚款。

第六十条 违反本条例的规定，未取得资质证书从事物业管理的，由县级以上地方人民政府房地产行政主管部门没收违法所得，并处5万元以上20万元以下的罚款；给业主造成损失的，依法承担赔偿责任。

以欺骗手段取得资质证书的，依照本条第一款规定处罚，并由颁发资质证书的部门吊销资质证书。

第六十一条 违反本条例的规定，物业管理企业聘用未取得物业管理职业资格证书的人员从事物业管理活动的，由县级以上地方人民政府房地产行政主管部门责令停止违法行为，处5万元以上20万元以下的罚款；给业主造成损失的，依法承担赔偿责任。

第六十二条 违反本条例的规定，物业管理企业将一个物业管理区域内的全部物业管理一并委托给他人的，由县级以上地方人民政府房地产行政主管部门责令限期改正，处委托合同价款30％以上50％以下的罚款；情节严重的，由颁发资质证书的部门吊销资质证书。委托所得收益，用于物业管理区域内物业共用部位、共用设施设备的维修、养护，剩余部分按照业主大会的决定使用；给业主造成损失的，依法承担赔偿责任。

第六十三条 违反本条例的规定，挪用专项维修资金的，由县级以上地方人民政府房地产行政主管部门追回挪用的专项维修资金，给予警告，没收违法所得，可以并处挪用数额2倍以下的罚款；物业管理企业挪用专项维修资金，情节严重的，并由颁发资质证书的部门吊销资质证书；构成犯罪的，依法追究直接负责的主管人员和其他直接责任人员的刑事责任。

第六十四条 违反本条例的规定，建设单位在物业管理区域内不按照规定配置必要的物业管理用房的，由县级以上地方人民政府房地产行政主管部门责令限期改正，给予警告，没收违法所得，并处10万元以上50万元以下的罚款。

第六十五条 违反本条例的规定，未经业主大会同意，物业管理企业擅自改变物业管理用房的用途的，由县级以上地方人民政府房地产行政主管部门责令限期改正，给予警告，并处1万元以上10万元以下的罚款；有收益的，所得收益用于物业管理区域内物业共用部位、共用设施设备的维修、养护，剩余部分按照业主大会的决定使用。

第六十六条 违反本条例的规定，有下列行为之一的，由县级以上地方人民政府房地产行政主管部门责令限期改正，给予警告，并按照本条第二款的规定处以罚款；所得收益，用于物业管理区域内物业共用部位、共用设施设备的维修、养护，剩余部分按照业主大会的决定使用：

（一）擅自改变物业管理区域内按照规划建设的公共建筑和共用设施用途的；

（二）擅自占用、挖掘物业管理区域内道路、场地，损害业主共同利益的；

（三）擅自利用物业共用部位、共用设施设备进行经营的。

个人有前款规定行为之一的，处1000元以上1万元以下的罚款；单位有前款规定行为之一的，处5万元以上20万元以下的罚款。

第六十七条 违反物业服务合同约定，业主逾期不交纳物业服务费用的，业主委员会应当督促其限期交纳；逾期仍不交纳的，物业管理企业可以向人民法院起诉。

第六十八条 业主以业主大会或者业主委员会的名义，从事违反法律、法规的活动，构成犯罪的，依法追究刑事责任；尚不构成犯罪的，依法给予治安管理处罚。

第六十九条 违反本条例的规定，国务院建设行政主管部门、县级以上地方人民政府房地产行政主管部门或者其他有关行政管理部门的工作人员利用职务上的便利，收受他人财物或者其他好处，不依法履行监督管理职责，或者发现违法行为不予查处，构成犯罪的，依法追究刑事责任；尚不构成犯罪的，依法给予行政处分。

第七章 附 则

第七十条 本条例自 2003 年 9 月 1 日起施行。

附录十六

物业服务收费管理办法

第一条 为规范物业服务收费行为,保障业主和物业管理企业的合法权益,根据《中华人民共和国价格法》和《物业管理条例》,制定本办法。

第二条 本办法所称物业服务收费,是指物业管理企业按照物业服务合同的约定,对房屋及配套的设施设备和相关场地进行维修、养护、管理,维护相关区域内的环境卫生和秩序,向业主所收取的费用。

第三条 国家提倡业主通过公开、公平、公正的市场竞争机制选择物业管理企业;鼓励物业管理企业开展正当的价格竞争,禁止价格欺诈,促进物业服务收费通过市场竞争形成。

第四条 国务院价格主管部门会同国务院建设行政主管部门负责全国物业服务收费的监督管理工作。

县级以上地方人民政府价格主管部门会同同级房地产行政主管部门负责本行政区域内物业服务收费的监督管理工作。

第五条 物业服务收费应当遵循合理、公开以及费用与服务水平相适应的原则。

第六条 物业服务收费应当区分不同物业的性质和特点分别实行政府指导价和市场调节价。具体定价形式由省、自治区、直辖市人民政府价格主管部门会同房地产行政主管部门确定。

第七条 物业服务收费实行政府指导价的,有定价权限的人民政府价格主管部门应当会同房地产行政主管部门根据物业管理服务等级标准等因素,制定相应的基准价及其浮动幅度,并定期公布。具体收费标准由业主与物业管理企业根据规定的基准价和浮动幅度在物业服务合同中约定。

实行市场调节价的物业服务收费,由业主与物业管理企业在物业服务合同中约定。

第八条 物业管理企业应当按照政府价格主管部门的规定实行明码标价,在物业管理区域内的显著位置,将服务内容、服务标准以及收费项目、收费标准等有关情况进行公示。

第九条 业主与物业管理企业可以采取包干制或者酬金制等形式约定物业服务费用。

包干制是指由业主向物业管理企业支付固定物业服务费用,盈余或者亏损均由物业管理企业享有或者承担的物业服务计费方式。

酬金制是指在预收的物业服务资金中按约定比例或者约定数额提取酬金支付给物业管理企业,其余全部用于物业服务合同约定的支出,结余或者不足均由业主享有或者承担的物业服务计费方式。

第十条 建设单位与物业买受人签订的买卖合同,应当约定物业管理服务内容、服务标准、收费标准、计费方式及计费起始时间等内容,涉及物业买受人共同利益的约定应当一致。

第十一条 实行物业服务费用包干制的,物业服务费用的构成包括物业服务成本、法定税费和物业管理企业的利润。

实行物业服务费用酬金制的,预收的物业服务资金包括物业服务支出和物业管理企业的酬金。

物业服务成本或者物业服务支出构成一般包括以下部分:

1. 管理服务人员的工资、社会保险和按规定提取的福利费等;
2. 物业共用部位、共用设施设备的日常运行、维护费用;
3. 物业管理区域清洁卫生费用;
4. 物业管理区域绿化养护费用;
5. 物业管理区域秩序维护费用;
6. 办公费用;
7. 物业管理企业固定资产折旧;
8. 物业共用部位、共用设施设备及公众责任保险费用;
9. 经业主同意的其他费用。

物业共用部位、共用设施设备的大修、中修和更新、改造费用,应当通过专项维修资金予以列支,不得计入物业服务支出或者物业服务成本。

第十二条 实行物业服务费用酬金制的,预收的物业服务支出属于代管性质,为所交纳的业主所有,物业管理企业不得将其用于物业服务合同约定以外的支出。

物业管理企业应当向业主大会或者全体业主公布物业服务资金年度预决算并每年不少于一次公布物业服务资金的收支情况。

业主或者业主大会对公布的物业服务资金年度预决算和物业服务资金的收支情况提出质询时,物业管理企业应当及时答复。

第十三条 物业服务收费采取酬金制方式,物业管理企业或者业主大会可以按照物业服务合同约定聘请专业机构对物业服务资金年度预决算和物业服务资金的收支情况进行审计。

第十四条 物业管理企业在物业服务中应当遵守国家的价格法律法规,严格履行物业服务合同,为业主提供质价相符的服务。

第十五条 业主应当按照物业服务合同的约定按时足额交纳物业服务费用或者物业服务资金。业主违反物业服务合同约定逾期不交纳服务费用或者物业服务资金的,业主委员会应当督促其限期交纳;逾期仍不交纳的,物业管理企业可以依法追缴。

业主与物业使用人约定由物业使用人交纳物业服务费用或者物业服务资金的,从其约定,业主负连带交纳责任。

物业发生产权转移时,业主或者物业使用人应当结清物业服务费用或者物业服务资金。

第十六条 纳入物业管理范围的已竣工但尚未出售,或者因开发建设单位原因未按时交给物业买受人的物业,物业服务费用或者物业服务资金由开发建设单位全额交纳。

第十七条 物业管理区域内,供水、供电、供气、供热、通讯、有线电视等单位应当向最终用户收取有关费用。物业管理企业接受委托代上述费用的,可向委托单位收取手续费,不得向业主收取手续费等额外费用。

第十八条 利用物业共用部位、共用设施设备进行经营的,应当在征得相关业主、业主大会、物业管理企业的同意后，按照规定办理有关手续。业主所得收益应当主要用于补充专项维修资金，也可以按照业主大会的决定使用。

第十九条　物业管理企业已接受委托实施物业服务并相应收取服务费用的，其他部门和单位不得重复收取性质和内容相同的费用。

第二十条　物业管理企业根据业主的委托提供物业服务合同约定以外的服务，服务收费由双方约定。

第二十一条　政府价格主管部门会同房地产行政主管部门，应当加强对物业管理企业的服务内容、标准和收费项目、标准的监督。物业管理企业违反价格法律、法规和规定，由政府价格主管部门依据《中华人民共和国价格法》和《价格违法行为行政处罚规定》予以处罚。

第二十二条　各省、自治区、直辖市人民政府价格主管部门、房地产行政主管部门可以依据本办法制定具体实施办法，并报国家发展和改革委员会、建设部备案。

第二十三条　本办法由国家发展和改革委员会会同建设部负责解释。

第二十四条　本办法自 2004 年 1 月 1 日起执行，原国家计委、建设部印发的《城市住宅小区物业管理服务收费暂行办法》（计价费〔1996〕266 号）同时废止。

附录十七

住房公积金管理条例

(1999年4月3日中华人民共和国国务院令第262号发布 根据2002年3月24日《国务院关于修改〈住房公积金管理条例〉的决定》修订)

第一章 总 则

第一条 为了加强对住房公积金的管理,维护住房公积金所有者的合法权益,促进城镇住房建设,提高城镇居民的居住水平,制定本条例。

第二条 本条例适用于中华人民共和国境内住房公积金的缴存、提取、使用、管理和监督。

本条例所称住房公积金,是指国家机关、国有企业、城镇集体企业、外商投资企业、城镇私营企业及其他城镇企业、事业单位、民办非企业单位、社会团体(以下统称单位)及其在职职工缴存的长期住房储金。

第三条 职工个人缴存的住房公积金和职工所在单位为职工缴存的住房公积金,属于职工个人所有。

第四条 住房公积金的管理实行住房公积金管理委员会决策、住房公积金管理中心运作、银行专户存储、财政监督的原则。

第五条 住房公积金应当用于职工购买、建造、翻建、大修自住住房,任何单位和个人不得挪作他用。

第六条 住房公积金的存、贷利率由中国人民银行提出,经征求国务院建设行政主管部门的意见后,报国务院批准。

第七条 国务院建设行政主管部门会同国务院财政部门、中国人民银行拟定住房公积金政策,并监督执行。

省、自治区人民政府建设行政主管部门会同同级财政部门以及中国人民银行分支机构,负责本行政区域内住房公积金管理法规、政策执行情况的监督。

第二章 机构及其职责

第八条 直辖市和省、自治区人民政府所在地的市以及其他设区的市(地、州、盟),应当设立住房公积金管理委员会,作为住房公积金管理的决策机构。住房公积金管理委员会的成员中,人民政府负责人和建设、财政、人民银行等有关部门负责人以及有关专家占1/3,工会代表和职工代表占1/3,单位代表占1/3。

住房公积金管理委员会主任应当由具有社会公信力的人士担任。

第九条 住房公积金管理委员会在住房公积金管理方面履行下列职责:

(一)依据有关法律、法规和政策,制定和调整住房公积金的具体管理措施,并监督实施；

（二）根据本条例第十八条的规定，拟订住房公积金的具体缴存比例；

（三）确定住房公积金的最高贷款额度；

（四）审批住房公积金归集、使用计划；

（五）审议住房公积金增值收益分配方案；

（六）审批住房公积金归集、使用计划执行情况的报告。

第十条 直辖市和省、自治区人民政府所在地的市以及其他设区的市（地、州、盟）应当按照精简、效能的原则，设立一个住房公积金管理中心，负责住房公积金的管理运作。县（市）不设立住房公积金管理中心。

前款规定的住房公积金管理中心可以在有条件的县（市）设立分支机构。住房公积金管理中心与其分支机构应当实行统一的规章制度，进行统一核算。

住房公积金管理中心是直属城市人民政府的不以营利为目的的独立的事业单位。

第十一条 住房公积金管理中心履行下列职责：

（一）编制、执行住房公积金的归集、使用计划；

（二）负责记载职工住房公积金的缴存、提取、使用等情况；

（三）负责住房公积金的核算；

（四）审批住房公积金的提取、使用；

（五）负责住房公积金的保值和归还；

（六）编制住房公积金归集、使用计划执行情况的报告；

（七）承办住房公积金管理委员会决定的其他事项。

第十二条 住房公积金管理委员会应当按照中国人民银行的有关规定，指定受委托办理住房公积金金融业务的商业银行（以下简称受委托银行）；住房公积金管理中心应当委托受委托银行办理住房公积金贷款、结算等金融业务和住房公积金账户的设立、缴存、归还等手续。

住房公积金管理中心应当与受委托银行签订委托合同。

第三章 缴 存

第十三条 住房公积金管理中心应当在受委托银行设立住房公积金专户。

单位应当到住房公积金管理中心办理住房公积金缴存登记，经住房公积金管理中心审核后，到受委托银行为本单位职工办理住房公积金账户设立手续。每个职工只能有一个住房公积金账户。

住房公积金管理中心应当建立职工住房公积金明细账，记载职工个人住房公积金的缴存、提取等情况。

第十四条 新设立的单位应当自设立之日起30日内到住房公积金管理中心办理住房公积金缴存登记，并自登记之日起20日内持住房公积金管理中心的审核文件，到受委托银行为本单位职工办理住房公积金账户设立手续。

单位合并、分立、撤销、解散或者破产的，应当自发生上述情况之日起30日内由原单位或者清算组织到住房公积金管理中心办理变更登记或者注销登记，并自办妥变更登记或者注销登记之日起 20 日内持住房公积金管理中心的审核文件，到受委托银行为本单位职工办理住房公积金账户转移或者封存手续。

第十五条　单位录用职工的，应当自录用之日起 30 日内到住房公积金管理中心办理缴存登记，并持住房公积金管理中心的审核文件，到受委托银行办理职工住房公积金账户的设立或者转移手续。

单位与职工终止劳动关系的，单位应当自劳动关系终止之日起 30 日内到住房公积金管理中心办理变更登记，并持住房公积金管理中心的审核文件，到受委托银行办理职工住房公积金账户转移或者封存手续。

第十六条　职工住房公积金的月缴存额为职工本人上一年度月平均工资乘以职工住房公积金缴存比例。

单位为职工缴存的住房公积金的月缴存额为职工本人上一年度月平均工资乘以单位住房公积金缴存比例。

第十七条　新参加工作的职工从参加工作的第二个月开始缴存住房公积金，月缴存额为职工本人当月工资乘以职工住房公积金缴存比例。

单位新调入的职工从调入单位发放工资之日起缴存住房公积金，月缴存额为职工本人当月工资乘以职工住房公积金缴存比例。

第十八条　职工和单位住房公积金的缴存比例均不得低于职工上一年度月平均工资的 5%；有条件的城市，可以适当提高缴存比例。具体缴存比例由住房公积金管理委员会拟订，经本级人民政府审核后，报省、自治区、直辖市人民政府批准。

第十九条　职工个人缴存的住房公积金，由所在单位每月从其工资中代扣代缴。

单位应当于每月发放职工工资之日起 5 日内将单位缴存的和为职工代缴的住房公积金汇缴到住房公积金专户内，由受委托银行计入职工住房公积金账户。

第二十条　单位应当按时、足额缴存住房公积金，不得逾期缴存或者少缴。

对缴存住房公积金确有困难的单位，经本单位职工代表大会或者工会讨论通过，并经住房公积金管理中心审核，报住房公积金管理委员会批准后，可以降低缴存比例或者缓缴；待单位经济效益好转后，再提高缴存比例或者补缴缓缴。

第二十一条　住房公积金自存入职工住房公积金账户之日起按照国家规定的利率计息。

第二十二条　住房公积金管理中心应当为缴存住房公积金的职工发放缴存住房公积金的有效凭证。

第二十三条　单位为职工缴存的住房公积金，按照下列规定列支：

（一）机关在预算中列支；

（二）事业单位由财政部门核定收支后，在预算或者费用中列支；

（三）企业在成本中列支。

第四章　提取和使用

第二十四条　职工有下列情形之一的，可以提取职工住房公积金账户内的存储余额：

（一）购买、建造、翻建、大修自住住房的；

（二）离休、退休的；

（三）完全丧失劳动能力，并与单位终止劳动关系的；

（四）出境定居的；

（五）偿还购房贷款本息的；

（六）房租超出家庭工资收入的规定比例的。

依照前款第（二）、（三）、（四）项规定，提取职工住房公积金的，应当同时注销职工住房公积金账户。

职工死亡或者被宣告死亡的，职工的继承人、受遗赠人可以提取职工住房公积金账户内的存储余额；无继承人也无受遗赠人的，职工住房公积金账户内的存储余额纳入住房公积金的增值收益。

第二十五条　职工提取住房公积金账户内的存储余额的，所在单位应当予以核实，并出具提取证明。

职工应当持提取证明向住房公积金管理中心申请提取住房公积金。住房公积金管理中心应当自受理申请之日起3日内作出准予提取或者不准提取的决定，并通知申请人；准予提取的，由受委托银行办理支付手续。

第二十六条　缴存住房公积金的职工，在购买、建造、翻建、大修自住住房时，可以向住房公积金管理中心申请住房公积金贷款。

住房公积金管理中心应当自受理申请之日起15日内作出准予贷款或者不准贷款的决定，并通知申请人；准予贷款的，由受委托银行办理贷款手续。

住房公积金贷款的风险，由住房公积金管理中心承担。

第二十七条　申请人申请住房公积金贷款的，应当提供担保。

第二十八条　住房公积金管理中心在保证住房公积金提取和贷款的前提下，经住房公积金管理委员会批准，可以将住房公积金用于购买国债。

住房公积金管理中心不得向他人提供担保。

第二十九条　住房公积金的增值收益应当存入住房公积金管理中心在受委托银行开立的住房公积金增值收益专户，用于建立住房公积金贷款风险准备金、住房公积金管理中心的管理费用和建设城市廉租住房的补充资金。

第三十条　住房公积金管理中心的管理费用，由住房公积金管理中心按照规定的标准编制全年预算支出总额，报本级人民政府财政部门批准后，从住房公积金增值收益中上交本级财政，由本级财政拨付。

住房公积金管理中心的管理费用标准，由省、自治区、直辖市人民政府建设行政主管部门会同同级财政部门按照略高于国家规定的事业单位费用标准制定。

第五章　监　督

第三十一条　地方有关人民政府财政部门应当加强对本行政区域内住房公积金归集、提取和使用情况的监督，并向本级人民政府的住房公积金管理委员会通报。

住房公积金管理中心在编制住房公积金归集、使用计划时，应当征求财政部门的意见。

住房公积金管理委员会在审批住房公积金归集、使用计划和计划执行情况的报告时,必须有财政部门参加。

第三十二条 住房公积金管理中心编制的住房公积金年度预算、决算,应当经财政部门审核后,提交住房公积金管理委员会审议。

住房公积金管理中心应当每年定期向财政部门和住房公积金管理委员会报送财务报告,并将财务报告向社会公布。

第三十三条 住房公积金管理中心应当依法接受审计部门的审计监督。

第三十四条 住房公积金管理中心和职工有权督促单位按时履行下列义务:

(一)住房公积金的缴存登记或者变更、注销登记;

(二)住房公积金账户的设立、转移或者封存;

(三)足额缴存住房公积金。

第三十五条 住房公积金管理中心应当督促受委托银行及时办理委托合同约定的业务。

受委托银行应当按照委托合同的约定,定期向住房公积金管理中心提供有关的业务资料。

第三十六条 职工、单位有权查询本人、本单位住房公积金的缴存、提取情况,住房公积金管理中心受委托银行不得拒绝。

职工、单位对住房公积金账户内的存储余额有异议的,可以申请受委托银行复核;对复核结果有异议的,可以申请住房公积金管理中心重新复核。受委托银行、住房公积金管理中心应当自收到申请之日起5日内给予书面答复。

职工有权揭发、检举、控告挪用住房公积金的行为。

第六章 罚 则

第三十七条 违反本条例的规定,单位不办理住房公积金缴存登记或者不为本单位职工办理住房公积金账户设立手续的,由住房公积金管理中心责令限期办理;逾期不办理的,处1万元以上5万元以下的罚款。

第三十八条 违反本条例的规定,单位逾期不缴或者少缴住房公积金的,由住房公积金管理中心责令限期缴存;逾期仍不缴存的,可以申请人民法院强制执行。

第三十九条 住房公积金管理委员会违反本条例规定审批住房公积金使用计划的,由国务院建设行政主管部门会同国务院财政部门或者由省、自治区人民政府建设行政主管部门会同同级财政部门,依据管理职权责令限期改正。

第四十条 住房公积金管理中心违反本条例规定,有下列行为之一的,由国务院建设行政主管部门或者省、自治区人民政府建设行政主管部门依据管理职权,责令限期改正;对负有责任的主管人员和其他直接责任人员,依法给予行政处分:

(一)未按照规定设立住房公积金专户的;

(二)未按照规定审批职工提取、使用住房公积金的;

(三)未按照规定使用住房公积金增值收益的;

(四)委托住房公积金管理委员会指定的银行以外的机构办理住房公积金金融业务的;

（五）未建立职工住房公积金明细账的；

（六）未为缴存住房公积金的职工发放缴存住房公积金的有效凭证的；

（七）未按照规定用住房公积金购买国债的。

第四十一条　违反本条例规定，挪用住房公积金的，由国务院建设行政主管部门或者省、自治区人民政府建设行政主管部门依据管理职权，追回挪用的住房公积金，没收违法所得；对挪用或者批准挪用住房公积金的人民政府负责人和政府有关部门负责人以及住房公积金管理中心负有责任的主管人员和其他直接责任人员，依照刑法关于挪用公款罪或者其他罪的规定，依法追究刑事责任；尚不够刑事处罚的，给予降级或者撤职的行政处分。

第四十二条　住房公积金管理中心违反财政法规的，由财政部门依法给予行政处罚。

第四十三条　违反本条例规定，住房公积金管理中心向他人提供担保的，对直接负责的主管人员和其他直接责任人员依法给予行政处分。

第四十四条　国家机关工作人员在住房公积金监督管理工作中滥用职权、玩忽职守、徇私舞弊，构成犯罪的，依法追究刑事责任；尚不构成犯罪的，依法给予行政处分。

第七章　附　　则

第四十五条　住房公积金财务管理和会计核算的办法，由国务院财政部门商国务院建设行政主管部门制定。

第四十六条　本条例施行前尚未办理住房公积金缴存登记和职工住房公积金账户设立手续的单位，应当自本条例施行之日起60日内到住房公积金管理中心办理缴存登记，并到受委托银行办理职工住房公积金账户设立手续。

第四十七条　本条例自发布之日起施行。

附录十八

中国建设银行个人住房贷款办法

(2000—03—30 颁布实施)

第一章 总　则

第一条　为支持居民购置住房,根据《中华人民共和国商业银行法》、《中华人民共和国担保法》、中国人民银行《贷款通则》和《个人住房贷款管理办法》等有关法律、法规和规章制度,制订本办法。

第二条　本办法所称个人住房贷款是指中国建设银行用信贷资金向在中国大陆境内城镇购买、建造、大修各类型住房的自然人发放的贷款。

第三条　发放个人住房贷款要坚持效益性、安全性和流动性原则,遵守国家有关法律、法规、政策和中国建设银行的有关信贷规章制度。

第四条　本办法适用于中国建设银行所属各级分支机构发放的个人住房商业性贷款。

第二章　贷款的对象和条件

第五条　贷款对象。具有完全民事行为能力的中国自然人及在中国大陆有居留权的境外、国外自然人。

第六条　贷款条件。借款人必须同时具备下列条件：

有合法的身份；

有稳定的经济收入,信用良好,有偿还贷款本息的能力；

有合法有效的购买、建造、大修住房的合同、协议以及贷款行要求提供的其他证明文件；

有所购(建、大修)住房全部价款 20% 以上的自筹资金,并保证用于支付所购(建、大修)住房的首付款；

有贷款行认可的资产进行抵押或质押,或(和)有足够代偿能力的法人、其他经济组织或自然人作为保证人；

贷款行规定的其他条件。

第三章　贷款的额度、期限和利率

第七条　贷款额度最高为所购(建、大修)住房全部价款或评估价值的 80%。

第八条　贷款期限最长为 30 年。

第九条　贷款利率按照中国人民银行有关规定执行。

第四章 贷 款 程 序

第十条 借款人申请个人住房贷款应填写《中国建设银行个人住房借款申请书》(附表一),并向贷款行提交下列资料:

身份证件(居民身份证、户口本、居留证件或其他身份证件);

借款人偿还能力证明材料;

合法的购(建、大修)房合同、协议或(和)其他批准文件;

抵押物或质押权利清单、权属证明文件,有处分权人出具的同意抵押或质押的证明,贷款行认可的评估机构出具的抵押物估价报告书;

保证人出具的同意提供担保的书面承诺及保证人的资信证明;

借款人用于购买(建造、大修)住房的自筹资金的有关证明;

贷款行规定的其他文件和资料。

第十一条 贷款行应对借款人提交的全部文件、资料的真实性、合法性和贷款的可行性进行审查、评估,并在借款人提交上述全部文件、资料之日起15个工作日内向借款人作出正式答复。

第十二条 贷款行同意借款人的借款申请后,与当事人各方签订借款合同和担保合同(附件二、三、四、五、六)。

第十三条 签订借款合同和担保合同后,应根据国家和当地的法律法规,办理抵押登记、保险及其他必须的手续,并视实际情况办理合同公证。

第十四条 经贷款行同意发放的贷款,办妥有关手续后,贷款行应按照借款合同约定的用款计划和用途按下列方式划款:

直接划款。按照借款合同约定,将款项直接划入借款人在贷款行开立的存款账户内。

专项划款。按照借款合同约定,将款项直接划入售房人、其他有关单位在贷款行开立的存款账户内。贷款行可根据贷款的具体种类、金额、用途及借款人的信用程度,规定采取其中一种方式。

第五章 贷 款 担 保

第十五条 个人住房贷款实行抵押、质押、保证、抵押加阶段性保证等担保方式。

贷款行可根据借款人的具体情况,采用上述一种或同时采用几种贷款担保方式。

在贷款期间,经贷款行同意,借款人可根据实际情况变更贷款担保方式。

第十六条 抵押。

抵押贷款指贷款行以借款人或第三人提供的,经贷款行认可的符合规定条件的财产作为抵押物而向借款人发放的贷款。

贷款的抵押物必须是贷款行认可的、能够进行抵押登记的借款人所购房屋或其他符合法律规定的财产。

抵押物价值按照抵押物的市场成交价或评估价确定。需要评估的抵押物其评估费用由借款人负担。

借款人以所购住房作为贷款抵押物的，必须将住房价值全额用于贷款抵押，其贷款额度不得超过所购住房价值的 80%；若以贷款行认可的其他财产作为抵押物，其贷款额度不得超过抵押物价值的 70%。

贷款行与抵押人签订抵押合同后，双方必须依照法律规定办理抵押登记，抵押登记费用由借款人负担。

抵押权设定后，所有能够证明抵押物权属的证明文件（原件），均应由贷款行保管并承担保管责任。贷款行收到上述文件后，应向抵押人出具保管证明。

抵押人对设定抵押的财产在抵押期内必须妥善保管，负有维修、保养、保证完好无损的责任，并随时接受贷款行的监督检查。

对设定的抵押物，在贷款本息未清偿前，未经贷款行书面同意，抵押人不得将抵押物转让、出租、重复抵押或以其他方式处理。

抵押担保的期限自抵押登记完成之日起至担保的债权全部清偿之日止。抵押终止后，当事人应按合同的约定，到原登记部门办理抵押注销登记手续，解除抵押权。

第十七条 质押。

质押贷款指贷款行以借款人或第三人提供的、贷款行认可的符合规定条件的权利凭证作为质押权利而向借款人发放的贷款。

个人住房贷款可以用 1999 年以后（含 1999 年）财政部发行的凭证式国债、国家重点建设债券、金融债券、AAA 级企业债券、单位定期存单、个人定期储蓄存款存单等有价证券质押。

借款人以符合条件的有价证券作质押，其贷款额度最高不得超过质押权利凭证票面价值的 90%。

贷款行应对出质人提交的有价证券进行查询和认证，并将有价证券质押的事实书面通知出具有价证券的金融机构。质押期间，出质人对用作质押的权利凭证不得以任何理由挂失。

贷款行与出质人签订质押合同的同时，出质人应将确认后的质押权利凭证交付贷款行。质押担保的期限自权利凭证交付之日起至借款人还清全部贷款本息之日止。

贷款行负有妥善保管质押权利凭证的责任。因保管不善造成质押权利凭证灭失或毁损的，贷款行应承担民事责任。

质押权利凭证兑现日期先于贷款到期日的，可以选择以下方式处理，并应在质押合同中注明：

到期兑现用于提前清偿贷款；

转换为定期储蓄存单继续用于质押；

转换为贷款行认可的有价证券继续用于质押；

用贷款行认可的等额债券、存款单调换到期债券、存款单；

用贷款行认可的财产替换质押权利用于抵押。

用凭证式国债质押的，贷款期限最长不得超过凭证式国债的到期日。若用不同期限的多张凭证式国债作质押，以距离到期日最近者确定贷款期限。

第十八条 保证。

保证贷款指贷款行以借款人提供的、贷款行认可的具有代为清偿债务能力的法人、其他经济组织或自然人作为保证人而向借款人发放的贷款。

保证人是法人、其他经济组织的，必须具有代为偿还全部贷款本息的能力。保证人为自然人的，必须有稳定的经济来源，具有足够代偿贷款本息的能力，并在贷款行存有一定数额的保证金。

保证人应与贷款行签订保证合同，保证人为借款人提供的贷款担保为全额连带责任保证。

保证期间，保证人为法人或其他经济组织的，如发生变更、撤销或破产等，借款人应提前30天书面通知贷款行，保证合同项下的全部权利、义务由变更后的机构承担或由对保证人作出撤销决定的机构承担。如贷款行认为变更后的机构不具备完全的保证能力，变更后的机构或作出撤销决定的机构有义务落实为贷款行所接受的新的保证人。保证人为自然人的，如发生死亡、宣告失踪或丧失民事行为能力等，借款人应立即通知贷款行，贷款行有权要求借款人提供新的担保。

借款人之间、借款人与保证人之间不得相互提供保证。

仅提供保证担保方式的，只适用于贷款期限不超过5年（含5年）的贷款，其贷款额度不得超过所购（建、大修）住房价值的50%。

第十九条 抵押加阶段性保证。

抵押加阶段性保证贷款指贷款行以借款人提供的所购住房作抵押，在借款人取得该住房的房屋所有权证和办妥抵押登记之前，由售房人提供阶段性连带责任保证而向借款人发放的贷款。

保证人必须是贷款行与之签订了《商品房销售贷款合作协议书》（附件九）的，且又是借款人所购住房的开发商或售房单位。

本方式涉及的抵押、保证担保按本办法第十六条、第十八条的规定办理。

在所抵押的住房取得房屋所有权证并办妥抵押登记后，根据合同约定，保证人不再履行保证责任。

采用本贷款担保方式的，贷款行应与借款人、抵押人、保证人同时签订借款合同（附件六）。

第六章 公证与保险

第二十条 贷款行与借款人签订借款合同后，贷款行可以要求借款人办理公证，公证费由借贷双方各自承担50%。

第二十一条 用财产作抵押的，须办理抵押财产保险。有关保险手续借款人可到贷款行认定的保险公司或委托贷款行办理，在保险单中注明贷款行为保险第一受益人，并特别约定一旦发生保险事故，保险人应将保险赔偿金直接划付至贷款行指定的账户。该保险赔偿金有几种处理方法可供选择：提前清偿贷款；转为定期存款，存单继续用于质押；用于修复抵押物，以恢复抵押物价值。

保险期不得短于借款期限，投保金额不得低于贷款本息，保险费用由借款人负担。抵押期间，保险单正本由贷款行保管。

第二十二条 借款合同有效期内，投保人不得以任何理由中断或撤销保险。

第二十三条 保险期间,抵押财产如发生保险责任以外的毁损不足以清偿贷款本息,借款人应重新提供贷款行认可的抵押物,并办理保险手续。

第七章 贷款偿还

第二十四条 借款人应按借款合同约定的还款计划、还款方式偿还贷款本息。

第二十五条 借款人可采取以下方式偿还贷款本息:

委托扣款方式 即借款人委托贷款行在其于建设银行开立的信用卡、储蓄卡或储蓄存折账户中直接扣划还款。采用委托扣款方式的,借款人须事先向贷款行提出申请,并签订个人住房贷款委托扣款协议(附件八)。

柜面还款方式 即借款人直接以现金、支票或信用卡、储蓄卡到贷款行规定的营业柜台还款。

第二十六条 贷款期限在1年以内(含1年)的,实行到期本息一次性清偿的还款方法。

第二十七条 贷款期限在1年以上的,可采用等额本息还款法和等额本金还款法。借款人可以根据需要选择还款方法,但一笔借款合同只能选择一种还款方法,合同签订后,不得更改:

一、等额本息还款法。即借款人每月以相等的金额偿还贷款本息。计算公式为:

每月还款额=$\{\{[$月利率$\times[(1+$月利率$)$的还款总期数次方$]\}/\{[(1+$月利率$)$的还款总期数次方$]-1\}\}\times$借款额

二、等额本金还款法。即借款人每月等额偿还本金,贷款利息随本金逐月递减,计算公式为:

每月还款额=贷款本金/还款期数+(贷款本金-累计已还款)×每期利率

第二十八条 借款人按照第二十七条的方法还款,在第一期和最后一期还款时,按照借款人的借款余额和合同约定期限的利率按实际占用的天数计算借款利息。

第二十九条 贷款期限在1年以内(含1年)的,在借款期内,经贷款行同意,借款人可以提前结清全部贷款,并按原合同利率按实际使用期限结计利息,但不得提前部分还本。

第三十条 贷款期限在1年以上的,在借款期内,借款人向银行提出提前还款书面申请后(附表二),经贷款行同意,可提前部分还本或提前清偿全部贷款本息,提前清偿的部分在以后期限不再计息,此前已计收的贷款利息也不再调整。

提前清偿全部贷款的,经贷款行同意,根据合同约定期限的利率和贷款余额按照实际占用天数计收利息。

调整还款计划的提前部分还本,应有一定的限制额度。超过限额提前还款的,借款人可根据需要调整还款计划,即还款期限不变,分期还款额作相应调整;低于限额提前还款的不调整还款计划。

第三十一条 借款人在原合同履行期间,如不能按照原还款计划按期归还贷款,可向贷款行提出延长借款期限的书面申请(附表三),经贷款行批准后,签订个人住房借款延期还款协议(附件七),并办理有关手续,同时担保人在延期还款协议上签字。

抵押物、质押权利、保证人发生变更的，担保人应与贷款行重新签订相应的担保合同。抵押物、质押权利、保证人未发生变更的，担保人只须与借款人和贷款行签订延期还款协议，同意继续履行担保责任，而无需与贷款行重新签订相应的担保合同。

借款人申请借款延期只限一次，原借款期限与延长期限之和最长不超过 30 年。原借款期限加上延长期限达到新的利率期限档次时，从延期之日起，贷款利息按新的期限档次利率计收。已计收的利息不再调整。

第八章 合同变更与终止

第三十二条 借款合同需要变更的或借款人将借款合同项下的权利、义务转让给他人，必须经当事人各方协商同意，并签订相应变更协议。

在担保期间内的，必须事先征得担保人的书面同意；如需办理抵押变更登记的，还应到原抵押登记部门办理变更抵押登记手续，同时应办理公证、保险手续。

第三十三条 借款人在合同履行期间死亡、宣告失踪或丧失民事行为能力，除其遗产或财产的继承人、受遗赠人、监护人、财产代管人同意继续履行借款人签订的借款合同外，贷款行在该债权未获清偿前，有权请求人民法院取消继承人、受遗赠人、监护人、财产代管人接受借款人所购（建、大修）住房的权利，并将该住房折价、拍卖、变卖以清偿借款人的债务。

借款人遗产的继承人、受遗赠人同意继续履行原借款合同义务的，应持经公证的继承协议、文件与贷款行签订债务承担协议，并办理公证、保险、抵押登记或贷款担保手续等。原借款人所购（建、大修）房产应继续用于抵押。

第三十四条 如借款人须变更原担保方式的，应事先征得贷款行同意，并由当事人各方另行办理有关变更手续。变更抵押物或质押权利后，贷款余额与重新提供的抵押物或质押权利的价值之比值不得高于原抵押物或质押权利的抵押率或质押率。

第三十五条 借款人按借款合同规定清偿全部贷款本息后，借款合同终止，贷款行将抵押物的权属证明文件或质押的权利凭证等相关资料返还权利人。

第九章 违约及处置

第三十六条 贷款行未按借款合同约定及时、足额向借款人提供贷款，应按违约数额和违约天数按日向借款人支付违约金。

第三十七条 下列情况属借款人违约：

借款到期，借款人未按合同约定清偿全部贷款本息；

擅自改变贷款用途，挪用贷款；

借款期间，借款人未按约定的分期还款计划按时、足额归还贷款本息；

借款人擅自将抵押物拆除、转让、出租或重复抵押等；

拒绝或妨碍贷款行对贷款使用情况和抵押物使用情况实施监督检查；

提供的文件、资料不实，已经或可能造成贷款损失；

与他人签订有损贷款行权益的合同或协议；

保证人违反保证条款或丧失承担连带保证责任能力，抵押物因意外毁损不足以清偿贷款本息或质押权利价值明显减少影响贷款行实现质权，而借款人未按要求落实新保证或新抵(质)押；

借款人在合同履行期间死亡、宣告失踪或丧失民事行为能力后，其遗产或财产继承人、受遗赠人、监护人、财产代管人拒绝继续履行原借款合同；

借款人在合同履行期间中断或撤销保险；

违反本办法和借款合同的其他行为。

第三十八条 违反本办法第三十七条第一、二款的，从逾期、挤占挪用之日起，贷款行有权根据中国人民银行规定分别按逾期、挤占挪用贷款计收利息。

第三十九条 违反本办法第三十七条第三款的，贷款行有权根据中国人民银行规定，对贷款余额按合同利率计收利息，对未收取利息部分按合同利率计收复利，对拖欠的分期还款额按日收取违约金。

第四十条 发生下列情况之一时，贷款行有权停止发放贷款或提前收回已发放的贷款本息，或解除合同，并要求借款人承担违约责任：

借款期内，借款人累计六个月(包括计划还款当月)未偿还贷款本息和相关费用的；

借款人出现本办法第三十七条第一款至第二款、第四款至第十一款规定的违约情形之一的；

借款人其他重大违约事项的。

第十章 附 则

第四十一条 本办法由中国建设银行负责解释。

第四十二条 中国建设银行各省、自治区、直辖市分行，总行直属分行，苏州、三峡分行可在本办法规定范围内，根据当地实际情况制定实施细则，并报总行备案。

第四十三条 本办法自颁布之日起施行，1997年印发的《中国建设银行个人住房贷款办法》(建总发字〔1997〕第182号)同时废止。

参 考 文 献

1 沈建忠主编．房地产基本制度与政策．北京：中国物价出版社，2002
2 罗以振主编．房地产开发经营与管理．合肥：安徽人民出版社，2000
3 张庆跃主编．房地产经营管理．沈阳：辽宁大学出版社，2001
4 赵世强主编．中国房地产估价师执业资格考试全真模拟训练．北京：中国建材工业出版社，2002
5 李炜钧主编．房地产法律通．广州：羊城晚报出版社，2002
6 曹晓燕、杨为乔主编．新编房地产案例大点拨．西安：陕西人民出版社，2002
7 马原主编．城市房地产管理法条文精释．北京：人民法院出版社，2003
8 符启林主编．房地产法学．北京：法律出版社，2002
9 唐海州主编．房地产纠纷案例评判依据及案例解析．北京：中国法制出版社，2002